教师教育理论与实践丛书

丛书主编　彭小明

写作教学论
——三段九级写作教学模式研究

彭小明　韩利平　等　著

国家社会科学基金（教育学）项目《新课程改革背景下的写作教学模式研究》（BAA110009）研究成果

温州大学浙江省教师教育建设基地

温州大学"教育学"重点学科（A类）经费资助

科学出版社

北　京

内 容 简 介

彭小明教授作为我国新一代写作学习与教学研究的学者，从事《语文》《写作》教学和研究 30 余年，是全国语文教学研究界有一定的影响人物。本书是彭小明教授的最新力作。全书分为两个部分，第一部分是"三段九级写作教学模式"建构的理论，主要包括阐述该模式研究的背景，该模式的概念、特点、体系、操作策略与实施意义；第二部分是"三段九级写作教学模式"建构的实践，主要介绍该模式的实施步骤：写虚作文（看图作文、虚境作文、想象作文）—写实作文（生存作文、生活作文、生命作文）—创新作文（开放性作文、个性化作文、研究性作文）。本书以最新的写作教学理念为引导，以写作训练模式建构的理论为核心，以写作教学的实践为重点，突出理论性与实践性相结合，旨在建构新型和有效的写作训练与作文教学模式的理论和实践体系。

本书可供大学本科生、研究生、中小学教师、语文教学实践与理论研究者阅读与参考。

图书在版编目（CIP）数据

写作教学论：三段九级写作教学模式研究/彭小明，韩利平等著. —北京：科学出版社，2017.11

（教师教育理论与实践丛书/彭小明主编）

ISBN 978-7-03-055144-3

Ⅰ.①写… Ⅱ.①彭… ②韩… Ⅲ.①作文课-教学模式-教学研究-中小学 Ⅳ.①G633.342

中国版本图书馆 CIP 数据核字（2017）第 268139 号

责任编辑：吉正霞 曾 莉/责任校对：董艳辉
责任印制：徐晓晨/封面设计：苏 波

科 学 出 版 社 出版

北京东黄城根北街 16 号
邮政编码：100717
http://www.sciencep.com

北京建宏印刷有限公司 印刷
科学出版社发行 各地新华书店经销

*

开本：787×1092 1/16
2017 年 11 月第 一 版 印张：12
2019 年 1 月第二次印刷 字数：281 000

定价：48.00 元
（如有印装质量问题，我社负责调换）

彭小明

　　浙江省二级教授,温州大学"瓯江特聘教授",硕士生导师,教师教育学院副院长。曾被评为省级教坛新秀、省优秀教师、校教学名师。主持国家、省部、市、校重点课题"新课程改革背景下的写作教学模式研究"等40多项;独著《语文板书设计与评释》《语文教学专题研究》《语文课程与教学新论》《教学论研究理论视野与实践追求》等,合作《论校园文学》《写作学习论》《写作教学模式论》(第一作者),主编《百科溯源辞典》《课堂教学技能训练》《语文研究性学习》。有100余篇论文在《教育研究》《社会科学战线》等刊物上发表,其中15篇论文被人大复印资料全文复印。获浙江省社联青年社会科学优秀成果一等奖、省教育厅教育科学成果二等奖、省教育科学规划委员会优秀成果二等奖,以及省教学成果二等奖。现任全国高等教育学会语文教学法委员会理事、浙江省高师语文教学法研究会副主任、浙江省写作学会副会长、浙江省小学教师教育研究会副会长、浙江省教师教育指导委员会委员。主要从事课程与教学论、语文教学法、写作教学等方面的教学与研究。

论写作教学模式的建构（代序）

　　写作教学模式是教师在教学活动的基础上、在遵循写作学习和写作教学内在规律的情况下，通过写作教学反复实践，逐步建立起来的又经实践检验行之有效的比较固定的写作教学程序、教学方式与教学模型。"新课改"以来，写作教学改革如火如荼，写作教学模式层出不穷，但同时也出现了学生写作公式化、教师写作教学模式化的严重问题，致使教师写作教学效率低下、学生写作水平提高缓慢。

　　如何建构有效的写作教学模式来指导学生的写作、教师的教学？我们认为，首先要基于教学实践，在先进的教育理论指导下，继承、解构前人的教学模式，建构与重构适合师生及不同类型写作教学的新的、多元的教学模式。

一、基于实践经验，自觉建构

　　实践是认识的来源，是认识发展的动力，是认识的最终目的，也是检验真理的唯一标准。任何反映客观真理的理论都是来自于实践。因此任何教学理论都应建立在丰富的经验和学科材料积累的基础上，不能企望在学科的荒漠上建构理论的海市蜃楼。语文教师要具有实践的自觉性和主动性。杜威是美国划时代的教育家，经验的实践性是杜威教育理论科学内涵的基础，他反复强调"从实践中来，到实践中去"，并且认为认识和经验是统一的。建构教学模式作为一种教学活动同样也依赖实践和经验，一切教学模式的成型都来源于经验的积累和实践的验证。教师要立足于教学实践，梳理教学材料，反思教学活动，积累教学经验，形成丰富的经验教学论，在此基础上，借助科学的教学论、方法论建构个性化的教学模式。同时，教师还要有自觉建构教学模式的意识。詹姆斯指出："教师专业成长的可能性在于教师本身对成长的承诺。"①这说明教师的专业成长动机来自于教师内在的主观意愿，教师要实现专业的自主发展，就必须具有自觉地积累实践经验和反思实践经验的意识，如果一个教师只满足于经验的获得而不对经验进行深入的反思，那么他将会故步自封，在教学上永远不会有较高的理论造诣。

　　写作教学模式的建构也一定需要语文教师在长期的写作教学实践中反复摸索，不断积累经验，先通过自觉建构抽象的规范操作程序，形成"粗坯

---

① 王天平.教学实践家的品质及其成长[J].当代教师教育,2011(3).

型"的写作教学模式,然后在实践中进一步修正、完善,使之逐步定型,最终形成稳定的模式,并逐渐推广应用。例如,20世纪八九十年代,在实践基础上形成的比较成熟的写作教学模式有:观察—分析—表达模式(北京刘朏朏、高原)、语言—思维训练模式(北京章熊)、分格作文训练模式(黑龙江常青)、文体递进训练模式(上海钱梦龙)、重视过程教学模式(北京周蕴玉和上海于漪)、快速作文教学模式(湖南杨初春)、读写结合教学模式(广东丁有宽)等。

二、基于理论指导,主动建构

写作教学模式还可以从理论出发进行建构。"教学模式还可以基于教学理论、学习理论等理论研究的成果,通过演绎而获得(最终要经过实践检验)。"①毛泽东在《实践论》一文中指出:"我们的实践证明:感觉到了的东西,我们不能立刻理解它,只有理解了的东西才能更深刻地感觉它。感觉只解决现象问题,理论才能解决本质问题。这些问题的解决一点也不能离开实践。"从哲学的角度可以看出理论和实践是分不开的,"鉴别一个教学模式成熟的程度,一般从其理论基础中即可窥见一斑,当理论基础显示出单薄、泛化倾向时,该模式的传播应用效果就打上了一个问号。"②由此可见理论指导对于模式建构的重要性。任何一种科学的教学模式都必须有教育理论、教学理论以及模式建构理论作为指导。当然,写作教学模式的建构也离不开理论的指导。

语文教师可在理论、理念的指导下主动建构模式,将理论、理念转化为可操作的教学模式,可走以下几个步骤:第一,从理论出发,建构理论上"可能"的模式。写作教学模式赖以建立的教学理论,是写作教学模式深层内隐的灵魂和精髓,它决定着教学模式的方向性、独特性和科学性,理论基础在教学模式结构中既是独立的因素,又渗透在教学程序、教学方法、师生关系、个性特点等其他因素之中。第二,结合实际情况,建构实践上"可行"的模式。"可能"的模式并不等于"可行"的模式,还要结合实际的教学情况来将"可能"的模式变为"可行"的模式。语文教师可根据本校、本班学生的情况以及不同的文体写作教学进行有针对性的建构,尤其是要基于学生的学情视角来"量身定做"适合学生的模式。例如,国外教师根据建构主义教学理论建构了支架式、抛锚式写作教学模式。第三,经过多次实践检验,建构"可信"的模式。实践是检验所有教学模式是否有效、是否科学、是否优秀的唯一标准。理论对于模式建构具有启发性,但是,最终必须落实到建构有操作性、有可行性、有可信性以及具有推广性的教学模式。"可行"的写作教学模

---

① 梁靖云.构建教学模式:教师应当具备的基本功[J].教育理论与实践,2012(23).

② 李如密.关于教学模式若干理论问题的探讨[J].课程教材教法,1996(4).

式还需要通过具体的、多次的写作教学实践来检验,如果能够真正激发学生的写作兴趣,提高学生的写作水平,即可成为"可信"的写作教学模式。[①]例如,马正平根据"动力学"和"思维学"原理,建构了以"兴趣动力激发"和"思维操作训练"为核心,以"创新"为目的、以学生活动为主体、学生自学为基础、教师导写为教练、思维训练为主线的 DCC(动力学—操作化—成功感)作文教学模式。

三、基于继承模仿,创新建构

教学模式是连接教育理论与教育实践的中介,它是人们在长期的教学实践中不断总结经验、改良教学而逐步形成的。新中国成立以来,随着我国的教育事业逐渐走向正规,已经产生了许多有影响的写作教学模式。这并不意味着我们就再也不需要建构模式。由于时代的发展、教学理念的进步、教学环境的改变等多种因素,我们必须要在继承传统的基础上模仿、创新建构模式。这也是建构模式一种极其重要的方法。新的教学模式的诞生便是创新,旧的教学模式的消亡或被替代就意味着发展。而发展需要创新,创新需要继承。正如陆机的《文赋》中说的"袭古而弥新""沿浊而更新"。继承传统模式而推陈出新的建构一般步骤是:继承—模仿—改造—创新。这一方法是通过对已有的教学模式的吸收、借鉴、改造,创造出新的教学模式。鉴往可以观今,也可以顾后。首先对以往的写作教学模式进行梳理,审视其得失。以往有些写作教学模式,即便是没有成功的经验,也会有失败的教训。研究已有的写作教学模式,重新审视当前众多的写作教学模式,可以澄清思想,改进方法,为建构新的写作教学模式创造基本的条件。模仿旧有写作教学模式中值得借鉴的建构理念、教学方法,改造当前模式在教学实践中与教学情境、学生写作等不适应的因素,分析具体原因并结合现实加以丰富和发展,创造出新的模式。

继承模仿可以分为以下几种方式:第一种是机械模仿,可以说是"照着葫芦画瓢",就是直接运用所看到或者了解觉得适合自己的写作教学的模式。这个方式可以说是继承模仿的最低层次,一般不提倡语文教师运用这种方式,因为通过这种机械模仿而建构出的模式往往在教学实践中会导致模式僵化。第二种是改进模仿,可以对别人创建的写作教学模式进行适当的改进,或针对这个写作教学模式的不足之处,或针对这个写作教学模式不适用于本班写作教学的地方进行改进。第三种是组合模仿,即综合几种写作教学模式,可以汲取其精华部分。例如,将所了解的写作教学模式的各自教学理念、教学方法、教学过程等进行比较,然后对其进行重构即可成为一种新的写作教学模式。第四种是创意模仿,语文教师可以在继承的基础上

---

① 彭小明.语文课程与教学新论[M].杭州:浙江大学出版社,2009:98-101.

进行创造性的模仿,建构形成具有自己特色的写作教学模式,这种方式是继承模仿的最高层次,也是我们极力提倡语文教师进行建构写作教学模式的最佳方式。例如,李吉林老师的"情境教学"是模仿国外"情景教学"结合我国古代"意境说"创新而来,郑逸农老师的"非指示性教学"是继承罗杰斯"非指导性教学"发展而来,等等。这种在模仿基础上的创新建构模式的方式既能够防止模式的束缚和落后,又能够适应不断变化发展的学情,也是广大语文教师建构写作教学模式的一种便于学习和利用的方式。

教师们要认识到继承是为了创新、创新又离不开模仿,继承与创新的辩证需求是写作教学模式获得良性发展的原动力,因为只有站在"巨人的肩膀上"才可以取得更大的成就。任何写作教学模式自身都存在一定的不足之处,必须取长补短,从相关的写作教学模式中汲取有营养的东西,吸纳合理的理论与方法,结合自己的教学实践创新构建。当然创新一定要有依据。教师应该在研究教育理论,如教育学、心理学、教学论、写作学、语言学等基础上,结合实际,准确把握"新课标"写作教学理念大胆创新建构。

四、基于不同情形,多元建构

毛泽东在《矛盾论》中指出:"任何运动形式,其内部都包含着本身特殊的矛盾。这种特殊的矛盾,就构成一事物区别于他事物的特殊的本质。这就是世界上诸种事物所以有千差万别的内在原因,每一物质的运动形式所具有的特殊的本质,为它自己的特殊的矛盾所规定。这种情形,不但在自然界中存在着,在社会现象和思想现象中也是同样地存在着。每一种社会形式和思想形式,都有它的特殊的矛盾和特殊的本质。因此解决问题需要具体问题具体分析。"从哲学的角度来看,写作教学也具有特殊性,建构写作教学模式也要根据不同的情形来建构不同的模式,不能够只用一个标准、一套模式、一种方式、一条思路去要求学生。依据具体情况建构具体模式,才是解决写作教学的正确方法。"建构主义认为,学习总是与一定的社会文化背景即情形相联系,在一定的情境下进行学习,可以激发学生的联系思维,使学习者能利用原有认知结构中的有关经验去同化和索引当前学到的新知识,从而使新旧知识建立起联系,并赋予新知识以某种意义。"①《全日制义务教育语文课程标准》中也指出:"语文教学应为学生创设良好的自主学习情境,帮助他们树立主体意识,根据各自的特点和需要,自觉调整学习心态和策略,探寻适合自己的学习方法和途径。"②不同的写作教学模式并不是彼此对立的,而是适合不同情形和策略的。因此针对不同课型、文体、文本、教师教学、学生群体等建构不同的教学模式是每个语文教师应该明确的

---

① 姜丹.信息技术环境下的中学语文教学实践[J].中国电化教育,2012(4).
② 教育部.全日制义务教育语文课程标准[S].北京:北京师范大学出版社,2011.

方法。

　　任何一种写作教学模式在使用条件和应用范围方面都具有一定的局限性，没有"放之四海而皆准"的万能写作教学模式。教师应该根据不同的教学情形，建构多元的写作教学模式。不同的作文类型就有不同的教学模式，对于不同的学生也有不同的教学模式。例如，"新课程"写作教学模式的建构可根据不同的作文目的、作文条件、作文要求建构不同的模式：材料作文、话题作文、情境作文（李吉林）、想象作文、生活作文（张化万）、生命作文（熊芳芳）、生本作文、活动作文（李白坚）、新概念作文、体验作文、绿色作文（赵谦祥）、文化作文（谭蘅君）、合作作文、乡土作文、课本作文、素描作文、言语交际作文（于永正）、小品表演作文（贾志敏）、创意写作（窦桂梅）、网络写作和非构思作文（马正平）等。

　　总之，为了探寻最佳的写作教学模式，应该对作文教学的方方面面进行哲学的、系统方法的、实证—实验的科学研究。此外，也不能放弃对已有的行之有效的写作教学模式进行验证。由于教学内容、教学对象、教师自身素质不同，最佳的写作教学模式不可能只有一种，因而也不能轻易否定某一种模式。现存的写作教学模式之所以是"存在的"，就在于它们有"合理性"；然而它们也有需要改进的地方，因为它们还不能为更多的语文教师所"复制"。

温州大学教师教育学院

2017 年 6 月 28 日

目录

《全日制义务教育语文课程标准》在提出了语文课程的总目标之后，又按照年级划分了四个学段的阶段目标。在课程总目标中，有如下表述："在发展语言能力的同时，发展思维能力，激发想象力和创造潜能。"可见，我们语文教学的目的不仅仅是能够让学生学会使用我们汉语言，还应该让学生在学习语文的过程中使自己的思维能力、想象力、创造力得到训练和发展。唯有此，才能使汉语言保持生机与活力，得到长久发展和延续。写作教学作为语文教学的一部分，有着较强的语文实践性，应力求让学生在写作的过程中，除了发展其言语表达能力之外，还要使其思维得到锻炼，想象力与创新能力得到培养和发展。

三段九级写作教学模式基于学生学情和写作教学规律提出建构的"写虚作文—写实作文—创新作文"的写作训练体系，正是语文课程总目标的具体体现。在这一模式中，小学阶段由写虚作文入手，侧重对学生想象力的培育和发展，目的是为了维护小学生的"诗人天性"，激发写作兴趣，培养良好的写作习惯；写实作文的设置则更多地体现了"交际语境写作"知识中对"写作回归真实的生活情境""写作有明确的交际语境"的追求，目的是加强学生写作与真实生活情境的联系，充盈学生的写作素材，引导学生写作追求三方面的真实，"写作目的的真实（生存作文）""写作内容的真实（生活作文）""写作个体的真实（生命作文）"，最终达到"作文-做人"的完美统一。创新作文中对学生"思想和个性"的重视，则体现出写作对学生创新思维品质的培育和发展。

第一章　三段九级写作教学模式的研究背景

王荣生教授曾在《写作教学的检讨和前瞻》一文中，痛心疾首地指出：写作课在我国中小学语文教学中因为写作观念、写作知识、写作教学方法、写作学习方法等的偏颇或错误，而没有得到科学有效的推行和落实。这就造成占我国语文教育半壁江山的写作一直成为广大师生"谈之色变"的老大难。我国的写作教学研究随着专家学者的重视，研究成果层出不穷，这对于

改变我国写作教育中根深蒂固的错误写作理念有至关重要的作用，但遗憾的是，虽然我国写作研究不断深入，研究成果层出不穷，但我国学生实际的写作能力并未得到预期的变化和发展，甚至是越来越差，这种与预期截然相反的态势，不得不引起我们的重视和反思，而正视我国写作教学中存在的主要问题，明确写作教学的追求和方向，无疑是寻求解决方法的突破口。

第一节　传统写作教学问题与反思

张志公先生认为写作教学之所以一直是个老大难问题，与不大对头的"写作观、写作知识和理论"等有关。[①]我国写作教学领域中错误的写作观念、僵化的写作理论、陈旧的写作知识都会导致写作成为悬而未解之谜。"理念是行动的先导"，写作观念、写作理论、写作知识出现了偏差，无论过程多么精彩，结果也徒劳无功，差之千里，甚至有可能导致学生写作误入歧途，走上不归路。细致分析我国写作教学领域中存在的诸多问题，我认为有一些根深蒂固的写作观念是必须要加以转变和完善的，具体包括：

一、写作教学缺乏科学有效的序列

写作作为现代公民的必备素质之一，在整个语文教学中的地位越来越重要，但很多教学实践并未足够重视从中小学阶段培养学生终生写作能力的发展。导致这一结果的产生，除了与应试教育相关，更多的还与多数语文教师写作教学中的"不作为"有关。很多教师在写作教学中不明确写作的本质意义，不懂得写作的内容目的，更不会采用科学的写作训练方式方法，这样"随意而为"的写作教学导致写作结果的"无理、无序、无效、无法"。因此，追求写作训练的科学有序应该成为改革写作教学的一个重要突破口。针对这一问题，我国写作教学研究领域的专家学者也做出了不懈的努力，很多行之有效的写作教学序列、写作教学模式被建构并加以实施。但随着研究的深入，很多在当时卓有成效的研究成果也因为面临实践的检验而出现了或多或少的问题，这就要求研究的日臻完善。正如《国际教育百科全书》叙述的那样："对任何结果的探究，都可以通过模式的建立把影响特定结果的变量、定义、假设、解释联系起来，并用系统化的方式加以阐述。模式需要经受实践的检验，根据现实情况的变化，还可以解构和重建。"[②]

因此，三段九级写作教学模式正是在总结前人建立序列和模式的基础上，通过扬长避短，试图探究出一个更加科学合理的写作教学序列和模式。正如本人在《写作教学模式论》中强调的那样：写作教学模式的建构必须遵循"教学有模，但无定模，贵在得模，无模之模，乃为至模"的建模原则，意思即为"写作教学有模式，但没有固定的模式""写作教学要有模式，但反对模式化""写作教学模式要不断建构、解构和重构"等。[③]

因此，分层递进写作训练模式的研究意图，是为了给广大师生写作教学和写作训练提

---

①　王荣生.写作教学教什么[M].上海：华东师范大学出版社，2014：42.

②　托斯顿·胡森.国际教育百科全书（第6卷）[Z].贵阳：贵州教育出版社，1991.

③　彭小明，刘亭玉.写作教学模式论[M].杭州：浙江大学出版社，2015：6-9.

供一个可供参考的模板和模型,而不是将此模式固定化。

二、写作教学重视"写实"忽视"写虚"

韩军老师曾在研究新语文教育时提出:"我们的语文教育,从孩子很小的时候起,就阻止他们写虚能力的发展。因为,中国传统文化心态,常常把写虚与怪诞、呓语、胡说八道、胡编乱造画等号;而将写实等同于实事求是、说老实话办老实事。因而我们的孩子,在写虚的能力还未充分展开的时候,就被大人们扼杀了。"[1]这些话很好地揭示了我国写作教育中根深蒂固的错误观念,那就是"重实避虚"。

我国的写作教学异常重视写作的"真实性"问题,并将"写出真情实感、写作真实感人"作为衡量学生写作好坏的标准,这种狭隘的"写作真实观"反应在学生日常写作训练中就是重视对记叙文、说明文、议论文等倾向于写实文体的训练,忽视童话、寓言、小说、诗歌、剧本等倾向于写虚文体的训练。"重实避虚"的写作观念,限制了学生对写作题材、写作方式、写作内容的选择,钳制了学生思想个性的发展,最终也不利于学生语言架构体系的全面发展。

近年来学生作文中"套话作文"现象的泛滥,不得不让我们重新审视"写实训练"能否真正提高学生的写作能力? 单一的记叙文、说明文、议论文的写作能否充分展示写作的功能和价值? 又能否真正培养现代社会所需要的写作人才?

潘新和教授十分反感把要求学生去"观察生活"作为指导学生写作的法宝,他认为"写作主要靠的是人对生活的感受、同化与变异、加工,靠的是想象与创造……人并不缺乏生活,缺乏的是洞悉自我的言语创造的能力,缺乏的是对自我的感受、想象、创造的'内视'"。[2]因此,写作除了要重视观察生活外,还必须想办法关注学生心灵的内视和自省。无疑,重视学生想象与创造的写虚作文训练可以弥补这一空缺,因此,写虚作文作为写作的另一面应和写实作文训练一样,得到同样的重视和发展。

三、写作教学重视技法技能轻视思维训练

美国写作教学的核心是让学生通过写作养成具有"批判性思维能力"的人格,因此美国的写作教学非常注重对学生思品质的培育和发展。例如,各州的母语课程标准认为,开展学习的基本工具是语言和思维,在《英语语言艺术标准》中,明确提出写作教学要达成的目标是学生应用语言结构、语言习惯用法、媒体和修辞等方面的知识,形成具有创造力和批判性的文本。[3]《马萨诸塞英语语言艺术课程标准框架》中将课程目标定位为:教会学生如何进行逻辑推理,如何在理解、建构和表达意义时,有目的地使用语言,在互动学习中发展学生的思维能力和语言能力。[4]

对学生批判性思维能力的培育和发展,关乎学生独立之人格、自由之精神的培育和发展,而这更是一个人具有创造潜能的基础和条件。写作教学如若遵循素质教育对创新型

---

①　韩军.韩军与新语文教育[M].北京:北京师范大学出版社,2006:61.

②　潘新和.语文:我写故我在[M].福州:海峡文艺出版社,2014:27-28.

③　IRA,NCTE. Standards for the English Language Arts[M]. The United States of America:IRA,NCTE,1996.

④　Graham A,Handlin H,Furey J, et al. Massachusetts English Language Arts Curriculum Framework[M]. Massachusetts:Massachusetts Department of Education,2001.

人才培育目标的追求,必须将培养学生的思辨能力作为写作训练的重点部分,将时代热点、社会生活、伦理艺术等问题,通过作文命题的方式融入学生的写作当中,让学生在对不同问题的见解中,传达自己独具个性的观点、认识、想法,以此训练学生的批判性思维能力。

对写作中"思维能力"的训练有利于激发学生的写作兴趣,保护学生的创作个性,发展学生的创造能力。反观我国写作教学,大多充斥的是选材立意、谋篇布局、表达行文等技巧性的要求和训练,忽视了对学生整体语言素养的培育和发展,这种本末倒置的做法使我国的写作教学出现了如韩军老师在《韩军与新语文教育》中所描述的局面:"抽查天南地北,城市乡村的孩子的学生作文,我们会有一个惊人的发现,相当数量的作文,从谋篇到布局,到词语的选用,甚至开头结尾,都如出一辙,你很难发现有个性的文章。"①

进入 21 世纪,创新型人才成了社会发展的主要竞争力,而创新型人才的核心应是拥有独立自主人格的个体。所谓"言为心声",如果没有独立的思想和个性,就不会产生独立自主的人格,更不会培育出适应社会发展的创新型人才。因此,对学生写作个性和写作创新能力的培育,应该成为写作教学主要发展的能力之一。

综合以上问题可以看出,我国写作教学存在缺乏科学有效的序列结构,缺乏对学生写虚能力和创造才能的训练,因此如何构建出一套遵循学生身心发展规律,顺应写作教学规律,突出对学生写虚能力和创新才能培育的写作教学模式亟待被研究和建构。三段九级写作教学模式试图重点解决写作教学中存在的这些问题,构建出更加完善的写作训练序列,以期为广大师生提供写作教学和写作训练的模型和依据。

第二节 写作课程范式综述与分析

吴忠豪教授说:"中国语文教学的问题主要不是出在教学论层面,而是出在课程论层面,要从课程论层面寻找问题的症结。"②课程内容是教学实施的前提和依据,应先于教学而有所筹划,如若没有课程内容或知识,来谈"教学",是本末倒置的,正如很多专家强调的那样,在教学研究领域内,研究"教学什么"比"怎么教学"更加紧迫。

以上观点表明,写作教学要想取得有效发展,必须以课程内容的选择和重构为重点。荣维东老师在其博士论文《写作课程范式研究》中将中外写作研究的发展轨迹总结为三种写作课程范式的转变:从 20 世纪 60 年代以前的传统的"文章写作",到 70 年代开始的"过程写作",再到 20 世纪八九十年代就开始酝酿发展着的"交际语境写作"。③本章节意图通过对其提出的这三种写作课程范式进行梳理分析,以期阐明三段九级写作教学模式对写作课程内容的选择和重构。

荣维东博士将写作课程和教学中出现的各种各样的流派、不同的写作课程内容和不同的写作教学方法归类分析为三种不同的写作类型,并将其称之为"写作课程范式",即文

---

① 韩军.韩军与新语文教育[M].北京:北京师范大学出版社,2005:76.

② 吴忠豪.谈中国语文课程的现状与改革——访上海师范大学教育科学学院教授吴忠豪[J].教育理论与实践,2006(7).

③ 荣维东.写作课程范式研究[D].上海:华东师范大学,2010:1.

章写作课程范式、过程写作课程范式、交际语境写作课程范式。

一、文章写作课程范式

"文章写作"又称"文本中心写作""结果导向写作",指的是以关注写作产品为教学重心,以文章学知识如"中心、材料、结构、语言"等作为课程知识要素,以文章的结果评判为主要目的,不太关注写作过程和交际语境的写作。[①]

这是我国最常见的"作文教学",也是我国写作教学的主要形态,更是造成我国"三大文体虚假写作训练"、形成僵化的"八大块文章知识"的根源。

在我国,很多的写作教学模式或写作教学流派,都可以看作"文章写作知识"的演化,都是以"文章取向"为本位的,如在全国产生较大影响的常青的"分格作文"教学模式,钱梦龙"文体中心论"之"模仿—创造"作文教学模式,周蕴玉和于漪的"文体为纬—过程为经"的作文训练模式,丁有宽的"读写结合"训练模式,袁志勇的"作文思维台阶"模式,杨初春"快速作文"教学模式等。

二、过程写作课程范式

所谓"过程"写作,指的是以文章"怎么写"的过程和方法作为关注重心,以研究写作者的认知思维和信息加工规律以及写作者的行为特征为主要内容的写作课程范式。[②]20世纪80年代,"过程写作"开始进入写作课程。在"过程写作"课程范式的影响下,我国的"八大块"文章学写作知识开始向"过程化"写作知识转变。"过程化写作取向"在我国写作教学领域的影响就是"写作对思维和过程"的关注,很多研究者从写作思维过程出发,将写作过程的本质看作是"客观事物—思想意识—语言表达"之间的转化问题,如刘锡庆借鉴我国古代"物—意—文"转换的理论基础后提出写作过程的"双重转化"理论,认为写作者进行写作首先需要经过第一"重"转化,将外在客观事物(物)转化为内心的思想认识、情感观念(意)。然后再将内心的思想认识、情感观念转化为自己要表达的文字(文),完成写作过程的第二"重"转化。[③]"双重转化论"只是强调了写作"物"到"意"的转化,却未能涉及写作从"思想到语言"的转化问题,无法解释"外部言语表达的口头言语和书面言语"之间的转换问题。国内学者刘淼将此问题进一步深入,提出写作过程的"三级转换理论",认为"作文在从思维到外部书面言语表达的过程要先后经过'三级转换',即'思维—内部言语'(第一级转换),'内部言语—外部口头言语'(第二级转换),'内部言语—外部书面言语'(第三级转换)。"[④]

对写作过程实质的揭示,将我国的写作研究又推进了一步,写作开始关注写作整体环节的发展,关注写作者"写前准备—构思起草—行文表达—修改加工—成文发表"等问题,从各种策略出发,促成写作者写作活动的顺利完成。

---

① 荣维东.写作课程范式研究[D].上海:华东师范大学,2010:35.
② 荣维东.写作课程范式研究[D].上海:华东师范大学,2010:68.
③ 刘锡庆.基础写作学[M].北京:人民教育出版社,2007.
④ 刘淼.作文心理学[M].北京:高等教育出版社,2001:39-44.

三、交际语境写作课程范式

20世纪八九十年代，写作课程研究从"过程写作课程范式"转向"交际语境写作课程范式"。"交际语境写作课程范式"认为写作从本质上讲是一种社会交际行为，因此，应在"真实的交际语境"中训练学生的写作能力，让学生学会根据不同的交际语境选择特定的"写作目的、写作对象、写作文体、写作语言"等。[①]

随着对"真实交际语境写作"的重视，我国的写作也开始倡导在"真实的生活中""真实的学习中""真实的应用中"进行写作，因此，"生活作文""生态作文""绿色作文""探究作文""创造写作"等理念开始涌现，并出现了"生活作文""生态作文""绿色作文""探究作文""创造作文"等形式多样的写作教学模式。其中包括以张化万老师为代表的"生活作文"教学模式，以李吉林老师为代表的"情境作文"教学模式，以李白坚为代表的"活动作文"教学模式，以于永正为代表的"言语交际作文"教学模式等。

比较分析三种写作课程范式可以得知："文章写作"把写作的重心放在"好文章"的制作上，"中心明确、结构完整、条理清晰、语言优美"成了学生习作的标准，写作的落脚点为如何写出一篇"好文章"。但这种写作课程范式最严重的弊端就是忽视习作者的个体心理特征对文章制作的影响，使写作狭隘地局限在"三大文体的虚假的文章制作"上来。而"过程写作"则把写作的重心转移到"作者"本身，更加关注作者良好的认知心理、有效策略和高效行为特征对写成一篇"好文章"的影响，落脚点为如何成为一个"好作者"。从"好文章"到"好作者"的转变是写作研究向前推进的重要一步。但与国外关注学生写作的思维品质不同，我国的过程写作多是从"写作教学过程"入手，教学生一些写作文章的技巧技法，"过程写作"变成了"写作过程"，最后仍然落脚于"文章写作"，成为"文章写作"的附庸。

无论是"写什么？"的"文章写作"，还是"怎么写？"的"过程写作"，都只是"怎么教学"的方法体现，它们有一个共同的弊端就是忽视了对写作本真意义的探寻，那就是"为何写作？"，也就是"教学什么？"的课程内容探寻。"交际语境写作"则重点解决了这一问题，从"为何写作？"的本质意义探寻入手，将写作界定在社会交际行为上来，认为写作是针对特定的对象（读者），为达成一定的目的，在一定场合（语境）下，以某种恰当的形式（媒介或文体），进行有效交流的行为，写作的重心应从关注"作者"转移到关注"读者"，从关注"个体信息处理"到关注"社会认知建构"，从关注"外在写作流程"转移到关注"交际情境的创设"。

三种写作课程范式各有其利弊，写作教学要想获得长足发展，必须学会吸收融合各种写作课程范式中的有利写作理论和经验，对三种写作课程范式进行整合重建，构建"以文章知识为显性指标，以过程知识为策略路径，以交际语境写作知识为母机"的"三维写作内容"框架，即写作课程内容的标准框架应该包括"语篇–结果""过程–能力""交际语境策略"这三个维度，既要关注"写什么样的文章"问题，如写作的文体，写作的语言、写作的中心、写作的材料等问题；又要关注"过程知识"筹划规定"如何写"的知识方法策略问题；还要通过"交际写作知识"解决"为什么写、写什么、如何写、写给谁、在什么情境下写、如何进行评价"等问题。

---

① 荣维东.写作课程范式研究[D].上海：华东师范大学，2010：96.

荣维东老师在其博士论文《写作课程范式研究》中对写作课程内容重构的"三维框架"的设想，为今后写作教学发展走向科学化、高效性指明了方向，那就是任何写作教学模式的建构都必须充分考虑三个方面的课程知识——写作"通过什么样的文章体式进行呈现""通过何种策略方法指导学生进行写作""写作的目的是什么，写了有什么用，为什么要这样写作而不是那样写作"。

三段九级写作教学模式意图在这一指标的引领下，构建一个由"交际语境写作知识"中明确的"写作目的"驱动的关注"写作形成过程"并最终通过"文章知识"展现出来的完善的写作体系。具体表现为三段九级写作教学模式的建构对写作形式、写作内容、写作功能、教学实施和学生心理的综合考虑。三段九级写作教学模式整体上将写作的形式分为写虚作文、写实作文、创新作文三类，是在考虑不同阶段的学生心理发展的基础上，由明确的写作培养目标和典型的写作样式，以及可供操作的写作策略共同构成的写作教学模式。在这一模式中，小学阶段由写虚作文入手，侧重对学生想象力的培育和发展，目的是为了维护小学生的"诗人天性"，激发写作兴趣，培育良好写作习惯，而具体的写作样式则选取了在小学阶段较为典型的看图作文、虚境作文和想象作文，意图通过看图作文、虚境作文、想象作文中对学生写作兴趣的激发策略，将学生的写作兴趣以写故事文的形式表现出来。写实作文的设置则更多地体现了"交际语境写作"知识中对"写作回归真实的生活情境""写作有明确的交际语境"的追求，加强学生写作与真实生活情境的联系，充盈学生的写作素材，引导学生写作追求三方面的真实，"写作目的的真实（生存作文）""写作内容的真实（生活作文）""写作个体的真实（生命作文）"，最终达到"作文-做人"的完美统一。创新作文中对学生"思想和个性"的重视，可以看到"过程写作"对"好作者形成"的影响，那就是重视学生创新思维品质的培育和发展，而这种不同个性的思维品质又需要学生在不同类型的写作中体现出来，因此写作样式的选择就应该更加开放，更加能体现出学生的创作个性，开放性作文、个性化作文、研究性作文应成为此阶段最主要的训练样式。

第三节　现代写作教学目标与追求

"理念是行动的先导"，正确的写作理念会使写作教学沿着正确的轨道向前发展，错误的写作理念则会使写作教学误入歧途，因此明确写作教学的应有之义，应成为每个写作教学研究者和一线教师内心的理论标杆。三段九级写作教学模式在研究和分析我国写作教学存在的问题上，吸收借鉴前人的研究成果和经验，确立了自己的理念向导和理论支撑，主要包括以下几点：

一、科学序列：写作教学的一贯追求

特级教师邓彤指出："我国既有的写作课程总体上有两类基本取向：序列化、活动化。"[1]这两种课程取向都有其不可低估的价值，因此需要我们认真加以研究和借鉴。张志公先生针对语文教学的科学性问题提出："有一个问题多年来一直存在的，那就是语文

---

[1] 王荣生.写作教学教什么[M].上海：华东师范大学出版社，2014:86.

教学缺乏科学性。"因此他主张："把语文训练作为一个科学问题加以研究"，"要力求做到语文教学科学化"。①在语文科学化理念的指导下，张志公先生主张"实现幼儿、小学、初中、高中'一条龙'……建立和完善一门'集中统领本学科整体的专业基础理论，即科学的现代语文教学'"的学科体系。②而且明确要求这门学科要有一个"序、量、广、深、度"的具体标准，即要有一个"明确而合乎科学的序，以保持知识的连贯性、渐深性，使教学做到循序渐进、环环相扣、步步深入"。③

在这种大背景的支持下，很多研究写作的教师也注意到了写作训练的科学化、序列化问题，新时期，特别是新课改以来，许多研究写作教学的专家、学者和一线教师，都在实践探索中努力建构一种科学的遵循学生身心发展规律和写作教学规律的写作教学序列或写作教学模式，如在全国范围内产生较大影响的"观察—分析—表达"教学模式、"分格作文"教学模式、"文体中心"模式、"注重过程"模式等，这些教学模式都在一定时期内产生过重要影响，但随着时代的发展和研究的深入，这些模式固有的弊端也不断涌现，这就需要后续研究者继续加以发展完善。

三段九级写作教学模式在"写作教学科学化序列化"的理念支撑下，通过总结前人写作教学研究经验和反思其弊端，试图建立一种更加科学的、符合现代写作教学理念和写作教学本质，以学生终身发展为本的写作训练序列。这一写作教学模式在实用性写作和文学性写作并重的基础上，提出针对不同学段的学生训练不同写作样本的"写虚作文—写实作文—创新作文"的训练序列，重点突出对学生"想象能力—观察能力—创新能力"的培养，进而促进学生综合写作素养的整体发展。

二、写虚训练：写作教学的新取向

三段九级写作教学模式与以往建构的写作教学模式不同，它重视对写虚作文的训练，把写虚作文放在三段九级写作教学模式建构体系的第一阶段，目的是为了由写虚入手，培养学生的写作兴趣和良好的写作习惯，为学生终生写作奠定良好开端。

一直以来西方国家都非常重视写作教学对学生文学创作的训练，尤其注重学生想象力和创新能力的发展。例如，美国的语文课程标准中指出："文学是人类想象的语言表达，也是人类文化赖以流传下来的基本方式之一。"④所以，美国的写作教学十分注重鼓励学生进行诗歌、小说、剧本、散文等不同形式的创作。写作方式上鼓励学生从自己已有的经验当中虚构幻想，进而拓宽学生的取材范围，即使是在写实作文倾向较重的中高年级，也把带有文学性、独创性的写作活动作为写作训练的重要内容。

非常注重文学教育传统的英国，更是把写虚作文的训练作为语文教学的重心，因而形成了独具特色的"写虚—写实"作文训练模式。在英国，低年级学生的写作训练从写"虚构文"开始，让学生写一些虚拟小故事，为学生提供充分的自由想象空间。在《英国国家课

①　张志公. 张志公自选集（上册）[C]. 北京：北京大学出版社，1998：215-219.
②　张志公. 张志公语文教育论集[M]. 北京：人民教育出版社，1998：271-281.
③　张志公. 张志公语文教育论集[M]. 北京：人民教育出版社，1998：66.
④　阎立钦. 美国中学的语文课程和大纲[J]. 中学语文教学，1994(11).

程·英语》的写作教学目标中,对第 3、4 学段的写作要求中有如下表述:鼓励学生"进行有美学意义和富有想象力的写作""从自己的经历中做虚构幻想。"①课程标准中规定学生的写作范围可以包括"便条、日记、私人信件、评述、散文、广告、传记、自传、诗歌、故事、剧本、电影剧本……"①其中的诗歌、故事、剧本、电影剧本等可以看出"写虚作文"在写作训练中的比重。

德国的写作教育对学生写虚作文的训练也很重视,如德国巴符州《完全中学教育计划》针对七年级学生的写作训练中提到了鼓励学生通过变换叙述的角度,给故事设计不同的故事情节和不同的结尾,结合文学作品塑造故事人物等手段编写完整的故事。

从以上种种都可以看出国外写作教学对"写虚作文"的重视,这些反馈到我国的写作教学中,就是加强写虚作文在写作训练中的比重,让写虚作文成为写作教学的另一种取向。随着对写作研究的深入,相关专家也意识到了这一问题,并加以论述和诉说。例如,潘新和教授在其著作《写作教学:重实用也勿轻审美》中从学生的言语天性出发研究学生写作发展的规律,相比于普通应用文,学生对诗歌、散文、小说等文学作品的创作更感兴趣。因此,他认为"审美性写作可以成为所有人写作学习的基础,成为培养写作兴趣的途径。而对于具有文学潜能的学生而言,审美性写作可以贯穿言语教育的全过程,甚至毕其一生;而以实用性写作见长的这部分学生,在中学阶段可以实用性写作为主。从社会化角度说,言语教育总体的趋势是,以感性、审美性写作奠基,以理性、实用性写作作为普遍性、终极性的内容。"②

于军民、薛景在《作文教学的两翼——实用性写作与文学性写作》中也指出:"实用性写作与文学性写作是中学写作教学的两翼,单纯强调任何一面都势必造成严重后果。实用性写作训练可以解决学习和生活实际所面临的紧迫问题,甚至也可以'通过写作促进学习',但却无法培养人的美好的情感,无法让学生以审美的眼光观察生活,实现诗意栖居的人类梦想。"③学生的想象力理应"按能够进行类推、比喻、诗意的思维方式进行培养",以避免"对诗歌彻底麻木不仁"。④文学写作无疑是培养学生"类推、比喻和诗意的思维方式",是培养学生想象力的极为重要的途径。从上面的阐述中可以看出无论是西方还是我国的写作教学都认识到了"写虚作文"等文学性创作在写作教学中的重要作用,以及写虚作文对学生想象力、创造力的培养,这也提示我们完善的写作教学训练体系应该是"虚实并重",而不是"重实避虚"。可见,三段九级写作教学模式的建构中加入"写虚作文"的成分是非常科学合理的。

三、多样分类:写作教学的路径开拓

我国的写作教学基本上延续记叙文、说明文、议论文的分类标准,而这种训练在实际的社会生活中却并不存在,潘新和教授在其著作当中明确提出并分析了这一症结所在,他

---

① 柳士镇,洪宗礼. 中外母语课程标准译编[M]. 南京:江苏教育出版社,2000:263.
② 潘新和. 语文:我写故我在[M]. 福州:海峡文艺出版社,2014:36.
③ 于军民,薛景. 作文教学的两翼——实用性写作与文学性写作[J]. 高中语文教与学,2012(7).
④ 大卫·杰弗里·史密斯. 全球化与后现代教与学[M]. 郭洋生译. 北京:教育科学出版社,2000:158.

认为："当今写作教学，最突出的矛盾是'失真'（伪写作）与'仿真'（真写作）的矛盾，长期以来的写作教学，实施的不是真写作，而是伪写作，训练的不是真能力，而是伪能力。"[①]"伪文体"导致"伪写作"的产生，并致使广大教学写作者和命题者产生确实存在着记叙文、说明文、议论文等写作体式的错觉，而将小说、叙事散文、传记、新闻、通讯，调查报告、科普小品、说明书，随笔、文学评论、论文、书评、杂文等"真文体"排斥在日常写作训练之外。

与国际上多样化的写作教学分类相比，我国这种僵化的写作教学分类标准亟待被改革和完善，而对于国际上多样的写作教学分类的认识，则是我国写作教学积累经验的前提条件之一。分析国际上的写作分类，主要概括有如下几种：

（1）按写作功能，将写作分为实用性写作和文学性写作。其中实用性写作又按不同的语体风格和适用范围分为交际语体写作、公文语体写作、科学语体写作等；文学性写作按体裁分为散文、诗歌、小说、戏剧等。[②]实用写作是以适合社会实用性为目的的写作实践活动，具有实用性、规范性和简明性的特点，文学性写作是以塑造文学形象为目的，是一种具有形象性、审美性和创造性的写作实践活动。二者分类的完美结合既重视了写作的实用性功能——直指学习、生活、工作的实际需要，切实培养学生适应社会实际生活需要的写作能力；又重视了写作的审美性功能——通过文学艺术写作的熏陶，培育学生美好的情感，让充满想象翅膀的学生以审美的眼光观察生活，实现诗意栖居的人类梦想，以更好地更加全面地促进学生综合写作素养的提高。

（2）按写作内容的真实性，将写作分为虚构写作和非虚构写作。[②]这种分类标准更多地倾向于写作手段的运用，二者指向写作创作的不同侧重点，虚构写作主要指以"虚构"为主要创作手段的写作，最具代表性的是小说的创作。"虚构性写作"最主要的特点是"虚构性""想象性"，这种创作方式需要写作者发挥自己的想象力，通过艺术夸张、变形、嫁接、组合等手段，构建引人入胜的故事情节或构想社会生活中不存在的或还未发生、发现的事情、事物，如我们常见的童话、寓言、神话传说、科幻散文、小说、戏剧、故事文等。而"非虚构性写作"主要指在"回归真实生活"的理念支撑下，注重写作对生活的艺术反应，意即"艺术的真实"。这种写作也有虚构的成分，但总体上追求"客观真实"地反应社会生活，如我们写作中的散文、随笔、回忆录、文学评论、报告文学、传记等。虚构性写作和非虚构性写作类似我国文学传统当中的浪漫主义和现实主义，浪漫主义文学超越现实时间和空间的束缚，可以穿古越今，上天入地，无所不能，这种训练有利于激发学生的创作兴趣，培养他们丰富的想象力，进而提高其创作才能；而现实主义文学关心时事，紧追时代步伐，紧扣社会热点和焦点，更多的思索人生和社会，以期解答个人、社会、人类等存在的意义和价值，这种训练有利于培养学生的社会责任感，加强他们参与社会公共事务建设的能力。

（3）按写作的目的，分为"自我表达写作"和"为他人的写作"。[②]根据不同的课程目标写作取向，可以分为"重表达"和"重交际"两种，我国侧重于"表达"，国外侧重于"交际"，因此形成了侧重于表现作者自我的"自我表达写作"和"为不同目的和读者"而进行的"为他人的写作"。前者侧重写作者个体人格的培育和发展，希望学生在写作中发表自己独具个

---

① 潘新和.语文：我写故我在[M].福州：海峡文艺出版社,2014:25.
② 叶黎明.虚构写作：写作教学的另一个向度[J].语文学习,2012(10).

性的对社会事物的所见所闻所感,因而有利于维护学生的创作个性和创作才能,如日记、书信、感想文、生活文。但这种写作观,也容易将写作者引入虚假的语言训练的误区,成为学生"在封闭的真空中进行的文章制作和应试技艺",最终导致学生写作的"为赋新词强说愁"或者是"假大空"的套话作文的产生。而"为他人的写作",注重真实的交际语境和强烈的读者意识,倡导在"真实世界中写作""在真实学习中写作""在具体的应用中写作",因而有利于培养学生真实的写作能力和语言交际能力,而这也正是当代全球化、信息化、联通化时代生活、工作、学习必备的技能。基于此,写作教学应大力提倡在真实的交际语境中培养学生的写作技能,因此"生活作文""活动作文""体验作文""探究写作""创造写作"都应该成为实施具体交际语境写作的范本。

(4) 按写作课程的类型,分为任务写作(实用写作)、创意写作(文学创作)、随笔写作。[①]这三者之间相互配合,构成完整的写作课程体系。这一分类方法是著名教育专家王荣生教授在比较、吸收和借鉴国外写作教学经验的基础上,基于写作课程重建,提出的三大写作课程分类方法。所谓任务写作就是"有一个比较明确的写作对象,有一个比较明确的写作目的,有一些比较规范的写作样式",如写投诉信,就某事物发表自己的看法,或者选举演讲的演讲稿等。这种写作具有强烈的目的性,因而更容易确定写作的内容。创意写作也就是我们所说的文学创作,最主要的特点就是虚构、想象,如诗歌、小说、剧本、童话、寓言、神话传说、科幻小品文等,这种写作有利于培养学生丰富的想象力和语言的敏感力,加深学生对文学作品的理解。随笔写作也叫散文,就是我们传统写作的部分,这种写作因其"不限题材、不限文体、不限内容"等,有助于激发学生的写作热情,进而培养学生的创作潜能。

写作教学分类的多样性,对于促进我们对写作的理解,确定教学取向,丰富教学途径等具有重要的意义,这有利于打破百年来我国"记叙文、说明文、议论文"的写作传统,使我国的写作样式更加丰富化、多元化。三阶段分层递进写作教学模将写作按照"写虚作文—写实作文—创新作文"进行分层,就是在总结写作教学多样化的分类基础上,重点吸纳写虚作文中的"虚构性写作",写实作文中的"生存作文、生活作文(活动作文、体验作文)、生命作文",创新作文中的"开放性作文、个性化作文、研究性作文"进行写作训练,这种写作训练模式既注重写作的实用性功能,又注重写作的审美性功能;既重视对学生"内省"情感的考查,又重视学生"外省"世界的交流,因而将更有利于对学生写作能力的培养。

四、综合能力:写作教学的核心指标

写作主要训练学生的写作能力,但这些能力具体指代什么,好像没人可以叙述清楚。对写作最终能力指向目的的茫然,也让我们的写作教学少了些效率和效果。潘新和教授在其著作中谈到写作的"共能""异能"论,他认为所谓写作"共能"指的是所有学生都应具备的能力;写作"异能"指的是学生个人特殊的写作才能,不是人人都要具备的。培养写作"共能",主要目的在于"应人(人类)"、"应世",满足所有学生的基于社会性的共性化需求,也是满足大部分学生未来的学习性、职业性需求;培养写作"异能",主要目的在于"应己",

---

① 王荣生.写作教学教什么[M].上海:华东师范大学出版社,2014:17.

满足不同学生基于个人自然性倾向的个性化需求，也会涉及某些职业性需求。培养"共能"，主要是出于普遍的社会交往与工作、学习的需要；培养"异能"，主要是出于自身的写作兴趣、潜能、才情。①在学生习作当中，应是二者并重而行，既要注重培养学生无可选择的写作"共能"，更要注重培养学生可以自由选择的写作"异能"。

我们传统的"记叙文、说明文、议论文"的习作，其实主要培养的只是学生的写作"共能"，这种能力没有具体指代性，因为在现实社会生活中并不存在"记叙文、说明文、议论文"这些"伪文体"，而更多地表现为具有叙事体式共性特点的新闻、通讯、报告文学、传记文学、叙事散文、小说等，以及具有说明文共性特征的说明书、介绍信、解说词、科普小品等，和具有议论文共性特征的随笔、杂文、思想评论、文艺评论、社会评论、论文等。因此，一刀切式的"记叙文、说明文、议论文"的"共能"写作训练并不可取。

三段九级写作教学模式意图打破僵化的"限制文体、限制体裁、限制形式"的写作传统，在培养学生写作共能的基础上，培养学生独具个性的写作异能。争取做到"有文学天赋的就侧重培养他们想象、虚构的能力；有传媒天赋的就侧重培养他们采访、纪实的能力；有商业天赋的就侧重培养他们调查、报告的能力；有研究天赋的就应该侧重培养他们探究、抽象的能力……"。②

五、生命秩序：写作教学的终极目标

目前，社会流行许多"写作"的定义，这些定义，大多折射出了对写作本质内涵的概括，如"文章写作是人类的一种社会实践活动，是具有写作能力的人制作文章的复杂的创造性脑力劳动"③"写作是运用语言文学表达思想感情的一种创造性的脑力劳动。它是作者的智能、知识、意志以及思想感情等多种因素、条件的综合体现"④"写作是以读者为对象、以交际和传播为目的，以记事、说理、表情、达意为内容，在社会生活中时时需用的一种综合性的精神生产劳动，活动的成果是写出成品"⑤"写作是人类运用书面语言文字创生生命生存自由秩序的建筑的行为、活动"。⑥无论何种定义，都可以看作通过写作对人的生命秩序的一种建构和追求，正如学者陈功伟先生有这样的观点："写作是人类生命的一种对应表现，它运用的手段是语言文字。如果写作的内容是主体之外的事物（包括其他生命体），那么这种文章既是主体生命创造本质的投射，又是一种自成一体的精神生命。"⑦作为写作主体的人的自身生命秩序的确立，在文章生成的过程中得到完满的体现。

潘新和教授在其著作中，将写作的本质定位于学生自我的言语生命建构，认为"真正的写作，是生活的人化：生命化、情意化、形式化。简而言之，就是'心灵化'，语文教育最应

---

① 潘新和.语文：我写故我在[M].福州：海峡文艺出版社，2014：12.
② 潘新和.语文：我写故我在[M].福州：海峡文艺出版社，2014：11.
③ 路德庆.普通写作学教程[M].北京：高等教育出版社，2001：1.
④ 王光祖，杨荫浒.写作[M].上海：华东师范大学出版社，1999：1.
⑤ 吴伯威，杨荫浒，林柏麟写作[M].北京：高等教育出版社，1992：2.
⑥ 马正平.高等写作学引论[M].北京：中国人民大学出版社，2002：67.
⑦ 陈功伟.写作：生命的对应表现[J].写作，1999(9).

该关注的就是人的心灵建构。"①他还进一步阐释了构成言语生命心灵建构基本内容的"生命化、情意化、形式化"的具体内涵。

生命化是指通过写作培育学生良好的言语生命意识。良好的言语生命意识，主要体现为强盛的"言语生命欲求"。因为"语言是存在的家园""语言是生命的寓所"，所以语文教育以及包含在语文教育之内的写作教育主要的目的也应是"唤起和培育人的生命言语意识，即对言语生命欲求进行适当的引导和激励，使学生在言语生命意识的驱动下，产生健康、积极的言语生命欲求——指向言语上自我实现的人生。"②

情意化是指通过写作丰富学生情感，磨砺学生思想。"情感与思想是言语表现的基本内容。写作要'言之有物'，这个'物'的核心元素便是情感与思想。"③"情感的陶冶主要靠的是文学；思想的熔铸主要靠的是学问"，而这一切又得益于学生良好思维品质的建立。因此，写作还要注重培育学生充实的知识经验、良好的思维品质，深厚的言语修养。

形式化是指学生对言语、文本、文体形式的掌握。其中最重要的是使学生拥有敏锐的言语形式感，意即"文体感（体式感）、语境感、语感"，而这三感中最基本的是"文体感"。"有了良好的形式感，写作运思行为就有了方向和归宿，才知道该如何选材立意、谋篇布局、遣词造句。"

对写作本质的清楚认识，是指引写作教学方向的理念向导，更是提高学生写作水平的前提条件，通过介绍著名研究专家对写作本质的相关阐述，我们可以清楚地认识到，写作最终的指向是"写者本身"，写作训练实施的目的是为了完善每一个个体的生命存在，因此，写作训练的出发点和归宿都应该指向每一个写者个人，而这也是本人建构三段九级写作教学模式的核心理念，通过建构适合各个学段的学生写作训练的样式，培育学生完整的生命发展形势。

本章通过对写作教学存在问题的分析和写作教学不同方面的追求，阐述了写作教学研究的宏观理论背景，明确了写作教学的应有之义，为三段九级写作教学模式的建构奠定了坚实的理论基础，指明了建构研究的方向。从中也可以得知，因中小学写作目标指向的不同，各个阶段的写作理论、写作知识、写作模式也应该有所不同。

---

①　潘新和.语文:我写故我在[M].福州:海峡文艺出版社,2014:21.
②　潘新和.语文:表现与存在（下卷）[M].福州:福建人民出版社,2004:1436-1437.
③　潘新和.语文:我写故我在[M].福州:海峡文艺出版社,2014:22.

第二章　三段九级写作教学模式的建构理论

本章分五节具体阐述了三段九级写作教学模式研究的内容,具体包括三段九级写作教学模式的概念界定、三段九级写作教学模式的框架体系、三段九级写作教学模式的基本特点、三段九级写作教学模式的实施策略和三段九级写作教学模式的价值意义。作为整本论著的重点章节,本章在整个模式的建构中起着非常重要的作用。

第一节　三段九级写作教学模式的概念界定

本论著所建构的三段九级写作教学模式,建立在对"写作课程序列化"和"写作教学有模可依"的追求上,因而,对于三段九级写作教学模式并没有统一或前人的解释,在弄清本含义之前,有必要对"写作教学训练序列"和"写作教学训练模式"做出梳理和解释。

一、写作教学训练序列

郑晓龙指出:"作文教学应该有序,序列应该依据语言表达规律、学生心理智能发展特点,遵循循序渐进、由浅入深、由易到难的原则。"[①]美国教育学家加涅将"序列原则"看作是教学的重要原则之一,认为"学习发展是一种循序渐进的过程,教学应当遵循两个序列:第一是学生认识能力发展序列;第二是科学知识的逻辑结构序列"。[②]

据此,我们可以看出写作教学训练序列就是依据学生身心发展规律和学科教学规律,建立起来的科学的、连贯的、相对完整的写作教学体系。而

---

① 郑晓龙.作文教学序列谈[J].中学语文教学,2008(01).

② 崔琳.初中作文教学序列的构建[D].上海:上海师范大学,2012.

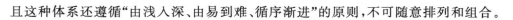

且这种体系还遵循"由浅入深、由易到难、循序渐进"的原则,不可随意排列和组合。

二、写作教学训练模式

闵登峰在其硕士论文《二十年来中学作文教学模式研究》中将作文教学模式的定义概括为"在基础教育中,在一定的写作理论和教学理论的指导下,为了完成特定的写作教学目标,而建立起来的较为稳定的教学结构框架和活动程序"。[①]张文泰等人编著的《中学作文教学研究》一书中提出了自己独特的写作教学模式理念。他们认为:"写作教学模式是在一定的写作模式和教学模式制约和影响之下形成的,它既有写作模式的痕迹,又带有语文教学模式的特征。"[②]据此我们认为写作教学训练模式是教师在教学模式的基础上、在遵循写作学习和写作教学内在规律的情况下,在写作教学实践的过程中,逐步建立起来的经过实践检验的行之有效的比较固定的写作教学程序、教学方式。

三、三段九级写作教学模式

由于三段九级写作教学模式是在其他模式研究的基础上,意图根据学生写作学习的心理发展规律和写作教学的规律,构建的一种全新的教学模式,因此对其并没有前人明确的阐释。但通过总结写作教学的序列化和模式化,可以看出三段九级写作教学模式是在教师指导下,遵循学生认知发展规律和写作学科规律,构建的贯穿写作者写作学习始终的分层级、分阶段的写作训练模式。三段九级写作教学模式构建出的"写虚作文—写实作文—创新作文"的训练序列,由写虚入手,激发学生写作兴趣,培养良好写作习惯,解决"谈作文色变"的难题;抓住写实训练,夯实学生写作"共能",改变写作浮华之风,解决"写什么"的难题;以创新写作,培养学生写作"异能",培育创新型人才,解决"为何写""怎么写""写给谁"的难题。"写虚作文—写实作文—创新作文"针对小学、初中、高中提出的针对每个阶段写作教学的实施样式和实施策略,恰好构成了完整的三段九级写作教学模式。

第二节 三段九级写作教学模式的框架体系

三段九级写作教学模式建构的主体框架是"写虚作文—写实作文—创新作文"三个层级,每个层级又选取了较为典型的适合不同学段学生身心发展特点的写作样式,构成了以"写虚作文"为重点的小学阶段较为典型的"看图作文、情境作文(主要是其中的虚境作文)、想象作文"和以"写实作文"为重点的初中阶段较为典型的"生存作文、生活作文、生命作文"和以"创新作文"为重点的高中阶段较为典型的"开放性作文、个性化作文、研究性作文"教学体系和模式,如图 2-1 所示。具体含义阐述如下:

一、写 虚 作 文

在写作教学方面,与以往语文写作相关规定相比,新的课程标准最显著的特征就是对

---

① 闵登峰.二十年来中学作文教学模式研究[D].北京:首都师范大学,2010:2.
② 张文泰.中学作文教学研究[M].长春:东北师范大学出版社,1999:18.

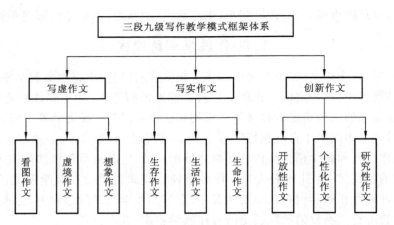

图 2-1   三段九级写作教学模式框架体系

学生"想象力和个性"的强调。例如，小学阶段要求学生"写想象中的事物""能写简单的纪实作文和想象作文"，初中阶段要求学生"运用联想和想象，丰富表达的内容"，高中阶段则强调"培养学生的观察能力、想象能力和表达能力""有个性地表达、有创意地表达"。可见，写作教学的纲领性文件中也是十分重视写虚作文的训练的。

写虚作文是与写实作文相对而言不同的作文训练形式，此类型的作文，主要采用虚构的方式，通过联想、想象和幻想，甚至梦境等，对真实生活或虚拟生活进行艺术的加工、变形、再造等。写虚作文重点训练学生特殊的文学想象力和创造力，唤起学生作文的积极性，使学生感受到写作的乐趣，逐渐习惯写作。

与传统的写实作文相比，写虚作文有以下显著特点：写作内容的虚构性——可以虚构故事情节，虚构人物形象；写作空间的跨越性——可以上天入地，穿古越今，超越时空的限制；游戏精神性——将游戏精神与学生作文结合起来，通过游戏激发学生的各种想象力；艺术真实性——虽然虚构性写作的主要特点是"虚构"，但仍然摆脱不了学生已有的生活知识经验，只是通过艺术的真实来反映客观世界。写虚作文的种类很多，在小学阶段有代表性的写虚作文主要包括：看图作文、虚境作文和想象作文。

1. 看图作文

看图作文是小学低年级阶段学生作文的主要形式，教师可借助具体直观的画面为引子，激发点拨学生将并不完整的图画片段或隐藏在图画当中的隐含信息补充完整，以此培养学生的观察力、想象力和语言表达能力，尤其是学生看图想象的能力。与传统的"直接原原本本地还原图画当中的内容"相比，现今的看图作文更注重学生"想图"能力的发展，因此在传统"看图—说图—写图"的看图作文教学模式的基础上，又逐渐发展为"看图—想图—说图—写图"等看图作文教学模式，其中的"想图"这一环节主要是通过教师引导学生对图画进行"情节联想和细节联想"等，将图画当中人物、事件、场景等发展变化的逻辑关系和细节变化描写出来，以达到完整叙述一个故事的能力。看图作文因其直观形象、故事性强和审美愉悦等特性，很受学生欢迎，因此看图作文成了引领学生进入写作殿堂的一把金钥匙，学生通过看图学话、说话、写话，最终达到"写简单的纪实作文和想象作文"的目标。

2. 虚境作文

虚境作文是情境作文的一种,主要通过模拟创造虚拟的情境让学生运用无限的想象和联想进行写作的训练样式,即根据作文教学的目标和内容以及学生特点,充分利用和扩展教育资源,抓住人物、事物的主要特征,运用一定的手段,创设能吸引学生广泛参与且富有情趣的自然、生活和社会情境,引导学生观察、感受、想象和联想,为写作积累生动的习作素材和情感体验。如角色扮演、音乐渲染、游戏表演等,都属于虚境作文中的模拟情境。模拟情境常用的方式方法包括:语言创境、图画创境、表演创境、声音创境、语言创境等。因虚境作文打破了学生传统写作的空间时间范围,有利于放飞学生的想象翅膀,激发学生写作兴趣,为学生喜爱写作打下良好基础,因此也是学生写虚作文训练的重要样式之一。

3. 想象作文

所谓"想象作文",即根据学生的心理特点,借助童话、神话、寓言、科幻小说、民间故事等想象性文学形式,结合广阔的表象世界,引导学生展开丰富的想象、联想、幻想和夸张,丰富学生写作素材,培养学生充满想象力的思维品质的一种作文训练方式。根据想象的不同类型,可把想象作文分为童话式想象作文,如童话、寓言、民间故事、神话传说等;科幻类想象作文,如太空类想象、医学科技类想象、电子科技类想象、生活起居类想象等;假设类想象作文,如时间假设、空间假设、功能假设、角色假设等。

写虚作文包括的种类很多,以上主要列举了在学生写作中主要运用到的写作样式,但并不仅限于这些样式。列举以上样式,有助于为教师和学生提供写作教学训练的样式范本,扩展写作训练内容及方式方法,为提高学生写作能力指明方向。

二、写 实 作 文

《全日制义务教育语文课程标准》明确指出:"写作要感情真挚,力求表达自己对自然、社会、人生的独特感受和真切体验。""多角度地观察生活,发现生活的丰富多彩,捕捉事物的特征,力求有创意地表达。""在写作教学中,应注重培养观察、思考、表现、评价的能力。要求学生说真话、实话、心里话,不说假话、空话、套话。""写作教学应贴近实际,让学生易于动笔,乐于表达,应引导学生关注现实,热爱生活,表达真情实感。"

据此,我们将写实作文的内涵描述为:以"教育回归生活,回归个人"为理念,注重学生对周围人物或身边事件的观察、记述、再现的能力,不将重点放在对学生虚构的想象能力的培养上,而是以培养学生具体交际语境下的交流表达能力为重点的写作训练。这种写作训练除了训练学生一般应用性文体的写作外,还讲究学生写作材料的真实,表情达意的真实和主体人格情感的真实,据此将其分为三个不同的等级:

1. 生存作文——指向写作目的的应用性

为了生存的需要,作文写作的目的是为了实用,以解决社会生活中可能遇到的实际问题,"生存作文"写作训练的主要目的就是为了培养满足学生日常生活、学习和工作中切实需要的实际能力。这类作文主要包括便条、条据、通知、启事、日记、私人信件、告示、广告、海报、倡议书、建议书、解说词、说明书、计划、总结、记录和实验报告、事务性信件、读书笔

记、演讲词、标语、对联、调查报告、研究报告等。

2. 生活作文——指向写作内容的真实性

所谓的"生活作文"即以真实的生活世界为写作对象，从学生真实生活世界出发，重视引导学生从对周围人、事、物的观察理解和感悟能力入手，丰富自己的写作内容和写作情感。这种作文训练指向写作材料来源的真实，及写作素材的生活化，还包括学生对周围生活独特的体悟感受能力。较有代表性的作文形式主要包括活动作文和体验作文。

（1）活动作文。活动作文教学是让学生通过参加各种各样的活动，加深对不同情境活动的感知和体验，并在此基础上获得写作的材料，形成具有真情实意的作文。活动作文是以参加活动为基础，以观察活动为手段，以作文材料的获得、写作任务的完成为目的，以提高学生语言文字表达能力为目标的作文教学模式。

（2）体验作文。体验作文教学非常重视学生特有的情感体验，更加关注学生的心理活动。教师根据不同的习作内容，巧妙创设各种情境并与学生的日常生活相连接，以激活学生的情感体验，丰富学生的情感表达。在此基础上，学生就可以很容易地用恰切的语言文字将自己通过活动获得的情感体验表达出来。

无论是"活动作文"还是"体验作文"都非常重视学生在具体活动或生活情境的体验和感悟，因此对于丰富学生的写作内容，促进其真情实感的表达都是十分有利的。

3. 生命作文——指向写作者完整个体的真实性

"生命作文"以生命化教育为理念，注重对学生独立自主人格的培养，引导生命走向完善，追求生命的意义，实现生命的价值，追求生命的个体性、完整性和人文性，促进个体全面和谐的发展。此类型的作文主要包括生态作文、文化作文。

（1）生态作文。生态作文一方面指写作应回归儿童的自然本性，尊重儿童对自然、社会、人生的真实反映，从儿童真实世界出发，保护童心，维护童真童趣。另一方面是指作文活动要汲取自然或自然规律中的生态智慧，培育和建构学生的生态观。生态作文的基础是回归儿童生活世界，尊重儿童的主体性，尊重儿童的话语权，禁止和避免用成人的眼光、思维去要求儿童写作。生态作文最终目的是培育具有生态人格的人。

（2）文化作文。文化作文是希望写作主体通过写作将外在的优秀文化的熏陶内化为自己独有的文化底蕴，并通过艺术的笔法呈现出来。文化作文蕴含着深刻的文化认知和灵性的文化交流，要求写作者从文化的主体意识和主体精神出发进行创作，而不仅仅停留在对诗文、名句、历史文人的表层引用上，这样的写作既能显示写作者深厚的文化积淀，更能变现写作者的文化内涵和人文光芒。

三、创 新 作 文

外国写作训练方式除了规范性和塑造性写作训练之外，还有以培养学生创造力为核心的创造性写作训练。具体表现为两个方面：一方面，打破传统写作训练中对学生写作的题目、题材、体裁、篇幅、主题等要求，给学生充分的写作选择权，尽量让学生进行创造性的写作训练。另一方面，借鉴学术研究的一般规范和格式，要求学生通过学习科学探究、学术研究等方法，对所获得的资源进行深入的分析，最终形成写完整的研究性论文的能力。

"教育是知识创新、传播和应用的主要基地,也是培育创新精神和创新人才的摇篮",北京师范大学顾明远教授进一步指出:创新教育的目的在于培养创新人才或创造性人才。《普通高中语文课程标准(实验稿)》指出:"力求有个性、有创意的表达,根据个人特长和兴趣自主写作""并努力学习运用多种表达方式""在表达实践中发展形象思维和逻辑思维,发展创造性思维"。据此,可以认定创新型作文是一种运用多种思维方式,激发学生想象,抒发感情,表明观点态度的一种作文形式。视角独特、立意新颖、情感真挚、思想深刻、语言含蓄等,都可以列入"创新"的范畴。与传统作文相比,创新作文中写者的状态更自由,选择内容的范围更广阔,思想情感的表达也更加自由,尤其是语言上,更加重视表达出学生特有的思想个性特征。因此,开放性作文、个性化作文、研究性作文都可以作为实施创新作文教育的主要形式。

1. 开放性作文

张云鹰在《开放式习作教学》一书中指出:开放习作是在开拓学生生活,尊重学生心理发展规律和语文说写规律,引导学生书写最能体现自己独特气质和性格特征的写作形式。开放性作文就是打破传统写作对学生写作训练作过多的要求,给学生写作的自由,让学生以更加自由的状态写出独具个人特色的文章。要做到这一点,开放性作文必须呈现"文体开放、命题开放、主体开放、题材开放"等特点。

2. 个性化作文

《普通高中语文课程标准(实验)》中特别强调学生写作要"力求有个性、有创意的表达,根据个人特长和兴趣自主作文。在生活和学习中多方面地积累素材,多想多写,做到有感而发"。个性化作文是学生通过自己的个性化思维活动和书面语言组织,将自己生命成长历程中的个性化体验融入作文活动的一种充满"我"的个性、创意的书面表达方式。这种作文形式"重真实、重自由、重体验",主张"主体个性化、材料个性化、结构个性化、语言个性化"。

3. 研究性作文

研究性作文是以"研究性学习"理念为指导,注重引导学生从学习生活、社会生活、自然界以及人类自身的发展中选取问题或专题,以探究的方式主动获取知识,应用知识,解决问题,练习写作的综合性作文训练模式,具有实践性、开放性、自主性、探究性等特点。这里的研究性作文区别于传统写作中学生议论文的写作,更加注重学生从表层现象出发,去探究事物更本质、更具规律性的东西,因此,与简单的发表议论性观点相比,这种写作的广度和深度都远远高于其他文体,因此也更有利于高年级学生独特主体人格的形成。常见的学科论文、研究报告、综合评述、方案设计、科普论文等都可以看作研究性作文。

本节详细分析了分层递进写作训练模式的框架体系,详细阐述了每个阶段的写作训练所包含的主要的写作训练样式和每种作文样式的具体含义,希望对以后学生的写作训练提供可供参考的案例模型。

第三节　三段九级写作教学模式的基本特点

相较以往写作教学研究所建构的教学模式，三段九级写作教学模式最突出的特点主要包括层级递进性、虚实结合性、综合开放性。

一、层级递进

王荣生教授曾提出，理想的写作课程建设必须是基于学情的，因此他给老师的建议是：写作教学就是研究学生的写作状态和写作样本，根据学生的写作状态和写作样本，确定最近一个阶段写作重心和需要突破的目标，这样才能真正帮助学生。①

三段九级写作教学模式正是基于学情的分析，才提出自己的框架体系。潘新和教授在分析人的心理成长的时候提出："从言语学习的普遍性规律看，自然性需求的发端往往是思维的感性、审美特征较为明显，儿童的感性、审美兴趣优于理性、实用兴趣；随着时间的推移，教育的影响，社会性需求逐渐超越了自然性需求，言语兴趣逐渐从感性、审美向理性、实用转移，二者大致上趋于平衡，达成相对的和谐；进一步的发展则是思维优势、言语优势的分化，形成个性化的'片面发展'，或擅长感性、审美写作，或擅长理性、实用写作，二者的平衡被打破，再度失衡。一般来说，儿童的想象性、审美性思维的发生，往往早于理性、实用性思维，因此，以审美、想象为特征的文学性写作，应当成为中小学写作教学，尤其是小学写作教学的主要内容之一。"②潘新和教授的这段论述很好地证明了三阶段分层递进写作教学建构模式的合理性与学生言语天性发展的契合性。在小学阶段，写作训练以"写虚作文"为主，可以维护"每个孩子都是诗人"的天性，更容易培育学生良好的写作习惯，相反用一些学生不感兴趣的实用写作，只能将学生即将萌发的创作才能扼杀在摇篮里。

之所以将"实用性写作"定位于学生写作的中学阶段，除了与学生理性、实用性的思维特征发展有关，还与中学生现有写作中存在的不良现象有关。分析现在中学生的写作，可以用"为赋新词强说愁"来概括，他们并没有经历成人世界的酸甜苦辣，却自以为看尽了世间百态，写作中呈现的都是一些"成人化的腔调"和"老年人的腐朽之气"。"写实作文"的提出，可以让学生把眼光放在具体的社会实践当中，通过切切实实地参与到"现实生活世界的写作"，来培养自己对客观世界更加理性、科学、全面、辩证的看法，进而树立自己科学的世界观、人生观、价值观。我相信将"写实作文"作为中学生写作训练的重点内容加以实施，对于改变学生写作的"成人腔调""腐朽之气""浮华之风"大有裨益。

最后是高中生"创新作文"写作的设置，经过"写虚作文""写实作文"这一放一收的训练，相信每个学生已在写作中找到了自己感兴趣或自己所擅长写作的东西，"创新作文"的实施有利于张扬学生独特的个性，培育其独立自主之人格，而这些也正是一个国家创新型人才核心构成因素。高中生本是身心发展更为成熟，思想智力趋于成人标准的时代，因

---

① 王荣生.写作教学教什么[M].上海：华东师范大学出版社，2014：18.
② 潘新和.语文：我写故我在[M].福州：海峡文艺出版社，2014：36.

此,写作的训练更应该让其"我手写我心","不限文体、不限题材、不限形式、不限虚实"的"创新作文"的实施,无疑更有利于学生创新型思维品质的形成,而这也正是教育最终追求的价值目标。

三段九级写作教学模式中"写虚作文"的实施主要目的是培养学生的写作兴趣,让学生"有话想说",养成其良好的写作习惯;而"写实作文"的训练则是让学生以一双更加明亮的眼睛看清客观世界的"真善美、假恶丑",让学生在活动和体验中"有话可说";"创新作文"则从学生个性入手,让那些经过虚实写作训练之后的学生,找到一条更加精准的适合自己的"写作之路",因为是遵从自己个性的东西,所以"怎么写"的问题也会迎刃而解了。

从以上的分析可以看出三段九级写作教学模式的建构,力图从学生学情出发,寻找一条适合学生身心发展规律的分层次、有规律的写作教学之路,因此,它也会随着学生心智的不断发展而螺旋式地递进、上升。

二、虚实结合

三段九级写作教学模式中的"虚实结合"除了指分层递进中"写虚作文"与"写实作文"实施的结合,也指写作手法"写实"与"虚构"的结合,更重要的还有写作上关注自我心灵感悟的"内省"发展的"重表达"和关注客观世界真实交际情境的"外省"的"重交际"的写作的结合。

国内外很多写作教学研究者都非常重视"写虚作文"与"写实作文"的结合,一致认为应把"实用性写作和文学性写作视为作文教学的两翼——二者缺一不可","在写作训练中既要重视写作的实用性功能也要重视写作的审美性功能"。这一要求与教育专家对教育的正确认知也是分不开的,王彬彬先生曾把语文教育的基本目的概括为"逻辑性"和"文学性",语文教育"一是使得学生说话、作文符合语法规范,培养学生的逻辑思维能力,让学生成为一个说话、作文讲逻辑的人;二是使得学生具有初步欣赏文学作品的能力,即培养学生的文学感受力,让本来具有文学潜能的学生对文学产生浓厚的兴趣,让本来没有多少文学潜能的学生也不至于对文学毫无感觉。"[①]著名教育家童庆炳也曾指出:"语文教育应该有两个高度,一是培养学生语文能力的高度,二是审美教育的高度。"[②]从二者的叙述可以看出"虚实结合"的写作训练对学生综合素质发展的重要作用。

三段九级写作教学模式"虚实结合"的特点,可以充分发挥实用性写作和文学性写作对学生不同写作技能"写虚与写实"的训练,也能"将科学的理性与逻辑、故事的想象力与文化以及精神的感觉与创造性结合起来",培育出"内外兼修"的人之品格,最终实现写作者整体人格的完美发展。

三、综合开放

三段九级写作教学模式综合开放性的特点主要表现在:一、作文训练样式的多样性;二、训练能力的综合性;三、实施策略的开放性。

---

① 王彬彬.中小学语文教育的两个基本目的[N].南方周末,2003(04):24.

② 童庆炳.语文教学与审美教育[J].北京师范大学学报(社会科学版),1993(5).

1. 作文训练样式的多样性

近年来语文界提出了许多语文教育新理念，如生活语文、生命语文、生态语文、绿色语文、文人语文、文化语文、诗意语文、情境语文、情智语文、激情语文、简单语文、深度语文、本色语文、真语文和语文味等。许多写作教育研究者将这些先进理念融入自己的写作教学中，提出并构建了形式多样的写作教学模式，如生活作文教学模式、生态作文教学模式、情境作文教学模式、绿色作文教学模式、文化作文教学模式、活动作文教学模式、体验作文教学模式、开放性作文教学模式、个性化作文教学模式、研究性作文教学模式等。我们将其中具有共同写作理念和相似写作特征的写作教学模式加以归类整理，建构出三段九级写作教学模式的框架体系：写虚作文（看图作文、虚境作文、想象作文）—写实作文（生存作文：应用文写作；生活作文：活动作文、体验作文；生命作文：生态作文、文化作文）—创新作文（开放性作文、个性化作文、研究性作文）。

2. 训练能力的综合性

在第一章写作教学研究背景当中已经提过写作"共能""异能"训练论，写作中既注重训练学生满足社会、生活、学习需要的一般能力，又注重培养学生具有独立个性特点的写作才能，这样综合性的能力训练有利于全面提高学生写作的整体素养。三段九级写作教学模式中"写虚作文""创新作文"的实施，可以为学生提供形式多样的写作训练内容和写作训练方式，这有利于学生"写作异能"的发展；而"写实作文"的实施，因其紧贴"学生实际交际情境"中运用到的能力，所以更有利于学生一般性"写作共能"的发展。

3. 实施策略的开放性

分层递进写作训练模式虽然提出了每个阶段学生写作训练的样式，但这些样式并不是固化不变的，根据实际的教学情境，教师可以选择不同的策略方法。例如，"写虚作文"的训练既可以在小学阶段实施，也可以在初中、高中阶段实施，小学阶段可以以简单的童话、寓言、编写故事、看图作文等为主，中学阶段可以引导学生写简单的诗歌、散文、小说或较复杂的童话、寓言故事、神话传说等，到了高中阶段就可以引导学生进行文学作品如中长篇小说、诗歌、剧本的创作。每个阶段的写作训练虽然以某一种形式为主，但并不代表对其他形式的忽略，而是根据学生写作具体情况进行合理安排。

第四节　三段九级写作教学模式的实施策略

我国中小学生的写作最早可追溯到小学一二年级，正式开始是在三四年级，然后一直持续到高中。如果想要切实提高学生的写作能力，就应该将中小学生的写作看作一个完整的体系，而且这个体系中的每一个环节都应该衔接好。我国学生的写作能力一直无法得到有效提高，我觉得与我国写作教学训练体系的断层或体系衔接出现问题有关。对我国写作教学体系和模式的研究很多，但大多都是分某一个阶层进行研究，这就导致各个学段的教师只关心自己学段学生的写作教学，对于写作的前后衔接问题漠不关心，这也就导致了我国中小学的写作训练形成了"简单的记叙文、说明文、议论文到复杂的记叙文、说明文、议论文"的重复机械性操作，就如有些作文题目"记一件……事"，小学生在写，中学生

也在写,这样的训练只能使学生的写作能力原地踏步,止步不前。

三阶段分层递进写作训练模式是针对中小学生写作训练体系不分层这一缺陷提出的,它是由小学到高中的"写虚作文—写实作文—创新作文"的分层训练构成的,它针对每个阶段的学生提出不同的写作教学策略,能切实提高学生的写作能力。

一、分层递进写作训练由"写虚"入手,注重虚实结合

三阶段分层递进写作训练模式提出的"写虚作文—写实作文—创新作文"的阶段体系,与学生身心发展的特点是紧密相连的。小学阶段由写虚作文入手,注重维护学生"诗人"的创作天性,激发学生的写作兴趣,养成良好的写作习惯;初中阶段以写实作文为主,加强学生写作对社会生活的关注和思考能力,解决学生写作的"浮华之风";高中阶段写虚作文与写实作文相结合,注重培养学生的创新才能,让学生的作文以思想和个性说话。

（一）小学阶段以写虚作文为主,辅以写实训练

把写虚作文作为小学阶段训练的重要内容与保护小学生的"童真童趣"有关系。研究小学教育的著名专家吴勇老师进行了"为儿童立心,为儿童立命"的"童化作文"系列研究,所谓童化作文即指:写作始终站在儿童的立场上进行,化儿童的阅读、儿童的游戏、儿童的体验、儿童的想象、儿童的时尚等为习作的不竭源泉,坚持写作就是为了还原儿童的需要,为了儿童的一切。因此在儿童的写作教学中要努力做到:①习作教学方式上的"童化";②儿童表达方式上的"童化"。

"童化作文"的研究让我们看到了写作教学以"儿童为本位"的写作理念,更让我们看到了研究者对儿童天然的"童真童趣"的维护,正如吴勇在自己的著作中所说:"儿童认识世界的方式是以自我为中心的,是与世界共生的。熟悉的生活场景、喜爱的玩具、形象生动的图画等,都可以与儿童的精神世界产生交流。儿童将自己的情趣、情感、思想投射在周围世界中,并与它们产生联系,形成自己想象和书写故事的源泉。"[①]因此他认为,在这个阶段,写作教学的主要目的不是为了学生知识的增长,而是为了培育儿童的写作旨趣,培养儿童的言语意识,改善儿童的写作状态,为儿童写作立心立命。

吴勇关于"童化作文"的研究为小学儿童的写作教学指明了方向,那就是:①小学阶段学生对写作意义的认识高于写作知识的传授,对学生写作兴趣的培养重于写作技能的训练;②这个阶段的写作不注重外在的写作成果,重要的是为未来成人写作者培养良好的写作习惯和写作责任;③此阶段的写作是为了发现、生成、创设富有童年意味的生活,以丰盈童心,留住童真。

从以上的论述可以看出,小学阶段学生的写作重点应放在对学生想象力、幻想力等"诗人"特质的维护上,写虚作文中诸如童话、寓言、历史神话传说、科幻小品文等是其最佳选择。

当然对学生写虚作文的重视并不代表我们对学生写实能力的完全忽略,单纯的写虚作文是不存在的,教师可以将学生写实能力的训练融入写虚作文的训练当中,使学生写虚写实能力一起发展。

---

① 潘新和.语文:我写故我在[M].福州:海峡文艺出版社,2014:95.

（二）初中阶段以写实作文为主，配以写虚训练

如果说小学阶段学生写虚作文的训练是"为儿童立心立命""维护童真童趣""激发一个人的写作兴趣"，培育未来写作者良好的写作态度和写作责任"的话，那么初中生重点进行写实作文的训练则是为了改变学生写作中的"浮华之风""腐朽之气"和"无病呻吟"之症。用"写实作文"作为训练样本，可以引导学生的写作由"闭门造车式的'情感宣泄'转向对社会、人类公共事物的'关注'上"来，以此培养学生的理性思维能力，促使其逐步养成崇尚真知、追求真理、实事求是的科学态度。

有人在分析我国中、高考作文命题时指出："我国作文命题共同的倾向在于：单纯地、过多地强调诗意和抒情，基本不涉及理性的抽象……以诗意的、片面性美化遮蔽复杂而矛盾的现实和人生……我国写作教学和语文教育长期忽视了对学生理性思维的诱导和规训。"[①]例如，我国中考作文的常命题"记一件……的事""我长大了""母爱""父爱""幸福""诚信""善良"等都因为缺乏对学生"理性思维"的考查，而让写作变成了学生自己孤芳自赏的"独抒性灵"，这样"宽泛而又笼统""宏大而又无味"的写作训练只能让学生的写作成了"为文造情"的"情感宣泄"，这也导致了我国的写作"重表达"而"轻交际"，"重自我"而"轻读者"。

张卫中在总结分析我国思维方式时指出：与西方思维方式相比，我国传统的思维方式有三大特点：一是整体把握，重视事物的相互联系和整体功能；二是直觉体悟，惯于不经过逻辑分析而直接洞察事物本质；三是意向思维，倾向于用情感判断代替认知，"思维更多的表达了主体的需要、态度和价值观，表现了主观情感的好恶"。[②]这也就导致了中国人"重主观感受，轻理性分析"的为人处世之道，反映在写作中就是"心灵鸡汤式"的"无关痛痒，没有具体指代目标，无法解决社会、个人实际问题的"的"文章"的"泛滥"。

初中生作文的写作大多是观点式的"我认为怎样"，或者是自己主观感受的表达，唯独缺少的是对事物逻辑关系的分析，或对实际写作画面的描述。中学生的生活模式都差不多，其所能体悟到的"喜怒哀乐"也差不多，所以这也就是为什么"读天南地北孩子的作文都一个味"，就像韩军说的"千人一面，千篇一律"。所以，为了改变学生写作中的这种现象，就需要加强对学生理性思维的训练，引领学生对生活细节的观察和认知，争取让学生"真情实感"的表达是建立在"掌握了大量客观事实的基础上，经过自己的认真分析之后得出的结论"，而非自己的"一家之言"。

初中生处在世界观、人生观、价值观塑形的关键期，他们对社会的认知易受外在客观世界的影响，因此如何引领他们对客观世界的正确认知，应该成为整个教育和整个写作教学重点关注的目标之一。"写实作文"的训练目的主要是使中学生写作教学的价值做到两个转型：

（1）从"个体内省"向"社会认知"转型。即写作教学要引领学生从感性的"个体内省"走向理性的"社会认知"，要促进学生关注社会、关注人类公共事务的意识，引导学生基于知识

---

① 孙绍振.从高考作文命题看我国语文培养目标缺失[N].中国教育报,2008(10):31.
② 张卫中.向善与求真——中国传统意向思维对20世纪文学的影响[J].文艺理论,2003(2):65-69.

的把握和运用来解决真实的写作任务,而不是仅仅依靠个人主观内在的体悟独抒性灵。

(2)从"后喻文化"向"前喻文化"转型。即写作教学要引导学生以"将来时态"面对真实的任务,动态探索未知事物,促进问题的解决,培养学生满足应对现实生活所需要的写作能力。写作的过程呈现动态的探究、生成过程,需要高水平、复杂的思维活动参与。①

当然初中生的写作除了以写实作文为主,还可以适当穿插写虚作文的训练,与小学阶段写虚作文训练相比,此时可以加大难度,训练学生编写完整故事文的能力,让他们尝试简单的诗歌、散文、小说、剧本的创作,也可以通过写简短的影评、读后感、文学评论等训练他们的文学审美力。

(三)高中阶段虚实并重,以创新能力为中心

与传统教育相比,当今教育更强调"以人为本"的教育,教育的"个性化、创造性"成为一股热潮,席卷各个国家。各国也深切地意识到国与国之间综合国力的竞争归根到底是人才的竞争,而衡量一个人才最主要的标志就是一个人的创新能力。对创新人才的培养和重视,反映在我国的教育中就是素质教育的大力提倡和实施。《普通高中语文课程标准(实验)》也从各个方面对学生创造能力的培养做了要求,提出"写作是运用语言文字进行书面表达和交流的重要方式,是认识世界、认识自我、进行创造性表述的过程。""写作教学应着重培养学生的观察能力、想象能力和表达能力,重视发展学生的思维能力,发展创新性思维。鼓励学生自由的表达、有个性的表达、有创意的表达,尽可能减少对写作的束缚,为学生提供广阔的写作空间。"

因此,高中阶段作文的实施要尊重和保护学生习作的自主性和积极性,鼓励学生运用多种方法,从不同的角度,进行多样化创新。写作中要尽量减少传统写作对学生的种种束缚,鼓励具有不同才能和不同偏好的学生选择自己熟悉的写作方式,真正做到:"有文学天赋的就侧重培养他们想象、虚构的能力;有传媒天赋的就侧重培养他们采访、纪实的能力;有商业天赋的就侧重培养他们调查、报告的能力;有研究天赋的就应该侧重培养他们探究、抽象的能力……"②无疑,以培养学生创新能力为核心,注重虚实结合的创新作文的训练,是高中阶段写作教学实施的最佳范本。

高中阶段的学生在经过了小学阶段写虚作文和初中阶段写实作文的训练之后,已经掌握了基本的写作方法,具备了相应的写作能力,此时进行创新作文的训练,可以充分展现学生对已掌握知识的吸收、消化、创造的能力。与中小学阶段的学生相比,高中阶段的学生生活阅历更加丰富,心智也更加成熟,对事物也有自己的看法,此时进行针对学生个性特点的写作训练,有利于学生个性的充分发挥。

创新作文中实施的开放性作文、个性化作文和研究性作文,将开放性作文的"文体开放、命题开放、主体开放、题材开放"和个性化作文的"主体个性化、材料个性化、结构个性化、语言个性化"以及研究性作文"实践性、开放性、自主性、探究性"的特点结合在一起,希望发挥各种写作训练模式的优点,多角度、多样化地训练学生的创造才能。与写虚作文和

---

①　魏小娜.对我国作文教学中"真情实感"的反思[J].初中语文教与学,2012(6).
②　潘新和.语文:我写故我在[M].福州:海峡文艺出版社,2014:11-12.

写实作文相比，创新作文的写作训练，希望做到以下几点：

（1）追求《全日制义务教育语文课程标准》有关写作规定中提倡的"自由表达和有创意的表达"，让每一个学生的写作都注入自己的个性特征，使写作真正成为"为自己代言"。

（2）让写作"拿思想和个性"说话，提升学生的思辨能力，改变学生写作中"作文的材料熟烂、结构模式化和主题平面化"的"套话作文"的蔓延和泛滥。

（3）以"用语言立人的精神"为语文教育的终极目的，真正做到："欲新一国之国民，必新国民之精神；欲新国民之精神，必新国民之语言"，最终塑造写作者的"独立之精神""自由之人格""真实之人性"，达到"作文-做人"的完美统一。

二、写作训练分层级分阶段进行，重视学情需要

这一部分主要论述了写虚作文、写实作文、创新作文写作训练的典型代表样式和相应教学策略，具体包括：

（一）小学阶段以故事性写作为主，注重学生想象力的训练和发展

对写虚作文主要特征的分析，那就是故事性，无论是看图作文、虚境作文、想象作文，其最主要的特征就是故事性，教师在这一阶段最主要的工作就是通过不同形式的作文训练，通过不同样式的技巧策略，培养学生听故事、想故事、说故事、讲故事的能力，注重学生想象力的训练和发展。

周一贯先生说："童年是最富有想象的一段岁月。在儿童的世界里，鸟兽能言，桌椅对话，可上九天揽月，可下五洋捉鳖……"语文课程标准顺应儿童的这一天性，特别强调"激发学生展开想象和幻想，鼓励写想象中的事物"。著名教育家苏霍姆林斯基说："每一个儿童就其天资来说都是'诗人'，只要在教学方法上'打开创造的源泉'，就能使'诗人'的琴弦发出美妙的乐声。"因此，如何引导小学生开口说话，打开写作表达欲望的闸门应成为此时写作训练的切入口。很多研究小学作文的著名专家都将写故事作为小学阶段学生写作训练的重点，如著名研究专家李崇建认为："作文，就是写故事"，"以故事创意作文写作的孩子，书写较为自由，呈现较为活泼深刻，绝大多数孩子面对旧式作文格局，会自动转换书写方式，文章仍旧精彩。"[①]管建刚则认为："故事力是儿童作文的核心素养。""小学三到五年级的作文教学，要让孩子老老实实学写故事。""盯住故事，写上两三年，每个孩子都能看到自己的进步。一个会写故事的人，不用担心他不会描写、抒情，乃至议论；一个会写故事的人，也不用担心他不会写外在的景、内在的情；一个会写故事的人，更不用担心他不会其他文体的写作……抓住故事这个'牛鼻绳'，儿童作文便能从千头万绪中解脱出来。"[②]

故事文的写作训练既符合学生对故事充满好奇心的特点，又符合小学教材编写的特点，是小学阶段学生写作训练的最佳范本。训练学生写故事文的能力可以通过看图作文、虚境作文、想象作文来实现，或借助具体直观的画面为引子，激发点拨学生将并不完整的图画片段或隐藏在图画当中的隐含信息补充完整；或通过模拟创造虚拟情境，引导学生进

---

① 李崇建.作文，就是写故事[M].北京：首都师范大学出版社，2011：63.
② 管建刚."故事力"：儿童作文的核心素养[J].教学大观，2012(5).

入不同的情境,创设不同的故事内容;或运用童话、寓言、神话、民间故事等想象性文学形式,结合广阔的表象世界,引导学生展开丰富的想象、幻想和夸张,创设出自己想说的故事。例如,英国语文教师通过四种方式引导学生学习故事型作文:①根据笑话编写故事;②根据图片或者演示编写故事;③根据材料扩写或者改编来编写故事;④根据提示文字信息创作故事。苏联的教材中通过三种方式来学习故事性作文:①提供某一情节,进行扩写;②针对故事开头,展开续写;③学生根据文字信息提示,创作故事。中国写作研究者黄鸣英的《启蒙作文小议——编故事》提出了七种教学生编故事的方法:①听故事编故事;②看图画编故事;③看实物编故事;④联系生活实际编故事;⑤结合课文编故事;⑥按提纲编故事;⑦提供开头、结尾或细节编故事。以上策略都可以在学生的写作教学中进行尝试和习作。

(二)初中阶段以生活作文写作为主,注重学生观察体悟生活的能力

学生写实作文的实施,至少包括以下三个方面的内容:其一是写作的实用性需求,写作是为解决学习、生活中的实际问题,写作教学要教会学生解决这些实际问题的能力,如学生如何写便条、如何写通知、如何写建议书等;其二是写作内容和写作体验的真实,要求学生从生活出发,让作文的外延与生活的外延等同,让"写作回归生活",培养学生留心生活、观察生活、体验生活、感悟生活、表现生活的能力;其三是追求写作者完整个体的真实性,促进"作文与做人"的和谐统一,要求写作贴近学生个体,注意学生"我手写我心",防止"浮华"的写作之风。三个方面的内容分别代表三种不同的写作样式,即生存作文、生活作文和生命作文,这三者呈层级递进式发展,且有一个核心的纽带连接点,那就是对"写作回归生活"的追求,因生存作文、生命作文的写作都可以看作这一理念的延伸,因此初中生写实作文的实施,重要的应是生活作文的实施,也就是如何处理写作与生活的关系。

初中生写作面临的难题之一是"无内容"可写,王荣生指出:"学生没内容可写主要是由于他们'不会转换'造成的,是因为缺乏对生活进行唤醒、激活、体验、加工、转换、再造的能力造成的。"[①]因此,解决学生"无内容"可写的关键在于:"如何帮助学生学会将'外在的生活'转化为'内心的生活',如何让学生'体验生活'并形成一种'经验了的生活'。"换句话说,就是"写作教学要教学生'通过写作'去体验、去分析、去思考、去表达、去交流、去学习、去做事——当他们学会以这种'准写作状态'生活、学习、做事时,写作教学的任务才算完成了。"[①]写作教学要完成这一任务,可以通过以下路径来实现:

1. 填补学生生活经验,积累写作内容

叶圣陶先生曾在《叶圣陶语文教育论集中》指出:"指导写作的着眼点应放在扩大学生的生活积累上,我们最当自戒的就是生活沦没在空虚之中,内心与外界很少发生联系,或者染着不正当的习惯,却要强不知以为知,不能说、不该说的偏要说。这譬如一个干涸的源头,哪里会流出真实的水来?"[②]叶老的这段论述很好地揭示了存在学生当中的内心枯竭、对生活麻木淡漠的问题。学生生活在多姿多彩的大千世界中,生活中人、物、事、理、情都是他们可以描写的对象,但学生在写作时还是痛苦于"无内容"可写,这不得不让我们反

---

① 王荣生.写作教学教什么[M].上海:华东师范大学出版社,2014:54.
② 叶圣陶.叶圣陶语文教育论集[M].北京:教育科学出版社,1980.

思，究竟是什么蒙蔽了学生的双眼，让他们对身边发生的一切视而不见？写作教学究竟应如何打开学生写作的源泉和思路？

针对这一问题，很多研究者都将"活动作文"视为帮助学生获得与写作话题有关的生活经验的法宝，认为写作教学可以通过"搞活动"的方式，如借助玩耍游戏、社会实践、实验操作、情境体验、品读感悟等方式组织作文教学，打开学生感知生活的路径，让学生在"做中学写"，真正实现"写作回归真实生活世界"的倡导。通过"活动作文"的实施，可以让学生亲身参与到各色各样的生活世界活动当中，感知每一个事物发展变化的过程以及事情的来龙去脉，这样不仅能打开他们写作的源头活水，更能避免学生"不知以为知、不说偏要说"的"浮华之气"。

2. 唤醒学生生活经验，生成写作内容

有了观察积累生活的第一步，接下来的问题就是如何激发学生将"积累"的生活经验转化为自己的"写作内容"，并通过情感的抒发、事理的描述表达出来。著名教育学家潘新和教授曾指出写作需经历由物化的"第一自然"到人化的"第二自然"的转变，要更加关注经过作者感受过的"生活世界"。"体验作文"不仅强调写作对生活世界的直接感知，更强调作者体验生活世界之后的主观感受。如果说"活动作文"可以扩展学生写作的范围和视野，那"体验作文"则可以提高学生写作的深度和厚度，是引领学生写作走向更高台阶的重要一环。

因此，写作教学要在尊重学生主体个性的基础上，以体验为中心，通过各种手段，提高学生对生活的感悟能力。例如，体验作文教学的研究者，主张在"家庭事务中"引导学生"体验劳动的艰辛，品味生活的快乐，书写浓郁的心情"；在"校园生活中"引导学生"关注校园生活，感悟校园文化内涵，抒写爱校情怀"；在"自然人文中"中引导学生"投身自然与人文、历史与现实的大环境，体验感悟生活，积累文化素养，培养厚实的文风"等。

3. 转变"教学文体"假写作，转向"实践文体"真写作

写作训练也注重"文体训练"，如美国主要的四种文体的写作训练分别为记叙类写作、信息类写作、劝说类写作、辩论类写作。这类似于我国的"记叙文、说明文、议论文"的写作，但二者却存有显著的区别：前者的划分方法着眼于写作在现实生活中的运用、交际和沟通，重视写作交际情境对写作的制约作用，写作训练的重点是学生描述生活、解说事物、论辩说理的能力，进行的是"实践文体"真写作；而后者却是依据文体特征将其进行划分，训练的重点是教学生如何写出符合三大文体特征的文章，这种写作仅仅是为了训练和考试而写，仅仅以教师为读者，仅仅为了得高分而写，因此，又被人称为"考试体"文章写作或"教学文体"写作。

为了转变这一局势，必须改变我国根深蒂固的"考试文体""教学文体"的写作，代之以重视写作在现实生活中的运用、交际、沟通的"实践文体"真写作，学习借鉴国内外写作教学多种分类方法，坚持以实际生活中存在的文体方式，代替虚假的写作训练，只有这样我们的写作才能从狭隘的"记叙文、说明文、议论文"扩展为叙事散文、小说、传记、科幻、通讯、新闻、科普小品、说明书、调查报告、随笔、书评、文学评论、杂文、论文等的写作。

（三）高中阶段以创新型作文为主，注重学生创新思维的训练和发展

潘新和教授曾在浅论 2012 年作文题时，尖锐地指出我国的高考写作已经走上了"伪写作"之路。"所谓'伪写作'，指的是违背真实写作规律的写作，具体表现为：材料，命题者提供；观点，命题者限定；文体，虚拟，以'教学文体'取代真实文体；动机，应试；意图，违背作者意愿；内容，言不由衷；表达，模式化；等等。"[①]"伪写作"这一语文界的"集体无意识"，不仅制约着写作考试，制约着整个语文、写作教育，使写作考试失去应有的信度、效度，而且会使教师、学生的言语动机、认知方法、创造意识、表达方式等，受到严重的负面诱导。[①]因此，他主张通过"真写作"将"伪写作"从错误的道路上解救过来。

真写作主张"真材料""真立意""真文体"，即改变学生写作中对别人提供材料的随意截取、断章取义、张冠李戴、移花接木，取而代之以全面搜集、甄别、占有、思考材料为写作者进行写作的前提条件；改变命题者对写作立意的预设和写作者被立意的命运，取而代之将"立意"视为写作者精神生命力、创造力的彰显，捍卫写作者独立个体之精神、独立个人之语言；改变虚拟"记叙文、说明文、议论文"的"伪文体"写作，取而代之以遵循实际体式，学与用接轨的写作，从小学开始，让学生写童话、诗歌、小说、散文、新闻、随笔、杂文，学生喜欢什么文体，就写什么文体。

高中阶段"创新型作文"的实施，与潘新和对"真写作"的诉求不谋而合，创新型作文中主张"文体开放、命题开放、主体开放、题材开放"的开放性作文，"重真实、重自由、重体验"，主张"主体个性化、材料个性化、结构个性化、语言个性化"的个性化作文，注重"实践性、开放性、自主性、探究性"的研究性作文都可以看作改变高中写作中不合理现象的最佳范本。在实施创新型写作样式时，需做到以下几点：

1. 重构写作命题新理念，以开放性命题统领写作改革总方向

中国写作教学存在一种集体无意识状态，那就是"为题目而写"，"为题目而教"已成为写作教学的基本范式。进入高中生的写作课堂你会发现大部分老师都将高考作文题视为学生写作训练的标准，因此，要想改变高中生写作的整体状态，还要从"高考作文"这一指挥棒入手，进行写作命题理念的重构。

孙绍振先生在研究高考作文命题时指出："高考作文命题改革的关键，就是封闭性与开放性的矛盾。"[②]除此之外，他还指出"命题的开放性是未来写作教学改革的核心。"[②]潘新和教授也主张"作文题的开放性，可以视为作文命题的总理念"。[③]可见，如何重建开放性的命题作文应成为高中写作重点思考的问题。我认为，开放性命题作文的重建要改变我国作文命题中"偏向抒情、审美、诗意的'哲思式'"命题方式，代之以"侧重逻辑、思辨、理性、智性的'问题式'"命题方式，将写作考查的重点放在对学生思维品质和思维能力的考查上，让学生的写作拿"思想和个性"来说话。总之，开放性的作文命题可以保持话题的丰富性、多元性，更加尊重学生说真话抒真情的写作品格，倡导"独立之精神"，切实维护学生

① 潘新和.高考"伪写作导向"可以休矣——2012 年高考作文题浅论[J].高中语文教与学,2012(11).
② 孙绍振.高考作文命题之盲区[N].中华读书报,2008(6):13.
③ 潘新和.语文:我写故我在[M].福州:海峡文艺出版社,2014:268.

大胆质疑、勇于思考的权力和个性。

2. 尊重学生文体选择自主权，既重审美也重实用

写作教学改革的开放性还表现在写作教学要求上，更加重视学生对文体、体裁的自由选择，"文体自选""体裁不限"经常出现在学生写作之中。文体可分为实用文体和审美文体两类，因此，写作教学时要注重对学生两种文体的考查和训练，遗憾的是，在实际的写作教学中，教师和学生还是有意回避一些文体，有的甚至明令禁止学生写"诗歌、剧本"等文学体裁，高考写作中更是唯"议论文"写作独尊。这种偏颇的文体写作观念无疑是阻碍学生写作素养整体发展的不利因素，因此必须加以改正。创新型写作的实施应该尊重学生文体选择的自主权，让学生自由选择适合自己的写作文体，实现文体、结构、语言的个性化写作，最终展现写作者不同的创作才能。

3. 注重策略指导，教给学生开创思维的有效方法

"写作策略知识"指的是在具体的教学情境中，教师和学生依据课程标准、教材开展的教和学活动所涉及的事实、原理、概念、方法、策略、知识、经验、活动、技巧等。学生思维能力的开拓与创新，很多时候得益于教师策略方法的指导和启迪，教师可以将一些科学的开发人思维能力的方法，融入自己的写作教学当中，如"头脑风暴""自由写作""思维导图""5W1H""RAFT""想象""联想""摄取""查资料""做调查""做访谈"等，都可以作为写作教学中训练学生思维能力的方式方法。

"RAFT"是国外常见的开发学生思维能力的写作方法，在这里"RAFT"分别是角色、对象、体式、话题四个单词首字母的缩写。这种写作策略要求学生写作时，要通盘考虑，多角度思考自己写作所扮演的角色（如学生、政治家、科学家、学者、普通公民、作家、记者等）、面向的对象（即读者，如自己、同伴、小组、父母、教师、考官、编辑等），然后根据写作的目的（反映，澄清，探索思路，表达阐释，解释、通知、指示、报告，描述，复述并叙述，陈述立场等）和话题或主题（事物、人物、自然、社会、人生、体育、文艺、政治、科技、娱乐等），选择所采用的文体样式（日记、便条、短信、摘要、说明书、论文、小说、诗歌、戏剧、报告、访谈等）。这种写作策略有助于学生对角色、对象、体式、话题的多种选择，以一种更加有趣、更有创造性的方式进行写作，例如，有的学生用拟人化的视角，以自述的口吻，进行说明文的写作；有的以实验报告的形式叙述自己初中生活的酸甜苦辣；有的以书信体的方式写作《××，我想对你说》之类的文章，这些都可以激发学生自由写作的乐趣，促进其创新思维的发展。

三、写作训练注重教师的指导和引领

教师作为学生学习的组织者和引导者，在学生的学习当中扮演着无可替代的重要作用，写作教学领域也是如此，学生写作水平的好坏与教师作为的大小有直接的关系。因此，为了切实提高学生的写作水平，教师更应该从自身做起，努力学习先进写作课程知识，加强写作教学实践，针对学生写作问题，提供切实可行的指导策略。我认为，教师可以从以下几个方面入手，为学生写作素养的整体发展贡献力量。

（一）顶层设计：明确目标，规划层级序列

荣维东老师在总结分析我国写作教学的困境后指出，写作教学发展的关键问题是"中小学写作知识的重建"问题，其中"写作知识"包括，写作课程知识、写作教学知识、写作策略知识等。"写作课程知识"包含了写作课程的观念、理念、概念、原理、方法、策略、模式等；"写作教学知识"指的是教师教学生习作的知识，包括写作课程理念、宗旨，课程资源、教材以及教学过程实施、评价等一系列政策文本规定或者学术界的最新研究进展等；"写作策略知识"指的是在具体的教学情境中，教师和学生依据课程标准、教材开展的教和学活动所涉及的事实、原理、概念、方法、策略、知识、经验、活动、技巧等，如国外的"头脑风暴""自由写作""5W1H""RAFT"策略、列提纲等，以及我国传统的"读万卷书，行万里路""先说后写""读写结合"等写作教学的经验、秘诀、技巧、办法等。[①]

虽然在写作教学中教师不可能对学生讲关于写作学的知识概念、流派主张、策略原理等，但对写作学科先进理论知识的学习，却有利于教师明确写作教学培育的目标和方向，根据学生身心发展的特点，将这些知识进行有效整合，形成适宜的教学内容，并通过教学设计、教学活动、教学步骤、教学评价指标和方法等体现出来。

想要构建适合学生身心发展特点的写作教学模式，离不开教师对写作课程知识、写作教学知识、写作策略知识的研究与开发，只有这样，教师才能明确写作教学发展的方向和追求，构建出适合写作教学规律和学生身心发展规律的科学训练体系。只有教师对写作教学认识清楚了，才能在指导学生写作时发挥引导功能，若教师脑中对这些知识浑然不知，又怎么去指导学生进行写作训练呢？

（二）过程指导：提供方法，加强科学训练

郑桂华老师在提到写作教学过程化研究时指出，我国作文教学过程化的两大维度：一种是从作文的写作过程入手来探讨作文教学过程的合理性和有效性；另一种是从构成作文的知识和能力要素入手来设计作文分项训练过程。[②]前者是基于"学生写作过程"设计作文教学，后者是根据"教师指导过程"设计作文教学。

从"写作过程入手"研究写作教学，容易使我国的写作指导落入"教师写前指导—学生写作—教师批改、讲评—交流展示"几个简单的教学环节的窠臼中，而加入"写作知识和能力"要素的过程指导，才能真正使学生的写作能力训练落到实处，因此，写作过程教学中要更加注重教师的指导和引领。教师在指导学生写作过程时，可以通过以下环节进行：

（1）列出影响学生写作水平的基本要素和必备的技能。

（2）围绕上述知识或技能，设计具体且可操作的训练步骤。

（3）在每一堂作文教学课或一个教学单元里，分别完成一项训练内容、训练一种技

---

①　荣维东.写作课程范式研究[D].上海：华东师范大学出版社,2010:10-13.

②　王荣生.写作教学教什么[M].上海：华东师范大学出版社,2014:36.

能,把各项训练综合起来,学生的作文能力就可得到提高。①

例如,在研究学生写虚作文之"故事性文章的写作时",邓彤根据学生不会"虚构故事"这一"故事编制技术"问题入手,将学生写作训练的重点放在"引导学生开展创意写作活动"上,并根据这一目标设计出"呈现范例,学习知识—运用知识,分析经典—学以致用,改编故事"教学流程,先通过经典案例《西游记》向学生讲解"故事文的关键是要有冲突,而冲突＝愿望＋障碍,因此,写好故事文的关键知识就是愿望、冲突、障碍。"紧接着,通过《卖火柴的小女孩》让学生从"愿望、障碍、行动"三个方面分析此文章的设置方法,最后通过让学生对一些故事进行改编,落实学生"虚构"故事的能力。至此,如何"虚构故事"的目标就算达成了。

"作文教学过程化有三大环节——确定影响写作的要素与技能,设计具体可操作的训练步骤,实施教学训练",要想从根本上解决学生写作中存在的问题,加强学生写作训练的科学性,教师必须对这些环节认真思考和研究,只有这样,才能有针对性地进行写作训练。

(三)多元评价:转变观念,注重整体发展

与国外科学有效的写作教学评价体系相比,我国的写作教学评价标准大多宽泛笼统,没有针对性,老师在评改作文时关注的焦点也往往只在"文章"本身,无非是从"选择材料、组织材料、语言表达和书写"几个层面入手对学生作文进行打分测评,这样的评价无法显示出学生写作出现的问题,学生也无法从中获悉自己提高写作水平的策略和方法,因此是无效的评价。基于这一问题,很多研究者都提出了重建写作评价体系的问题,其中最值得借鉴的就是美国"6＋1要素"作文评价指标和我国的"写作量表体系"的建构。

美国"6＋1要素"作文评价指标,是美国俄勒冈州的西北教育实验室联合教学一线教师,在抽取各个年级上万份作文样本的基础上,归纳鉴别出了"优秀作文"的六个基本特征,即想法和内容、组织、口吻、措辞、流畅、惯例,后来又加上了"呈现"。他们将这几个特征细分为优良、及格、不及格三个层级二级指标,每一个二级指标层级里又有更详细的三级指标,教师根据这样的指标体系对学生的写作进行鉴别、评价、归类、赋分或诊断,这就使得写作教学评价有了一个相对精细和科学的参照系统。②

我国的"写作量表体系"是一种基于学生整体发展的写作评价体系,它包括基础性评价、发展性评价和达成性评价,对应写作教学的三个环节——学前诊断、学中发展、学后鉴定。其中发展性评价是评价体系的核心,它借助层级表对学生所学专题的学习进行技能达成升级,有利于直接显示学生写作的水平、存在的问题,并为学生进一步提升指明方向。例如,江苏省学科带头人郭家海带领常州市中学语文教师研制开发的专项能力发展性评价参考层级样式中有关"高中论述文——论点发展性评价参考层级表"③见表2-1。

---

① 王荣生.写作教学教什么[M].上海:华东师范大学出版社,2014:36.

② 荣维东.构建基于科学标准的作文评价指标体系——从美国"6＋1要素"作文评价指标说起[J].语文教学通讯,2008(10).

③ 王荣生.写作教学教什么[M].上海:华东师范大学出版社,2014:116.

表 2-1　高中论述文——论点发展性评价参考层级表

标准＼等级	A⁺	A	B	C
高中论述文——论点发展性评价参考层级表	论点具有新颖性：有自己独特的观点，能够引起读者共鸣 论点具有人文性：提出关乎社会人性健康和谐的观点	表述简洁有力，在鲜明的基础上有文采 论点在文章的位置醒目 论点具有深刻性：思辨性强，透过现象深入本质，能引发读者思考	论点只是对事物现象的一种描述，只指出了一般的公理、规律，缺少针对性、准确性 论点正确、鲜明、专一、有个性特点	没有论点，全文缺少逻辑性，也无法归纳论点 论点表述华而不实、模糊不清或太空泛，缺少对写作概念、材料的针对性 有论点，但论点不合逻辑，片面、偏激，表达有语病，不通顺 论点低幼化、陈旧俗套

这种量表的设计既可以发挥学生习作的诊断功能，表明学生写作的等级，为学生进一步提升写作水平指明方向，又可以充当学生习作程序修改卡，为学生习作修改提供参考，可谓是较有针对性的评价标准。

美国的"6＋1要素"评价指标和我国"写作量表体系"的建构，给三段九级写作教学模式建构的启示：教师要转变传统的作文评价标准，构建一种从整体出发囊括学生习作各个方面的写作教学评价指标体系，这种评价指标既要能够显示学生写作水平所处层级，还要指明以后努力方向和参照标准。相信这样的写作评价体系的建构可以解决我国写作传统中说不清"什么是好作文，好在哪里？什么是差作文，差在哪里？"的弊端。

第五节　三段九级写作教学模式的价值意义

三段九级写作教学模式是在遵循学生身心发展规律，重构写作课程知识的基础上，建构起来的针对不同学段的学生重点训练不同写作样式的写作教学模式，因此，它可以扭转我国传统写作教学"杂乱无章"的弊病和"为考试而教写作"的功利倾向，增加写作课程训练的科学性；多样化的写作训练样式，又可以拓宽学生的思维疆域，丰富学生的情感表达方式，激发学生的创作潜能，培养其创新精神；在语言传承方面，又可以将汉语言的诗性特点与国外的理性思维结合起来，培养文理气质兼备的高素质人才。

一、语文课程价值：增强写作教学的科学性

三段九级写作教学模式的建构，可以扭转我国写作教学的"无序状态"，凸显写作的"科学训练"，从学生写作内在动力出发，激发学生的写作兴趣。

1. 反思写作无序状态，凸显写作训练有效性

三段九级写作教学模式意图打破长期以来存在我国写作教学中根深蒂固的以"文章写作"为本的写作教学，根据不同阶段学生写作训练的目的，构建理论知识、训练重点不同的写作样式，此写作样式通过"写虚作文""写实作文""创新作文"这一线性体系，串联起适合小学、初中、高中三阶段的写作训练样式，这样就可以改变我国写作教学阶段性不明，衔

接性不清的断层或重复现象，使学生的写作能力在三个阶段的训练下螺旋式上升。

2. 扭转写作功利倾向，激发写作内在动力

写作的本质应是一种自我情感的表达以及与世界、他人沟通的方式，是孩子的"另一种嘴巴"，是学生的"书面言说"。作文教学应模拟或还原成现实生活中各式各样、功能各异、目的不同的写作活动。三段九级写作教学模式吸收了改革开放以来我国涌现的许多行之有效的写作教学模式，并将它们加以归类整理，提出以"看图作文、虚境作文、想象作文"为主要训练样式的写虚作文，以"生存作文、生活作文、生命作文"为主要训练样式的写实作文，以"开放性作文、个性化作文、研究性作文"为主要训练样式的创新作文，这种囊括多种写作训练样式的写作教学模式，可以为满足师生不同的写作活动，大大激发学生的写作兴趣，扭转"为考试而写作"的功利化倾向。

二、学生发展价值：顺应学生身心发展的规律性

三段九级写作教学模式，吸纳借鉴写作教学中先进的写作教学理念，融合典型的写作教学模式，提取不同的写作教学样式、写作教学方式和策略，关注学生的"兴趣与习惯""个性与创新""语言与思维"，既注重"生活积累"，又关注"写作技巧"，相信这样的写作教学模式，更能丰富学生的情感表达方式，培养学生的创新精神。

1. 拓宽学生思维疆域，丰富情感表达方式

《全日制义务教育语文课程标准》实施课程建议中提出"要为学生的自主写作提供有利条件和广阔空间，减少对学生写作的束缚，鼓励自由表达和创意的表达"。三段九级写作教学模式中对"写虚作文"和"创新作文"的重视，有利于打破长期以来我国"重实避虚"的写作教学倾向，打破题材、文体对学生写作范围、写作内容的限制，真正实现写作的自由化。尤其是"创新作文"对学生"思想个性"的重视，更是尊重学生身心发展特点的表现，自由而又富有个性化的写作，反过来又能促进学生思想的驰骋，情感的丰富发展。

2. 激发学生想象潜能，培养学生创新精神

爱因斯坦曾说过："想象力比知识更重要，因为知识是有限的，而想象力概括着世界的一切，推进着进步，并且是知识进步的源泉。"学生写作中遇到的难题很多时候与学生缺乏想象力和创造力有关，因此，教师应该采取多种手段激发学生的想象力，培养学生的创造精神。三段九级写作教学模式由激发学生"想象潜能"的"写虚作文"始至学生思维品质培育的"创新作文"终，目的就是为了通过对学生不同能力的培养，提高学生的创新才能，真正实现高素质创新人才的培养目标。

三、语言传承价值：保持语言生命力与创造力

社会的发展越来越需要高素质人才，而高素质人才，又必须具备人文性与科学理性兼备的人格。作为工具性和人文性相统一的汉语言文字，在培养这一综合性人格方面具有得天独厚的优势，因此，写作教学的科学训练，既可以通过汉语言的诗性特点培养国民的"儒雅""诗性"人文之气，又可以在科学理性的追求下，培养国民的创新思维品性。

1. 传承汉语言诗性特点

中国自古以来就是一个"诗的国度",汉语言的"诗性特征"决定了中国语言的"审美特性"和中国人的"诗人气质",因此,以虚构性写作为主要特征的文学性作品成了中小学阅读课程的主要内容,但与此相反,我们的写作课程却很少出现"童话、诗歌、小说、戏剧"的写作,这就造成语文"读与写"的分离。这种现象不得不引起我们的思考和重视,因此如何将学生的阅读能力转化为写作能力,透过写作能力传承汉语言诗性特点,就应该成为中小学写作需要思考的问题。三段九级写作教学模式中对写虚作文的设置,可以通过对学生"童话、语言、诗歌、小说、剧本"等创作才能的发展,传承汉语言的诗性特征,最终实现对诗意人生的追求。

2. 增强汉语言创新思维品性

1999 年 12 月法新社播发的一篇题为《人类的创世纪》的电讯,总结了人类在 20 世纪的 200 多项重大发明,"从玩具到洗衣机,从钨丝灯到输血,从降落伞到玉米杂交,从立体声技术到胸罩,从飞机到雷达,从收音机到推土机,从电话拨号盘到有机玻璃,从速冻食品到牙刷,从钢笔到微波炉,从机器人到航天飞机,从电影到心脏按摩器,从抗肝炎疫苗到互联网……"在这几乎涉及我们现代生活方方面面的人类发明,却没有一项是中国人独创的,由此可见中国人的创新能力与外国人相比还是有很大差距的。这也启示我们要转变教育观念,将培养适应社会未来发展,为人类进步做出突出贡献的高素质人才作为教育的重中之重。

如何加强写作教育教学改革,提高每个社会成员的写作水平以适应社会发展的需要,已经成为一个全球性的课题,世界各国都在进行积极的探索与研究。与我国相比,国外更加重视写作教学对全民素质的影响,将写作能力看作是公民素质的重要组成部分,强调写作对学生思维能力和探究精神的培养。

三段九级写作教学模式从写作教育这一大背景出发,构建出能够促进学生思想、个性发展的写作教学样式,目的就是希望从整体上能够提升我们民族的创新思维品质。

第三章　三段九级写作教学模式的建构实践

三段九级写作教学模式建构的主体框架是"写虚作文—写实作文—创新作文"三个层级，每个层级又选取了较为典型的适合不同学段学生身心发展特点的写作样式，构成了以"写虚作文"为重点的小学阶段较为典型的"看图作文、情境作文（主要是其中的虚境作文）、想象作文"和以"写实作文"为重点的初中阶段较为典型的"生存作文、生活作文、生命作文"和以"创新作文"为重点的高中阶段较为典型的"开放性作文、个性化作文、研究性作文"教学体系和模式。

第一教段　写虚作文教学

前文提到，写虚作文是与写实作文相对而言的不同的作文训练形式，此类型的作文，主要采用虚构的方式，通过联想、想象和幻想，甚至梦境等，对真实生活或虚拟生活进行艺术的加工、变形、再造等。写虚作文重点训练学生特殊的文学想象力和创造力，唤起学生作文的积极性，使学生感受到写作的乐趣，逐渐习惯写作。与传统的写实作文相比，写虚作文有以下显著特点：写作内容的虚构性——可以虚构故事情节，虚构人物形象；写作空间的跨越性——可以上天入地，穿古越今，超越时空的限制；游戏精神性——将游戏精神与学生作文结合起来，通过游戏激发学生的各种想象力；艺术真实性——虽然虚构性写作的主要特点是"虚构"，但仍然摆脱不了学生已有的生活知识经验，只是通过艺术的真实来反映客观世界。写虚作文的种类很多，在小学阶段有代表性的写虚作文主要包括：看图作文、虚境作文和想象作文。

第一学段写虚作文教学，可从看图作文、情境作文（主要是其中的虚境作文）和想象作文教学三个方面展开教学与训练。

第一层级　看图作文教学

　　看图作文的教学是整个作文教学的基础,对于初学者尤为重要。小学阶段以看图作文为起始点,初高中阶段看图作文的教学也必不可少。看图作文较于其他作文有着明显的特点,看、想、说、写的四个阶段更是尤为重要。传统的作文教学模式日渐成为禁锢学生思维、束缚学生想象的"镣铐",与"新课标"中培养学生的创新思维和实践能力不符。为了打破传统的始于写实作文的思维定式,顺应"新课标"的理念,创新看图作文教学势在必行。

一、传统作文教学的问题与反思

　　作文教学向来是语文教学中的老大难,教师难教,学生更是恐惧难当。大部分学生对写作文都抱着畏惧以及厌烦心理,他们害怕写作文,不知道写什么,也不知道怎么写。他们总是抱怨每天的生活都是千篇一律,没有材料可写,生活如此平淡,没有什么感情需要抒发。这虽不无道理,但仔细分析后会发现那只不过是自己给自己找的借口。

　　当然这样的情况不是一天或一月形成的,归根究底是在传统的作文教学中不符合学生身心发展规律和教育教学规律的观念长期影响下形成的。教师简单、概念化的教,不注重内容而注重形式,学生照着模式写,没有自己的思想亦没有自己的感情,这样的结果直接导致了学生模仿、抄袭,作文模式化、套路化。因而我们不得不对传统作文教学做出一次检讨,深刻地认识到它的不足。

　　首先,传统"无图"作文教学缺少教学内容引导,无法激发学生写作兴趣。"无图"即没有素材,也就是说传统作文教学缺乏写什么这一环节的指导。而素材恰恰是写作的瓶颈,是源头也是起点,就如没有水怎么汇成河呢？写作教学要解决两大问题:写什么和怎么写。传统作文教学只注重教怎么写,着眼于例文的谋篇布局,结构形式,却忽略了文章的开源及内容,致使学生作文千篇一律,与生活失去联系,脱离实际。巧妇难为无米之炊,没有材料,学生如何写作呢？更不用谈创作了。

　　其次,传统"无图"作文教学模式死板固定,只注重观察,缺乏想象,不利于学生形象思维的培养。"写实"作文模式,学生只注重观察、写作,没有经过一个想象拓展的过程,在内容上会显得空洞,在言语的组织上会显得苍白,在内容的衔接、拓展上也会显得不够完整。

　　再次,传统"无图"作文教学缺乏创新,扼杀了学生的个性。传统作文教学,其内容陈旧、形式僵化,写作总是围绕重复、相同或相似的题材,教师教的没有新意,学生写的没有兴趣。文贵创新,挣脱一切的桎梏,说你想说的,写你所想的,不为外物所扰,不为规格所限。古往今来,哪些大家不是不拘一格,但求创新而留下千古美文的呢？无论是李白"举杯邀明月,对影成三人"的孤寂,还是陶渊明"采菊东篱下,悠然见南山"的闲适,无疑不是他们独具一格的个性表达。

　　基于传统"无图"作文教学模式呆板、束缚学生个性发展的弊端,新课改重视看图作文的教学形式。《全日制义务教育语文课程标准》中指出:要"对写话有兴趣,写自己想说的话,写想象中的事物,写出自己对周围事物的认识和感想。"这告诉我们,要学生"写想象中

的事物"，要有个人体验，尊重学生富有个性的表达。当然，看图作文就是"写想象中的事物"的起步，看图联想、想象，再写作，这是小学作文教学"写虚"的开端。

二、看图作文的含义、特点与类型

（一）看图作文的含义

看图作文，顾名思义就是观察图画内容并将它以文字的方式记录的一种作文形式。"看"即观察，观察并收集图画中的信息，并将其内化为自己的体验；"作"即创作，联系自己已有的经验将这些信息扩充，并加入自己的想象和感受，然后用文字记录下来。

看图作文是作文教学中一种重要的作文形式，也是作文基础训练中一种最为基本的也最为常见的类型之一。小学低年级以看图写话为作文训练的基础和开端，而看图写话则是看图作文中最基础、最容易的形式，因而可以说看图作文是作文教学的开端，更是学生学习写作的基础。

看图作文在小学阶段有着不可忽视的作用，它是学生学习写作的基础。看图作文激发和培养了低年级学生的写作兴趣，并有助于开发学生潜在的作文能力。看图作文在培养学生的观察能力、思维能力、想象能力方面有着重要的作用，而这些能力是学生学习写作必不可少的。

（二）看图作文的特点

看图作文与其他作文是不同的。从字面上看，"看图"这两个字是与其他作文不同的地方，而就是这两个字构成了看图作文自身的特点。看图作文分为看、想、说、写四个部分，其中"看"和"想"是看图作文的两大支柱。"看"就是观察，"想"就是想象。以下分别具体阐述它们的重要性。

1. "看"

看图作文，"看"是关键。"看"即观察图画。只有仔细观察，才能准确理解图意，才能写好文章。那要如何观察呢？首先，观察要有顺序，要根据不同的画面选择不同的观察顺序。一般来说，无论是单幅图还是多幅图，都可以按照从总体到部分再到总体的顺序进行观察。简单的单幅图，可以按照先观察背景，再观察人物（或事物）的顺序进行；复杂的单幅图，可以按照先观察人物（或事物），再观察背景的顺序进行。每幅图的观察顺序可以灵活多变，可以是从上到下、从下到上，可以是从近到远、从远到近，也可以是从人到景、从景到人。确定合理恰当的观察顺序，不仅可以帮助学生看懂画面的内容，而且可以帮助学生理清写作的思路。其次，观察要细致，掌握从整体到部分再到整体的观察方法。先全面地看图，想一想图画写了一件什么事，概括地了解画面的基本内容。接着仔细观察画面中的所有景物，认清画面中的环境。想一想事情发生的时间、地点以及情况。再具体观察画面中的人物。仔细观察人物的外貌，想一想人物的身份、年龄；仔细观察人物的行为，想一想他在干什么，怎么干的；仔细观察人物的神态，想一想他在想什么，怎么想的。最后再对画面进行一次全面整体的认识，想一想这幅图或几幅图总体上说明什么意思，从画面深入到画中去体会、去感悟。

2."想"

"想"即想象图画,它包含两层意思:一是想象已有的内容,即根据内容深入分析事物,扣住画面进行想象。依图而想,根据图中人物的动作、神态以及环境想象后续情节的发展。二是想图外之意,根据画面内容进行联想、思考。对于画面上没有的,而情节发展中又不可或缺的内容,就通过合理想象将其补充出来。图中的景物虽然是静止的,但我们要将它写得有声有色。人物不但有外貌、服饰,还要有神态情感,景物除了形状、颜色外,还要写出其中隐含之意。在看图作文中,可以想的内容很多,例如,想人物的动作、语言以及心理活动,使画面的内容更加具体、生动;想景物姿态、特征以及颜色,从中掌握图中的氛围、人物的心情等;想图中的景物是抒情,是寓意,还是言志;想图中的人和事的善恶美丑,以确定作品中对人、事、景物的表现方法。总而言之,在想的过程中,抓住事物的本质特征进行合理的联想与想象是关键。

(三)看图作文的类型

1. 按看图作文图画的多少分类

看图作文根据其提供的图画的多少可以分为单幅图的看图作文和多幅图的看图作文。

(1)单幅图的看图作文。单幅图,即由一幅单一的画面展示一个片段,并表达固定中心。此种看图作文由于画面静止,没有连续的情节,给了学生更多的想象空间。这就需要学生更细致的观察力和更丰富的想象力,深入地了解画面,分析其中各事物间的联系,并展开丰富的联想将情节补充完整,对整个事件有了正确、全面的了解后,再动笔行文。

(2)多幅图的看图作文。多幅图,即由连续的多幅画面表现事件的发展过程,并表达特定图意。此类看图作文,看图时,首先要按照总—分—总的顺序观察画面,关注每幅画面的变化,并通过对比分析其变化所对应的内涵。其次要重点想象每幅画面之间的空白部分,使衔接部分连贯、完整。

2. 按看图作文的内容分类

看图作文根据内容大体可以分为叙事记人、写景状物、童话寓言、说明议论四类。

(1)叙事记人。叙事型的看图作文,要以观察、分析、想象为基础,写作时多用叙述和描写的表达方法,叙述整件事情的来龙去脉,辅以恰当的抒情和议论,更好地表达图意即文章的主旨,阐释事件中蕴含的为人处世的道理。根据看图作文的基本要求和叙事的特点,我们将写作过程概括为:第一仔细观察,揭示事件的基本要素;第二抓住本质,发掘事件的主题中心;第三合理想象,扩展事件的故事情节。写人型看图作文与一般的人物记叙文相似,都要通过具体真实的事例,结合描写人物的方法,如外貌描写、心理描写、动作描写、神态描写等,来表现人物的性格特征、思想感情以及道德品质等,完整地塑造人物形象,揭示文章的主题。而写人的看图作文只能根据固定的画面内容,在规定范围内联想补充,揭示图意,表现人物某一方面的特点或品质。

(2)写景状物。写景状物的看图作文以景物为描写的主体,需着重注意以下几个方面:第一画面的观察、分析要细致、透彻,更要分清主次,抓住描写的重点;第二景物的描写

要准确、具体，还要突出景物的特征；第三如果是画面是连幅图，一定要关注画面之间的衔接；第四对静态景物和动态景物要区别描写，即静态景物的描写要有一定的顺序，而动态景物的描写则要表现其发展或生长的过程；第五不能忽视景物所隐含之意，即内在的品质，并深华主题。

（3）童话寓言。童话寓言类的看图作文，首先，要兼顾童话寓言的文体特征，做到"物"的人格化。图中的景物不仅仅是原来的物，而是已经通过拟人化的手法将"物"当作人，即它在有了人的语言行为、思想情感的同时，又保留了其作为物的本质特点。其次，要将现实与想象巧妙地结合。看图写童话可以天马行空，不可思议的环境，离奇曲折的情节，奇思妙想的故事，但是无论如何的光怪陆离，都不能凭空想象，要将其与现实生活巧妙地联系起来，这样才能做到既耳目一新又真实自然。再次，语言简单而不失活泼，主题突出。此类的作文一定要有一个鲜明的主题，然后借助虚构的故事情节挖掘生活中所蕴含的哲理，弘扬真善美的主旨，使读者接受思想和审美的教育。

（4）说明议论。说明型的看图作文，首先要考虑怎么说明：一是抓景物特点，即言之有物；二是定描写顺序，即言之有序；三是定说明方法，即言之有法；四是注重语言表达，即语言简洁、明了。议论型的看图作文，最关键的是思考画面的寓意。例如，有这样一幅图：一群肥硕马儿在远处的草地吃草；一只瘦弱的马儿卧在已被吃干净的草地上。经过思考，这匹瘦弱的马是重点，其寓意则是——故步自封，不知变通。理解了寓意后，接着提炼论点，并拟题。最后，按照一般议论文的行文要求写作。

3. 按看图作文的形式分类

看图作文是根据图画中的内容来完成一篇作文，即把图画变成文字。看图作文还有很多不同的形式。

（1）由一幅或几幅图画表达一个中心的看图作文。最常见的一种形式就是根据一幅或多幅画面来表现一个中心，可以叙事，可以写人，可以状物，可以写景，也可以编故事、写童话……

如图 3-1 所示，就是这种形式，以这些图画写作文。此种看图作文，首先是观察图画，弄清图意，并把图中所表达的内容用生动、形象的文字抒写。读者在读这篇文章时，能在头脑中浮现这些静止的画面，并让这些画面活动起来。

（2）缺一幅画需要补充画面的看图作文。另一种看图作文的形式，即补充画面。在内容完整的一组画面中故意缺少一幅，让学生根据出现的几幅画面的图意，将缺少的那幅通过合理的想象补充完整。最后根据补充后的画面写一篇文章。

如图 3-2 所示，就是补充画面形式的看图作文。这样的看图作文除了仔细观察画面，想要弄清图意必须展开联想，运用丰富的想象能力以及已有的经验将画面补充完整，使得画面意思连贯，情节合理，中心明确。

（3）由自己动手添加或剪贴组成画面的看图作文。最后，还有一种不同的形式，就是需要动手添加或剪贴，再组合成画面后写作文。此类的看图作文，要靠学生自己动手剪一剪、拼一拼或画一画，最后根据自己动手完成的画面写作文。一般可以分为拼图、添图、画图三种形式，如图 3-3 所示。

（a）一幅图　　　　（b）几幅图

图 3-1　一幅图或几幅图表达一个中心的看图作文

图 3-2　补充画面的看图作文

（a）拼图　　　　　　　（b）添图　　　　　　　（c）画图

图 3-3　拼图、添图、画图三种形式的看图作文

① 拼图，即将一些独立的图片，通过自己合理的想象组合成一幅新的、完整的画面，然后根据画面写一篇文章。

② 添图，即在一幅不完整地图画上，经过自己的构思、想象，添上新的内容，使画面完整，然后根据画面写文章。

③ 画图，即任学生自由发挥，首先自己创作一幅完整的画，然后根据自己的画写一篇作文。

三、看图作文的教学

（一）看图作文教学的要求

1. 看图作文要重视学生想象力的训练

特级教师周华胜这样强调，看图作文要展开想象和联想，以补充画面的内容，增加文章的广度和深度。可见展开合理的想象对于看图作文是多么的重要。面对一幅画面，学生要了解画中的人物、景象，包括人物的动作、神态、心理活动，景物的位置、姿态、变化等。所有的这些都需要通过丰富的想象，将画面中的人物和景物联系起来，使原来静止的变成"活动"的。不管是单幅图，还是多幅图，在表现过程中都有一定的局限性，画面只能展示一个或几个特定的场景，不能完整地表示事情发展的前因后果。因此，看图作文教学中应重视学生想象力的训练。

首先，要学生根据图意，展开想象。图意是看图作文的灵魂。想象和联想的展开必须紧扣图意，这样才能切题。想象的内容要符合事情的发展规律，能表现图意，使画面的内

容得到自然的延伸。在想象时，教师要引导学生及时调动已有的经验，帮助学生更好地理解图意。

其次，要抓住画面的主体，展开想象。画面的主体是画面中最重要的部分，也是最能体现图意的部分，可根据画面上主要的人物或景物，展开合理的想象，将事情发展的经过补充完整。当然，在此过程中，教师也不要忘了引导学生联想逆伸，交代清楚事情发生的原因，使画面内容更为丰富、完整。

最后，要看清画面的细节，展开联想。有时细节往往更能凸显图意，抓住细节进行合理的联想，能使文章更为生动有趣、形象感人。要使这样的想象更为合情合理，需要教师引导学生仔细观察，找出画面中的细节，弄清这些细节的目的。当然，在细节想象结束后，教师还应引导学生联想续伸，即交代整个事件的结果，注意叙事的完整性。在整个想象过程中，教师要适时地反问：为什么这样想？这样想合理吗？使学生意识到即使是想象也要有理有据。

2. 看图作文要重视学生思维力的发展

观察是看图作文的基础，学生只有通过观察，才能了解并运用写作的材料。而对写作材料进行分析、综合、比较、概括、补充、发展等的过程就是思维的过程。看图作文在培养学生的思维方面，有着得天独厚的优势。

首先，学生需要对画面有一系列逻辑思维的过程，即概括出画面中的基本内容，了解事件发展的起因、经过、结果；抓住画面的主要内容；主要的人物、景物及其活动或发展的过程；弄清画面的细节部分，了解细节表现的意义等。其次，学生要根据画面进行各种联想，充分进行形象思维，即根据形象、直观、生动的画面进行联想，在脑海中呈现事件发展的动态过程，将各个画面基本的串联。由于看图作文每幅图只表现一个片段，图与图之间的联系不够紧密，存在一段空白，这就有助于学生发展创造性思维[①]，如图与图之间如何过渡，怎样做到画面之间的相互照应，怎样突出中心，采用什么样的开头等。在寻求这些答案的同时，又发展了发散思维和集中思维。此外，学生在分析画面时，还得运用判断、推理等思维形式。综上所述，经常练习看图作文，能使学生的各种思维能力得到锻炼和发展。

3. 看图作文要重视学生口语表达能力的培养

说话和作文都属于表达，看图作文同时兼具了这两种表达。因此在练习看图作文时，学生的口语表达能力也得到了培养。对画面展开仔细观察，并进行合理的想象后，学生要用自己的话，按照事情发展的顺序，将画面中的事件讲述一遍。这是对学生口语表达的一种锻炼，讲述时，学生可以结合自己的生活经验，展开丰富的想象和联想，然后按照一定的顺序将故事完整地表达出来。说话过程是写作过程的提前演练，所以要让学生充分地说，说错了相互纠正、补充。这样的交流既发展了学生的口语表达能力，又使写作水到渠成。

（二）看图作文的指导策略

1. 看图作文教学过程的指导

看图作文是作文中的一种重要的形式，看图作文教学一般可以归纳为细致观察，审题

---

① 叶清文.看图作文要注意发展学生思维[J].四川教育,1981(3).

立意;合理想象,取舍材料;列好提纲,布局谋篇;理解图旨,表情达意。

(1)细致观察,审题立意。看图作文的审题有两类,一种直接点出题意,无须审题;另一种"无题",需要审题自拟。后一种就需要学生仔细观察,理清图文关系,审清图意,确定作文题目,这样才能避免文不对图的错误。能否正确审题,是看图作文的关键,需要注意以下方面:

首先,观察,审清"对象"和"背景"。写好作文的前提是看懂图,看图作文的图画为写作提供了内容,而重点的确立、写作顺序的安排等都必须在看清图意的基础上。这就需要教师指导学生看图时,审清画面中的主体对象与背景的关系,将画面中起衬托作用的背景和主体对象恰当地联系起来。

其次,思索,审准"题眼"。在基本看懂图画后,还需要细细揣摩"图意",思索画面中还未显现的深刻内涵,也就是"题眼"。命题作文的题眼,来自于题目或材料中的重点词;看图作文的题眼则需要对画面进行揣摩、品味。看图作文有两种不同的审题方法。第一图画中有标题或有提示文字的,应对这些文字和标题仔细琢磨,它们起着画龙点睛的作用;第二对于"无题"的画面,我们更要仔细审题,认真思索图意,通过对整个事件的了解,弄清"画外音",找准题眼。

再次,拓展,审出中心。无论是单幅图还是多幅图的看图作文,画面所表现的只是一个镜头。要完整地写出整个事件必须通过联想和想象去拓展、去补充,这样才能突出题眼所辐射内容的中心。

(2)合理想象,取舍材料。在观察画面和审清图意后,看图作文的材料取舍与命题作文不同,其材料取舍中多了"补"的过程,即通过想象丰富画面内容。看图作文是通过画面直接取舍材料的,而这些材料如何取舍则决定于能否体现图意。

首先,针对原有的材料,教师要引导学生分析画面中哪些人物是主要人物,哪些景物是主要的,哪些是突出题眼的主体部分,对于那些不能体现图意的部分要坚决地删去。

其次,在原有材料的基础上,对那些有助于凸显图意的内容展开丰富的联想和想象,补充画面情节。例如,叙事类的就联想事情的起因、经过、结果;写景状物的就思考景物内在的品质。

(3)列好提纲,布局谋篇。所谓布局谋篇,就是对于什么内容先写,什么内容后写,哪些详写,哪些略写,如何写开头、结尾以及如何过渡,进行整体的设计。

首先,教师要引导学生认真思考,确定先写什么,后写什么;哪些部分可以合起来写,哪些部分只能分开写;什么应该重点写、详写,什么应该略写、一笔带过。其次,教师要指导学生理清思路,分清文章的层次。最后,学生先写写作提纲,再动笔写作文。

(4)理解图旨,表情达意。看图作文想要表情达意必须依图抒情,即根据画面中的形象抒发自己的情感,达到增强文章的感染力,打动人心的效果。其可以表现以下三个方面:

第一,理解图意,感受感情。一般来说,画面中总表达着某种感情,因而在看图时,我们应该在理解图意的基础上,感受画面中隐含的情,明白它肯定什么,否定什么;颂扬什么,批评什么等,为表情达意创造条件。

第二,抓住图意,抒发感情。在感受情感后,我们就要抓住图意来激发自己的感情,并用饱含情感的文字使自己的感情得到淋漓尽致的抒发，使自己与画面中人物的感情自然地融合，这样读起来容易使人产生共鸣。

第三，要有依据，注意分寸。抒发感情时，要以现实生活为依据，自然而然地产生，自然而然地抒发，但要注意分寸的把握，要经得起推敲，不能生拉硬扯，弄虚作假，以至作文言不由衷或空洞无物。

2. 看图作文分类的指导

（1）"藏着问题"的看图作文的指导。

有的看图作文图画的意思明显，一眼就明了，写起来也比较容易。但是有的看图作文图画的意思就比较复杂，有着隐意，即画中藏着问题，因而写起来也不那么容易。要想写好这样的看图作文，首先要将图中隐藏的问题找出来，想清楚。接下来就以《花伞送给谁》为例，谈谈"藏着问题"的看图作文该如何写，如图 3-4 所示。

图 3-4　"藏着问题"的看图作文

图 3-4 中有五个小动物，大白兔只有一把伞，谁才是那个最需要伞的小动物呢？这便是学生首先需要考虑的问题。下雨了，借伞挡雨，是很平常的事情，但是图中的青蛙、乌龟、小鸭子和小花猫四种动物并不都需要伞，谁是最怕淋雨的呢？很显然是小花猫。所以大白兔的伞应该借给小花猫。只有先确定小花伞送给谁这个隐藏的问题，才能准确把握这篇看图作文。

于是我们很容易总结出这幅图中共藏着三个问题：①谁有小花伞可以出借？②哪些动物需要小花伞？③谁最需要小花伞？

将画面中隐藏的问题看清楚并不容易。要找出所有的问题，首先必须思考题目的含义；接着就着题意仔细观察图画，从图画中整体与部分的关系以及各部分之间的关系认真思考，找出问题；然后想一想这些问题该如何解答。有了上述铺垫，写好此类看图作文就不难了。

（2）单幅图及多幅图看图作文的指导。

①单幅图的看图作文图画内容比较集中，只有一个镜头，没有情节的展示，不容易了解整个事情发展的过程，要写好有一定的难度。想要写好单幅图的看图作文，需注意以下三点：

第一，仔细观察整幅图画，了解画面中包含的内容，明白画面中需要的内容是哪些。只有完全知道画中的全部内容，在写的时候，才能做到物尽其用，没有遗漏，使得每一个部分都在作文中有所体现。

第二，弄清画中的主要内容，仔细思考，认真分析，找出图画的思想意义。思想意义，即画图者画这幅图的目的。一幅图画中可以理解出多方面的思想意义，但有一个必然是主要的，而就是这个主要的思想意义决定了这篇作文的价值所在。我们要弄清画面的主要内容，做出正确的分析，并抓住其主要的思想意义，然后依据这主要的思想意义进行写作。例如这样一幅画，其中主要内容是课间玩耍时，两个同学因打闹冲撞，不小心把教室外面栏杆上的一盆菊花撞倒打碎了。经过认真分析、概括,不难知道画中的思想意义就是教育学生遵守纪律,爱护公共财物,批评不尊重纪律、不爱护公共财物的不良行为。

第三,展开丰富的想象,根据画中主要的思想意义,对画面中的主要内容进行合理的联想,使读者留下深刻的印象。单幅图的看图作文,其图画有一定的空间局限性,对事物只能做出局部的反映。因此,学生在写此类看图作文时,必须依靠丰富的想象力,根据自己的生活实际,对画面的内容进行补充和扩展,使得写作的内容丰富多彩。例如《小树得救了》这幅图,写了两兄妹在暴风雨中救护小树苗的故事,赞扬了他们自觉爱护树木的美好品质。学生围绕这一思想意义,对画中主要内容进行一系列合理的想象,如暴风雨时的情况,兄妹俩救护小树苗时的神态、动作、语言等,丰富画面的内容,突出画中的思想意义。

②多幅图,即由几幅图画共同组合而成的,图与图之间存在不可分割的联系,展示事物的发展过程。那怎样写好多幅图的看图作文呢?从以下三点考虑:

首先,从整体着手,仔细观察图画。在多幅图的看图作文中,整体观察非常重要,它对文章内容以及结构的完整性有着直接的影响。整体观察图画时,既要看清整组画面全部的内容,又要看清每一幅画面各自的内容,尽量做到没有遗漏。例如看图作文《一只小燕子》,先从整体观察,共四幅图画。第一幅画了一只还没有学会飞的小燕子因为羡慕妈妈飞翔的本领,跟着跳出鸟窝,却跌倒在草地上,拍打翅膀,绝望地尖叫;第二幅画了一只正好路过此处的小花猫悄悄地逼近挣扎的小燕子,张大嘴巴,露出锋利坚硬的牙齿,将小燕子吓得浑身发抖,凄惨地发出尖叫;第三幅画了在这紧要关头,小红赶来救了小燕子,并将它带回家喂养;第四幅画了小红最后决定让爸爸将小燕子送回自己的窝。看清每幅图的内容后,再把每幅画面的内容串联起来观察,这样就看清了这组图中总的内容,又理清了每幅画面之间的内在联系。

其次,依据画面的思想意义,确定重点图画。在多幅图画中,不是每一幅都重要,必然只有一两幅是重点,而我们就要根据其思想意义来确定这些重点的图画。重点的图画需要多花笔墨,因为只有写好重点图画,才能使文章的内容集中,重点突出,思想意义明显。例如《一只小燕子》中,其思想意义应该是赞扬小红自觉保护动物的良好品质,所以第三、四幅图才是重点图画,需要学生加以详细的描述、丰富的想象,如小红怎样赶走小猫、救了小燕子,小红如何与小燕子相处、照顾小燕子等。这样才能突出重点,使文章详略得当。

第三,按顺序描写,将每幅画面联系起来。写多幅图的看图作文,必须按照事情发展的顺序写,注意时间、地点、场景以及人物的变化和情节之间的自然过渡,把每幅画面的内容连贯起来,使得各幅画面内容相互衔接,形成一个完整连续的故事。

(3)画面是人物或景物的看图作文的指导。

① 在看图作文时,学生经常会碰到画面是人物的看图作文。怎样写好画面是人物的看图作文呢?

首先,仔细观察图画,确定中心思想。遇到画面是人物的看图作文,仔细观察画面是基础,然后了解画面中事件发生的地点,有哪些人物,主要人物是谁,他们做了什么,说了什么,以及他们这样做有什么寓意。人物与事件是分不开的,通过观察画面,弄清人物做的事情,可以更好地把握文章的中心思想。例如《王强受伤了》这幅看图作文,仔细观察画面后,了解主要人物王强坐在医院的病床上,向围在身边的三位同学讲述自己受伤的经

历,此时窗外的两位同学也在听王强讲话。从王强以及听者的动作、语言、神态中,我们可以得出王强是因为救人而受伤的。从这里我们又可以明白文章的中心思想是赞扬王强舍己救人的精神。

其次,根据画面内容设计好故事的情节,并生动描写人物的行为。写画面是人物的看图作文,最重要的是对人物动作、语言、神态的描述,要写好人物的行动,做到形象生动、绘声绘色,使得人物形象灵活生动地展现在读者的眼前。要做到这些,必须在了解画面的事件后对故事情节进行精心的设计,展开丰富合理的想象,从而充分表现图中的中心思想。例如《王强受伤了》中,学生根据王强因为救人而受伤的事件,设计了如下的故事情节:一天放学,王强走在回家的路上,正要过马路,突然看到拐弯处有一辆车正疾驶而来,正当他停下脚步时,看到一个小女孩仍站在马路上,他急忙大声喊叫,可是小妹妹似乎没听到,没有回应。说时迟,那时快,他赶忙冲上去,推开小女孩。那辆车越驶越近,在这危急关头,王强眼疾手快向旁边扑倒,跌在马路边,昏了过去……故事情节设计好后,描写人物的行为就有了更丰富的内容,拓展了文章的内容,也更能表现王强遇事冷静、临危不惧、舍己救人的高尚品质。

再次,写文章时要突出重点,主要人物的描写要形象突出。画面是人物的看图作文中,人物往往不止一个,因而在描写人物的时候,要有详有略,突出重点,集中笔墨写好画面中最重要的一两个人物,这样中心思想才能熠熠生辉。在《王强受伤了》中,学生就着重描写了主要人物王强,除了写画面中他受伤住院的行为表现,还具体描写了他舍己救人的过程。至于画面中的其他人物都是一笔带过,有的干脆不提。详略得当,重点突出,中心思想明确,才能使人印象深刻。

② 看图作文中图片的内容包罗万象,除了人物,景物也是其中之一。这里的景物,既包括自然景物,又包括人文景物,如日月星空、山川原野、亭台楼阁等。怎样才能写好画面是景物的看图作文呢?

首先,要将画面的内容按照一定的顺序写清楚。写景物的看图作文与其他的看图作文一样,仔细观察画面是基础。观察画面时,要根据画面的不同内容,选择不同的顺序进行观察,从上到下、从远到近或从左到右。通过观察,了解画面有哪些景物,这些景物分别有什么特点,哪些是重点的景物。然后按照观察的顺序将这些景物描写清楚。如此才能使文章条理清晰,层次分明,从而更好地体现文章的中心思想。例如看图作文《家乡的春天》中,学生按照从上到下的顺序进行观察,画面依次是天空、高山、河流,依照这样的顺序,他先写了家乡春天明媚的天空,接着写了家乡春天充满绿意生机的山峰,最后写了家乡春天欢快流动的小河。这样描写,文章层次分明、结构清晰,更能表现家乡春天的美丽景色。

其次,要抓住景物的特点具体描写。景物的特点是指:第一景物本身所具有的特点,第二经过仔细观察画面后捕捉到的特点。想要写好景物的看图作文,在仔细观察画面时,关键要抓住景物的特点,弄清楚这些景物与众不同的地方。然后用生动优美的语言,对景物的特点进行具体形象的描述,做到将景物的姿态、颜色、形状等生动地展现在读者的眼前,让人身临其境。

再次,要展开丰富的想象,使得景物的描写具体生动。写作文离不开想象,写画面是

景物的看图作文更要展开想象,在想象的基础上,运用优美的语言和恰当的修辞手法,丰富画面的内容,使画面的景物生动形象、栩栩如生。

(三)看图作文教学模式的新探索

1. 基于多媒体的看图作文教学模式

传统的看图作文教学只是拘泥于图画,从画中观察,根据画面进行想象,新的借助多媒体的看图作文教学则化静为动,使得图画更为直观、形象。基于多媒体的看图作文教学模式分为以下五点:

(1)创设动画情境。运动的物体比静止的物体更吸引学生的注意。新模式中,教师借助多媒体图文并茂、声像皆备的特点,设计出生动的动画情境。例如,将画面分解重组,然后有重点、有顺序地一项一项地展示讲解,运用动画效果让画面"运动"起来。若是单幅图的看图作文,教师可以运用多媒体将画面延伸,即将静止的单幅画面制成多幅的活动的画面。

(2)指导观察说话。从传统作文教学中,我们发现重写轻说的做法,不仅不利于学生口语表达能力的发展,也不利于学生书面语言表达的发展。由此可见说话在作文教学中的作用。借助多媒体创设的动画情境,指导学生进行细致的观察,合理地想象,最后准确而通顺地表达,为"写"打下良好的基础。

(3)小组协商会话。在学生观察、说话的基础上,教师组织学生进行小组讨论,边看动画边说,在小组中互相说、互相学、互相帮。可以是同桌的二人小组,也可以是多人组成的研究小组。

(4)输入作文练习。相对于传统的写在纸上的书写形式,该模式借助于多媒体,因而学生将经过构思、整理的各自的作文输入电脑。

(5)互评自改训练。作文若由教师批改,效果并不大,若由学生自改,能力也得不到提高。新模式中,借助多媒体的优势,可以进行学生间的互改,互相评价,同时学生也可以自己修改作文,通过比较综合了解自己作文的缺陷。①

2. 基于"演戏作文"的看图作文教学模式

传统的看图作文教学中,教师只是解说员,为学生解说范文或者图片,而新的教学模式,教师可以充当编剧、导演、解说员等不同的角色,使得图中的内容动起来,叫起来。这样声情并茂的课堂才能激发学生写作的兴趣,引导学生理解图意,加深学生对图中事件的体会,并如实地描述画中的内容。基于"演戏作文"的看图作文教学模式具体操作如下:

首先,师生共同编写剧本。根据图片中的内容,师生合作编写剧本。编写剧本时要注意:剧本中人物的数量要适当,人物的身份要符合图意,根据图中的剧情选择适合的道具,剧中人物的语言要符合学生的实际,贴近学生的生活。

其次,按照剧本中的人物和情节,让学生自由分组进行排练。在学生排练的时候,教师要当好导演,指导学生正确把握剧中人物的语言、动作和神态,学生可以灵活运用人物

---

① 李继英.借助计算机尝试"四结合"看图作文教学新模式[J].硅谷,2009(14).

的语言。

再次，教师要选取合作最好的一组公开表演，并由教师充当解说员。让学生在观看中加深对剧情的理解。这一点对于看图作文，有着化静为动的益处。通过表演激发学生的兴趣，增强学生写作的信心，同时也提高了作文教学的效果。

最后，学生在观看剧情后，将自己的所看、所想写下来。①

3. 基于"说话"的看图作文教学模式

传统的作文教学模式强调教师的讲和学生的写，根据范文的讲解，学生模仿创作。这样的模式束缚了的学生的想象与思维的空间。"新课标"中说与写同等重要，因而在新的模式中，将"说话"寓于整个写作教学过程中，教师大胆地放手，让学生自己说，充分体现了学生为主体的"新课标"理念。基于"说话"的看图作文教学模式分为六点：

（1）整体观察概括说。这一点要求从整体上观察画面，完成五个问题：①图中共有几幅画面；②图中讲了一件什么事，用一两句话概括，即概括图中的主要内容；③给图中的人物命名，有了名字说起来更方便，听起来也更清楚明白；④图中的事件说明了什么，确定故事的中心；⑤根据图中的人物、事件、时间、地点等多角度进行命题。

（2）分图观察简要说。这一点要求学生简单地叙述每一幅图的内容，了解事情的起因、经过、结果，为下一步具体说做好准备，拟好框架。

（3）分图观察具体说。这一点要求学生具体详细地说出每一幅图的内容。具体做法即观察、理解、想象、表达。①观察就是有目的地寻找所需要的信息。例如，下雨前打雷闪电，我们看到了，这不算观察，因为这是我们被动接受的信息。观察是作文教学的重点。一个人若对自己周围的事物视而不见，听而不闻，那么他就发现不了什么，也谈不上观察。②理解就是对于观察到的东西要知道它说明了什么，与中心有什么联系。理解是我们获得系统知识必不可少的心理条件。很多问题，只有理解了才能找出它的头绪。③想象就是大脑在感知眼前事物，回忆过去事物的同时，还能根据已有的认知，去构建未经历过的事物。想象能帮助我们发现和建立事物间的联系，使我们能举一反三、由此及彼。④表达就是运用有声语言来讲述思想行为及其结果。即根据图中看到的、想到的用自己的话准确、通顺地说出来。口语表达能反应学生的应变能力和思维的灵敏度。

（4）综合起来连贯说。观察、理解、想象后想要当场表达，必须对内容进行分析综合。这一点要求注意画面与画面之间的内在联系，注意它们的衔接点，还要注意它们的逻辑性和连贯性。在仔细观察每一幅图的基础上，将整组图连起来观察、思考，删掉重复的、不合理的部分，然后经过再次加工，有层次、有条理地表达，使得内容衔接自然、图意连贯。

（5）人人动口熟练说。这一点要求学生在听中获取新的有用的信息，经过筛选，聚集与自己已有认知互补的信息，其目的是将自己说的以及听别人说的一起变成自己的信息。

（6）写在纸上再评说。看图作文是对学生识字、写字、造句、布局谋篇等能力的综合培养。在学生使用文字将语言记录成作文后，教师要组织评说，即自评、他评、师评。通过评说找出值得相互借鉴的地方，并弥补不足的地方。②

① 韦淳龙.变看图作文为演戏作文教学例谈[J].广西教育，2005(4).

② 刘彦坤.教给学生看图作文模式[J].小学教学研究，1999(11).

第二层级　情境作文教学

作文一直以来就是语文教学的重点和难点。"无境"作文忽视了学生在整个写作过程中的情感、意志、个性等方面的介入，忽视了对学生写作动机的激发。在新课程改革背景下，我们应该对作文教学的理念、目标、方法以及模式赋予新的要求。为了配合新的课程标准所提出的要求，作文教学走情境教学之路是非常理想的，并且非常符合新时代学情的要求。情境作文教学让学生先感受理解后表达运用，或边体验感受边让内部语言积极活动，从而能培养学生的观察能力、想象能力和表达能力，激发学生的写作兴趣、表达欲望，是培养学生语文素养的重要手段。

一、传统作文教学的问题与反思

由于语文教材编写、安排的随意性，大部分教师也随意地教。有些教师把某些文章拆解成一个个小部件，如何开头、如何过渡、如何照应、如何结尾等，一招一式地教给学生；而有的教师却特别要求学生注意作文的思想性，套用一些华而不实的词汇，空洞枯燥的语言去表现所谓的"中心"，让学生不能明白写作真正的意义。在实际的写作教学中，有些教师只偏重于教授一些写作的技巧，侧重于审题、立意等模式化的指导和机械化的训练，还有不少老师把写作看作是一种技巧和思维方法的产物。

在这样的背景下，我们需要采用一些新的写作模式，来正确引导学生灵活地运用自己的知识经验，激发学生的写作欲望和动机，使学生能够随心而作，写出充满心灵情感的文章。创设写作情境，拓宽学生的写作思路，激发学生的作文情感，是目前作文教学中的主要方法。因为作文是经过人的思想考虑、语言组织来表达一个主题意义的行为，是一种创造性的脑力活动。一篇文章的创作，囊括了观察、思考、表达的过程。叶圣陶先生曾经说过："心有所思、情有所感，而后有所撰作。"一篇文章只有赋予情感，才能让人衷心体会到作者所赞扬或批判的内容。但在实际的作文教学过程中你会发现，就事写事是大部分学生写作的惯常选择，从中难以嵌入学生自己的写作情感，使文章变得枯燥无味。所谓情境作文就是由教师为学生设计、渲染出一种合情合理的情境，并把学生吸引到这种情境中去，以激发学生的写作欲望，引发学生的想象，借用平时所积累的材料表达成文的一种作文形式。它强调要从学生的生活实际、心理实际和思想实际出发，进行联想与写作。

作文的分值比重几乎占整张试卷的"半壁江山"，教师呕心沥血，学生绞尽脑汁，却写不出有质量的文章。传统"无境"作文教学忽视学生亲身体验，难以激发学生的写作动机。写作的动力有两种：一种是外动力（也叫作他动力），即外部对作者规定的写作任务，提出写作的要求，作者必须根据它的意志、愿望或者限定的条件进行写作。这种写作的要求，使作者表现出被动应付，缺乏情感，一般不容易发挥智力潜能。在外动力下写出的文章多为应酬之作。另一种是内动力（或者叫自动力）。内动力来自主体意识，古今中外的名著名作，大都是情感内动力所为。由于缺乏良好的情感内动力，许多学生对写作毫无兴趣和热情，完全只是为了完成任务而去写作，因此写出来的作文不是生搬硬套，就是空洞无味，毫无新意可言。教师指导作文方法机械、古板，对学生语言的发展缺乏科学的训练，学生

厌恶写作文,质量当然也不可能提高。唐代诗僧皎然认为:"不入虎穴,焉得虎子。取境之时,须至难至险,始得奇句。"(《诗式·取境》)。特级教师于漪说:"人的感情是在一定的情境中产生的。"(《渗透与滋润》)。以上论述说明了一个道理:情以境生。世界上没有无缘无故的爱,也没有无缘无故的恨,"情"不是无本之物,无源之水,是在一定的条件下一定的情境中产生的。

作文教学历来是语文教学的重头戏,也是一线教师极度关注的领域,情境作文教学更是优秀语文教师常用的作文教学模式。《全日制义务教育语文课程标准》指出:"语文教学应为学生创设良好的自主学习情境,帮助他们树立主体意识,根据各自的特点和需要,自觉调整学习心态和策略,探寻适合自己的学习方法和途径。"情境作文教学要求在语文教学的过程中,教师有目的地引导或创设一个具有一定情绪色彩的、以形象为主体的、生动且具体的场景,从而使学生能够得到一定程度的体验,从而帮助学生感受、获取写作素材,激发写作动机,并使学生心理机能得到发展。情境作文教学要求语文教师在写作教学中从学生的思维特点、心理特点以及语言表达的特点出发,以情境创设为手段,以情感激发为核心,注重改善影响学生写作能力,把作文教学与智能训练、陶冶情操、思想教育等有机地结合起来,引导学生用眼观察,用心感受,直至跨入那些丰富多彩的写作情境,从而写出带有真情实感的作文。

二、情境作文的含义、类型与特点

国内最早提出情境教学概念并最早进行系统实验的是李吉林老师,随后情境教学被广泛运用于各个学科领域。李吉林老师认为,情境教学就是"充分利用形象,创设典型场景,激起学生的学习情绪,把认知活动与情感活动结合起来的一种教学模式"。李老师认为设置精彩的教学情境,能有效地激起学生的情绪,促使学生带着感情色彩去观察、体验客观情境,并展开积极的思考与想象,从而激发表达的欲望,这样学生就会不自觉地将情境中的声、色、形的表象与自己储存的词语联系起来,文章自然会呼之欲出了。

(一) 情境作文的含义

关于"情境",其理论来源于国外的研究,如脑科学、认知心理学、建构主义的研究等。其实创设情境、置身情境、通过情境为诗作文古来已有。南朝刘勰就提出"夫缀文者情动而辞发""情以物迁,辞以情发"。唐代王昌龄主张:诗有三境——物境、情境、意境,应将神思心情和物境景色交感而成的意象与景象契合交融起来。近代王国维的"境界说"对写作的影响则更为深远,文学"原质"一曰景、二曰情,情景化合而为境。情境相谐作品才能沁人心脾、动人心魄。

情境作文,是从作文的需要出发,由教师有意创设一个具体的场合、景象或情境,让学生置身其中观察、思考、想象,从而引导学生进行写作。情境作文,给学生创设了一种真切、自然的情境,学生置身其中,触景生情,自然就有写作的欲望。更重要的是,情境作文给学生提供了写作的素材,扩大了写作的空间,解决了学生无处落笔的尴尬,让学生写其所想,写其所感,写其所悟,从根本上克服了作文空洞、苍白、缺乏情感的通病。

钟为永先生在《写作教学心理学》中谈到情境作文教学时说:"它是心理学中激发写作

动机的一种手段,一般是通过创设具体、生动、独特的表达情境,让学生根据这种情境进行写作。"作者从心理学角度说明了情境作文是激发写作动机的一种教学手段。

（二）情境作文的类型

情境作文,就是创设一种生活情境或想象空间,并提供具体的事件、问题或指引,学生通过观察、激情、联想、探究等步骤,以"景"激"情",以"情"发"辞",以"辞"促"思",以"思"辩"理",由"景"入"境",升华境界,全面发展学生的写作能力的一种写作方式。所设情境或是他们所熟悉或经历过的实际生活场景,或是虚拟的假想状况,甚至幻化的艺术情形,作者可以海阔天空地展开联想、模拟。情境作文大体有以下两种类型:

1. 实境情境作文

实境情境作文是让学生通过眼看、耳听、脑想、手摸、鼻闻、舌尝等方式,引发他们联想,将已有的知识与现实情境进行融合,用作文的形式表达。例如写说明文,作者只有对对象十分熟悉了解,或者是自己发明制造的,或者是自己热爱、推崇的事物,迫切希望把它介绍给他人,其中深深地隐藏着作者强烈的情感。在课堂上,学生倘若亲身经历过某样事物,描绘起来必定游刃有余。

2. 虚境情境作文

虚境情境作文是人为设置虚拟情境,包括观察图画、辨听音响、装扮角色、阅读诗文、欣赏戏剧等,让学生通过观察在大脑中思考判断后进行的写作。例如,某学校三年级学生的记叙文训练,情境的创设方式为图画式。教学中要求:①仔细观察提供的图画(图 3-5),描绘人物的外貌。②通过观察提供的图画情境,想象邮递员送报的情形,写成记叙文。

图 3-5　邮递员送报

（三）情境作文的特点

所谓情境作文就是由教师为学生设计、渲染出一种合情合理的情境,并把学生吸引到这种情境中去,以激发学生的写作欲望,引发学生的想象,借用平时所积累的材料而表达成文的一种作文形式。它强调从学生的生活实际、心理实际和思想实际出发,进行联想、写作。情境作文有以下四个特点。

1. 形象生动

在无境作文中,学生只能依靠平时生活的积累,来虚构出一些情感,甚至可以说是凭空想象的。内容没有依据,没有素材,不能给学生提供一个形象生动的写作平台。情境作文教学在课堂上就要解决这个问题。无论是实境作文还是虚境作文,都要让学生"身临其境",从而产生情感,作文才能有感而发,行云流水。创设情境的时候,需要精心设计、安排,切合实际,可以操作,可以实施,讲究实效,切不可搞花架子。

2. 感情真切

学生平时的作文总是平平淡淡，缺乏情感。可是，当受了委屈时，他写的日记却是那样真切动人；当他青春萌动，向异性写出的友谊信又是那样情真意切。这说明感情是写文章的驱动力，没有感情的作文苍白无力，有真实感情的文章才能感人肺腑。但情感不是无源之水，情感来自身经其事，心在其中。设想，如果教者能在课堂上创造出身经其事、心在其中的情境，让学生的感情一触即发，作文效果就会大不一样。

3. 想象丰富

爱因斯坦曾说过："想象力比知识更重要，因为知识是有限的，而想象力概括着世界上的一切，推动着社会进步，并且是知识进化的源泉。"然而，传统的作文教学是老师出题学生写作，它的优点是便于老师的指导，但也因此严重束缚了学生丰富的想象力。学生违心地写着不愿写的内容，还得了"干巴巴"的评价，极大地挫伤了学生写作的积极性。情境作文的优势就在于联想翩翩、想象丰富，它在教师创设好情境后可让学生充分发挥想象，亲身或假设亲临期间，体验感受，再写作成文。

4. 意境深远

"意境深远"即意境广远深刻，形成形象与情感结合的契机，有效地发展想象力。李吉林认为，"情境教学"取"情境"而不取"情景"，其原因就在于"情境"具有一定的深度与广度。情境教学讲究"情绪"和"意象"的结合。情境，总是作为一个整体，展现在学生的眼前，造成"直接的印象"，激起学生的情绪，又成为一种"需要的推动"，成为学生想象的契机。

三、情境作文的教学

情境作文教学就是设置捕捉可见可闻可感的情境或者参与某项活动，让学生置身其中，心在其中，通过观察、想象、议论、抒情，进行作文写作的一种教学方法。它具有明显的心理优势，可以激发学生的写作兴趣，提高教学效果，它是利用主体（作者）对客体（设置的情境）的情感，客体对主体的刺激，充分发挥智力与非智力双重作用下的有效教学手段，体现目前语文教学中最具有广阔发展前景，最先进的语文教学思想。

（一）情境作文教学的原则

情境作文要获得成功，在很大程度上取决于创设情景对学生是否具有吸引力，创设情境应从教学的目的出发，掌握以下的教学原则：

1. 趣味性

创设的情境要生动、具体、独特，能引起学生的兴趣。情境作为学生的刺激物，必须具备生动感人的特点，才能激起学生观察、体验、认识、表现的热情。我们应当根据青少年的心理特征，尽可能运用形象化的手段，使学生获得深刻的感受。李吉林认为，教学过程只有通过学习者本身的积极参与、内化、吸引才能实现。教学的这一本质属性决定了学生的主体地位。把学生带入情境，在探究的乐趣中，激发学习动机；又在连续的情境中，不断地强化学习动机。探究心理的形成，对具有好奇心、求知欲望的学生来讲，本身就是一种乐趣。

2. 启发性

情境作文教学最重要的是"启发",设置了一个情境或参与某项活动,要求学生观察什么,怎么观察,要去启发。

① 启发思考:这是什么现象? 什么问题? 出现了几种不同的情形? 对这一问题有几种不同的意见? 你是怎么看的? 怎么想的? 有什么根据? 你是热爱还是讨厌? 你认为是对的还是错的? 应该是提倡还是反对?

② 启发想象:这件事情是怎么来的? 它的未来可能出现几种不同的情况?

③ 启发设身处地:如果是我碰到这种情况,会怎么办? 怎么样? 会怎么做?……

教师既要善于启发智力强的学生去思考,更要善于诱导差的学生去思考、想象、议论和假设。

3. 创新性

创设的情境要灵活多变,给学生以新鲜的感受。情境作文要能经常引起学生的兴趣,必须在内容、形式、手段、程序等方面不断变化,新奇的、出人意料的情况,容易引起学生的惊诧和兴致,从而产生写作冲动。例如,"记不清是哪天晚上,我做了一个奇怪的梦:四面楚歌,十面埋伏,真是莫名惊诧。一元二次方程的判别式是什么? 茅盾原名? ——教科书上写着:沈雁冰——老师说是沈德鸿,无所适从……"[1]这样情境的创设,让学生身临其境,即兴作文,就会有新鲜的感受和写作冲动。

(二) 情境作文教学的方法

1. 体验生活情境,丰富学生写作素材

置身生活情境,丰富感性认识,生活情境是让学生置身于大自然或社会生活的某个场景之中,用感官捕捉描写内容把握住客体对主体的感觉刺激和由此引起的情感体验,用文字把事物的本态描述出来。这是利用真实情境让学生获得真实的体验,从而迅速捕捉瞬间灵感和内心因外界刺激而产生的强烈的感受。但是,生活的场景是多样的,这就需要教师依据写作教学的目标,认真选取鲜明而富有典型意义的场景,带领学生走向生活的情境,从而进行作文教学。在老师有目的的组织下,学生能够亲眼看、亲耳听,获得更多的感性认识。描写自己见到的实实在在的事物,能为学生提供写作的动力。以生活来展现情境,不仅仅是引领学生去观察大自然,还应引领学生去关注社会,关注生活。从学生的生活实际出发,积极组织开展各类教育实践活动。让学生通过采访、上网查找资料,以及实地考察来完成写作;经常开展各种各样的游戏,将学生带入到一个个典型的生活情境中,并把写作教学融入这些活动中,扩大且丰富了学生的生活世界。这种生活展现情境的创设手段显然是成功的。

2. 实物演示情境,激发学生写作兴趣

运用实物演示情境,符合学生直观思维占优势的特点,更易于让学生接受和掌握。偶

---

[1] 《语文学习》编辑部.写作指引[M].上海:上海教育出版社,2000(12):140.

尔安排学生对某一事物进行观察和表述,练习写一些简短的说明文。指导学生按照一定的顺序观察,再结合课本中所学到的说明方法进行习作训练。这样学生能在教师富有启发性的引导下,由整体到局部、由外到里的逐步观察中了解实物的特点,写作自然就言之有序、言之有物了。让学生描写身边的同学,从外貌、性格等各方面进行描述,不能写出名字,让其他同学猜,如果猜中率高,说明其描写细致生动,抓住了人物特点,更能激发学生写作的兴趣。

3. 表演再现情境,强化学生写作感受

表演再现情境是通过角色扮演来进行的,学生们成了热情演员或观众,一下子全部进入了教材描写的情境中,这种生动的形式,使学生特别兴奋,且富有戏剧趣味,学生情绪热烈,为自己的习作做了充沛的情感积蓄。表演的目的在于,情境通过表演,能让学生看清更多细节,汲取更多的写作素材,为学生写清楚,写具体提供铺垫和帮助。学生情绪高涨。由于有了事先的提示,学生观察得特别仔细,写出的作文片段很不错。这种通过表演再现生活情境,既富有童真童趣,又为学生的想象创设机会与空间,使学生喜欢作文,是写好作文的翅膀。

4. 语言描绘情境,启发学生写作思维

语言,是人类最准确思维的工具;语言,是人类最重要的交际工具;语言,是使用最便捷、成本最低的情境创设工具。"以语言描绘情境"是最基本、最重要的创设情境的方法。教师在创设情境时,绝对不能怠慢了语言,这需要教师以具有启发性、可知性、主导性的语言来对学生的认知活动起一定的指向作用,提高学生的感知效应,从而让学生按照一定的观察顺序,边听边看,边看边想,使观察活动与思维活动结合进行,促使学生更快更有效地进入特定的写作情境中。

(三)情境作文教学的过程

1. 教师创设情境

创设正确的情境是调动学生写作兴趣与活跃学生思维的催化剂。思路打不开、缺乏真情实感是学生写作的主要束缚。实际上,学生的思维其实相当之活跃,想象力并不比成年人差,他们的思想和情绪也很容易受到外部的影响。可为什么在写作时会出现这方面的阻碍呢? 这是因为学生以直观思维为主,思维的火花难以闪现,感情的闸门难以开启。正因为如此,要在创设作文情境方面下些功夫。

教师根据教学要求,给学生创设相关的情境,实现作文教学目标。创设过程将直接影响情境写作的效果,并且应该注意以下几点:①课本与课堂相结合、读与写相结合,这是写作教学中的一条重要的原则。②要符合学生们日常生活的实际,贴近学生的生活经验。③要符合学生的心理特点,激活他们的心灵。

创设情境是教师根据写作要求,以及写作的训练目标,结合命题而创设的写作情境。创设情境是情境作文的关键,必须符合以下要求:①利于激发学生的写作热情。创设的情境要让学生置身于情境之中,心驰神往,恨不能抓住情境奋笔疾书。②要联系学生的生活实际,通过学生实际生活的情境来激发、勾起学生们的往事回忆,将以往经历过的事浮现

在眼前。③要注意设计情境的优化,控制所选对象的组合,并引起学生的注意,同时要把握好情境创设的"度",做到优化组合。④要切实可行。创设的写作情境要考虑到客观因素,如作文教学的时间和空间、现实条件等。

2. 学生体验感悟

学生对于情境的体验程度将直接影响写作的效果,教师以情境创设的实际要求,将学生置于情境之中,让其感受和体悟,观察情境中的各种细节,以此来获取写作素材。从而让学生把握住情境给出的信息,结合自身的生活经验进行写作。人对事物的认识总是从感知开始的。教师通过创设情境,将学生置身于情境之中,让其感受和体悟,激发起学生写作的热情,让学生产生写作动机,从而进入写作状态。若要让学生在写作时能够写出具体的情境和氛围,就必须引导他们经历从"感知情境"到"描绘情境"这样一个必要的心理过程。

3. 学生联想想象

想象主要依靠学生日常生活经验的积累,以及对世界观、人生观、价值观的认知程度。通过对情境的体验与感悟,联系自身的涵养,达到最佳的写作目标。如果想要引导学生有目的地感知情境,必须做到:①要求学生在感知事物之前要有一定的情绪准备。无论感知的客体是什么,在感知前都要广泛搜集各种与之相关的资料,在反复阅读中受到感染和启发,萌生情愫。②感知事物时要把感情融入事物中,即要求学生能够通过视觉、听觉、味觉、嗅觉、触觉等感官去感知客观事物的色彩、声音、气味等各种属性,由此达到触景生情的效果。学生"入境"仅仅只是为写作提供了一个契机,生活经验的积累和正确的思想认识,才是学生写作真正必备的因素。

在这个基础之上,想要保证情境写作的顺利进行,必须有思维、联想、想象等参与其中。①要调动学生的思维和认知,让思维和认知参与其中,形成文章的主题与观点,然后在联想、想象等心理基础上融合起来。②要充分联想。有了联想,就可以把所有素材联系起来,从而使自身的思维更加活跃,眼界更加开阔,文章的内容更加充实,整体构思更加精妙,用词选择也更加精准。③要发挥想象。将过去已经感知过的事物的形象,通过书面语言重现出来,并在头脑中把以表象形式储存的过去感知过的事物进行再创造,产生新的形象。学生写作的心理过程需要想象力的参与,倘若学生相对缺乏想象力或想象力不丰富,思路必然闭塞,就很难写出高水准的文章。

4. 学生写作修改

在情境写作的过程中,学生带入自身的感情思想较多,由于情感具有渗透性的特征,相对来说情感因素要稍大于理智因素,因而写成的作文可能并没有达到自己当初的写作预期,甚至可能与当初设想天差地别。学生在写作时想要表现的对象,自然也会带上一定程度的差异。人的情绪活动比起人的思维活动要模糊许多,而情境写作又是一种以感受和体验为基础,以情绪和回忆为动力,以想象和幻想为主要方式的活动。

写作是一种理性与感性共存的认识活动,学生在入境状态下的作文,可能情感因素会更重一些,在表现形式上及思想内涵方面还略显情绪化,这就必须在出境以后,理智地、清醒地来对之前的作文进行修改。在写作过程中,成文并非代表写作的结束。以为写完了就万事大吉，这不是一种正确的写作心态。教师可以让学生自己修改，也可以让同学之间互相修改。学生自己修改的过程也是学生对生活经历再次回顾的过程，他们在阅读自己作文的同时，必然会再次回味那些对他想表达和抒发出来的有意义的事，更加深体验的同时，他们会不知不觉地想要运用一个更适合更巧当的词去描述，力争用一个更妥切的词去表现心中当时的感受。可以这么说，学生的思考有多深，其作文内涵就有多深。

写作修改的范围是十分广泛的，但总的看来不外乎这两个方面：一方面是思想内容的修改，另一方面是表达形式的修改。只要对文章进行认真的审视，从文章的中心思想、观点、素材和结构着手，仔细地修改，这些大问题解决了，对文章的修改也就完成了一半。接着就对字、句、标点等常规性的问题进行修改。一边念一边听，听到哪里感觉不是很顺耳的，就在哪里加工修改。经过这样的几道工序和流程，文章看了几遍就会逐步完善。学生在自己的修改中，收获的是如何写作文。诚如季羡林先生所说，慢慢地自己就会总结体会出一些写作的道理来。

当然，帮同学进行修改文章时，发现其中的问题也是对自身写作能力的一种提升，往往这些修改的问题会铭记在心，对于今后的写作会更加注意。

5．教师修改讲评

教师在评改作文时，在头脑中重新回到当初所创设的情境，像放电影一样，回顾创设情境的意图、动机以及所要达到的目的等称为"复境"。"复境"既是教师评改作文的依据，也可以为教师再创设情境提供借鉴。

有时教师在批改学生的作文中发现，部分作文存在一些不足。有些是由于学生写作基本功的问题，而更多的是由于教师情境创设不合理或略有偏差，没有使学生领悟到情境作文写作的要旨。若教师所创设的情境不合学生的认知水平，脱离了学生的生活实际经验，就无法激发学生写作的积极性，这样就会事倍功半。有时，由于创设情境的度没有掌控好，情境表现过强，学生情绪过度，缺乏冷静的、理性的思考，这样的作文通常会缺乏深度和内涵，会导致情感泛滥；如果情境表现过弱，又调动不了学生的写作热情，同样达不到教学的预期目标。

有时候由于对创设情境的控制不够到位，造成喧宾夺主的现象，致使写出的文章违背了教师写作训练的初衷。这些往往能在作文批改的过程中得到体现。教师通过批改作文，结合之前所创设的情境，找出文章中所存在的问题，归纳总结，为下一次情境作文教学做好准备。

教师评改是一次情境作文教学过程的深化。这一阶段的工作是对学生文章进行修改与评价，并对本次情景作文写作训练进行总结，实际上是对本次写作教学进行再次认知，并对未来的写作教学提供训练和指导的宝贵借鉴。评改绝不是给出一个分数就可以交差，分数并不能完全代表文章的好坏。作为教师，要认识到自己面对的是一个成长的生命，因此要允许学生跌倒，允许学生迈错步子。要让他们自己明白，在哪里跌倒，就要从哪里站起来。教师批改的重点在于发现，发现学生作文中的亮点。亮点多了，文章也就有了起色。适当的鼓励，能够促使学生增加对写作的兴趣。

（四）情境作文教学的功用

情境作文是一种多维体的教学方式,适用于各个层次的学生,适用于各种环境。情境作文的训练强调在社会的联系中学习写作,有利于学到写作的交际本领;采取"先感受,后发挥"的原则,有利于萌发学生的文思,感情表象是文思产生的基础和动力;对学生的文思作"定向控制",给他们发挥的广阔天地,有利于培养学生的创造能力。在无条件的拟题作文中,学生有选择和创造的充分自由,但难以统一要求,不便于统一指导;利用条件限制很严的材料作文,有利于统一要求和指导,但又容易束缚学生的文思。而情境作文训练能较好地解决这方面的矛盾。这种作文训练方式只为学生的文思提供产生的起点和发展的方向,在这个范围内学生完全可以发挥自己的个性和特长,有充分的创造余地。①

"情境作文"的优点是显而易见的,一个突出的表现就是为写作者提供了特定的"情境",给学生呈现了具体可感的写作对象,更易于调动写作情绪,激发写作动机,而这些对产生主动、积极的写作心理和行为是至关重要的。建构情与境相融,心与心相碰,教与学相长,教与学互相促进的情境,学生的主体意识才会有形成的"土壤"和生长的"养分",才能充分发挥学生的主体性。

1. 以情境提供写作素材

目前学生对于写作的最大瓶颈就在于缺乏写作素材,传统的无境作文无法打开学生写作的思路,无法利用自己平时的知识经验,写出有内涵的作文。而情境作文创设的情境,能给学生提供较多的写作素材,起到抛砖引玉的效果。学生作文的情绪能否被激活,首先取决于命题。具有吸引力的命题容易激发学生的作文兴趣,首先有东西写,情绪稳定;如果不喜欢题目,感到无话可说,则情绪低落。情境作文当场提供了作文题材,学生可以感受,身在其中感知、认识、体验,从而有事可记,有话可说,有理可议,有情可抒,这样就扫除了作文中第一个心理障碍——题材障碍,再也不必挖空心思了。从作文一开始,情绪上就打了胜仗。

2. 以情境激发写作兴趣

教师通过创设情境,将学生置身于情境之中,通过情境激起学生写作的动机,激发起学生写作的热情,发掘学生对写作的兴趣,从而提升学生的写作能力和写作水平。需要是重要的写作内动力。教师创设情境要注意两点:一是创设情境要新。新的情境能够使学生兴奋,这时学生的注意力集中,观察、思考、想象一轮,会得到新的感性认识,进而获得新的理性认识,会暂时感到满足。这些新的认识和暂时的满足会诱发学生产生跃跃欲试的表现欲、反应欲,即产生写作需要。教师抓住这一有利时机进行必要的指导,限时完成,作文效果会很好。二是创设的情境必须在学生的情感上产生共鸣,这样学生在教师的创设情境的感召和驱使下也会产生写作的欲望。

3. 以情境创设写作平台

传统的无境作文是枯燥的,写作手法较为单一,情境作文的出现能够弥补这种状况,

---

① 陈家生.写作[M].北京:高等教育出版社,1997:317.

能够对学生的写作提供一个新的平台。体验源于经历，情感源于体验，体验是作文中重要的内动力，平时学生要写"伟大的祖国""美丽的家乡"等作文时，由于他的活动范围狭窄，没有具体的感受，写起来十分费力，写出的文章也很枯燥乏味。有位教师带学生到长江边踏青，沿着长江走了四五里路，看到浩浩荡荡的长江水，看到郁郁葱葱的青青杨柳，一群群白鹭自由飞翔，农舍错落有致，江面上的轮船川流不息，不时传来一阵阵汽笛声……看到此景，"祖国伟大家乡可爱"之情油然而生，学生再回到学校时，材料充沛，内容充实。

4. 以情境促进学生发展

情境作文最直接的目的就是提高学生的写作能力，通过情境来激发学生的写作能力，为学生今后的作文能力提供一个良好的发展空间。情境作文适用于各个层次的学生，适用于各种环境，适用于各种题材，适用于中小学各个阶段各个年级，适用于整个人生的需要。

第三层级　想象作文教学

《全日制义务教育语文课程标准》指出："要注意激发学生的好奇心、求知欲，发展学生的思维，培养想象力，开发创造潜能。""课标"特别强调想象作文写作，作为写虚作文把它与纪实作文写作相提并论，由此可见想象作文已成为中小学作文教学不可或缺的一部分。本节将阐述想象作文提出的背景、想象作文产生与发展、想象作文的含义及特点、想象作文的类型、想象作文的写作策略、想象作文教学模式的建构等方面内容。

一、传统作文教学的问题与反思

传统作文教学重"知识"（写作理论），轻"能力"（写作能力）；重"写法"（写作技巧），轻"内容"（写作素材）；重"训练"（机械训练），轻"态度"（写作兴趣）；重"结果"（文章作品），轻"过程"（写作体验）；重"语言"（外部言语），轻"思维"（内部言语）；重"写实"（观察体验），轻"写虚"（联想想象）；重"写作"（写作成文），轻"修改"（互改自改）；重"指导"（写前指导），轻"讲评"（写后指导）；重"范文"（名家例文），轻"下水"（教师写作）。这一惯性思维值得反思。

1. 重"语言"，轻"思维"

作文的本质是用书面语言来表达个人的思想感情，是一种书面的语言表达技艺，而作文教学的本质是学生在教师的指导下学习、掌握书面语言表达技能、技巧的全过程。而现在的作文教学实在是太注重语言了，在写作要求中对语言的要求越来越高，却一直不注重思维的训练。例如，人教版小学语文四年级下册语文园地六的要求是：写的时候，把想要写的内容表达清楚，还要注意运用积累的优美语句；语文园地八的要求是：写的时候要把内容写清楚，学习运用平时积累的语言材料。到了小学高段，对语言的要求则是更上一层楼，要求运用个性化语言，表达自己的真情实感，注重修改。例如，人教版六年级下册第二组的习作要求是：根据大家提出的建议，对习作进行修改、完善。之后的作文教学更是强调立意要高，技法要巧，却忽视了对于学生心智的研究和训练。在心智领域内，相对来说，又比较重视对观察、记忆、思维的研究和训练，而联想、想象等形象思维的研究和训练却长

期以来排不上队,以至于学生的内容千篇一律,习作不形象生动,没有灵性,缺乏创意。

2. 重"写实",轻"写虚"

在如今的中小学写作教学中,想象作文极易被忽视。在应试作文中不考写童话、寓言、小说,更是有不许写成"诗歌"的特殊要求。教师已经习以为常,一直以来,有的教师写作教学会安排"观察—感受—表达"的写实作文训练,排斥、压制学生想象力甚至扼杀学生想象力。以人教版小学语文四年级下册的习作练习为例,八个单元的习作练习见表 3-1。

表 3-1　人教版小学语文四年级下册习作练习

习作题目或主题	命题形式	体裁
观察校园景物	自由命题	纪实记叙文
敞开心扉写心里话	自由命题	纪实记叙文
大自然的启示	自由命题	纪实记叙文
观察照片	自由命题	自由作文(发挥想象)
热爱生命	自由命题	纪实记叙文
感受乡村	自由命题	纪实记叙文
我最敬佩的一个人	全命题	纪实记叙文
自由表达	自由命题	纪实记叙文或者想象作文

通过这个表格可以看出,在八次习作练习中,纪实作文有六次,而且老师要求不能把记叙文写成虚构的童话。可以发挥想象的自由作文,只要求写两次,比例差距甚大。而《全日制义务教育语文课程标准》对学生的习作教学提出了全新的要求,提倡自由表达,强调自由想象作文,表达个人的独特感受。[①]《全日制义务教育语文课程标准》第一次把想象作文和纪实作文相提并论。但在实际过程中,大多数教师还是把生活中的见闻和亲身经历,作为唯一的写作材料,从而束缚了学生想象的翅膀,扼制了学生的言语创造性和想象力的发展。

二、想象作文的产生与发展

心理学和写作学的研究表明,想象在人类的思维活动中有着举足轻重的地位。中华民族是一个极其富有想象力的民族。我们很早就对想象和想象作文有了比较全面的认识。例如,"想象"一词,其历史大概要追溯到春秋战国时期。《韩非子·解老》中说:"人希见生象也,而得死象之骨,案其图以想其生也。故诸人所以意想者,皆谓之象也。"这是古老的"想象"的词语。

文学理论家刘勰在《文心雕龙·神思》里指出:"文之思也,其神远矣。故寂然凝虑,思接千载;悄焉动容,视通万里;吟咏之间,吐纳珠玉之声;眉睫之前,卷舒风云之色。"[②]刘勰说的"神思",就是我们所说的"想象",正是想象作用的形象化描绘,充分地说明了想象的

---

① 教育部.全日制义务教育语文课程标准[S].北京:北京师范大学出版社,2011.

② 刘勰.文心雕龙[M].北京:中国友谊出版公司,1997.

神奇作用。正因为这样，法国哲学家彼德莱亚把想象称为"一切功能中的皇后"，黑格尔也说艺术家"最杰出的艺术本领就是想象"。①想象能拓展人头脑中的无限空间，能帮助人类进行发明创造。

在写作上，"想象"的应用也是源远流长。最早的神话传说便是想象的运用。《诗经》以及屈原的《离骚》《天问》等名篇，开创了想象的先河。接着是老庄的哲理散文："北冥有鱼，其名为鲲。鲲之大，不知几千里也。化之为鸟，其名为鹏。鹏之背，不知几千里也；怒而飞，其翼若垂天之云……"这鲲、鹏也全是想象的产物，《逍遥游》也应出色的想象成为千古名篇。在这之后，唐宋传奇、宋人评话、明清小说等纷纷崛起，想象之作犹如长江黄河，源源不断。西晋的文学家陆机在《文赋》中总结了想象作文的写作感受，特别是论述构思时尤其强调想象的重要性。在写作之前，必"皆收视反听，耽思傍讯，精骛八级，心游万仞，浮天渊以安流，濯下泉而潜力浸"，这样才能"笼天地于形内，挫万物于笔端"，随心所欲，挥笔而成。②这是关于想象作品写作的经验总结。如今我们重视、提倡想象作文，也正是对我们祖国优秀璀璨的民族文化的一贯继承。

《全日制义务教育语文课程标准》中也针对写作教学提出建议："激发学生展开想象和幻想，鼓励写想象中的事物。""为学生的自主写作提供有利条件和广阔空间，减少对学生写作的束缚，鼓励自由表达和有创意的表达。"③由此可见，想象作文的写作目前已是我国作文教学的目标之一了，是作文教学重要的模式，同时也成为培养学生写作能力的重要途径。

据笔者目前所了解的情况，目前我们国内已经有部分优秀的学校和教师进行了想象作文教学的研究与实践，如上海的"听音响编童话故事"，湖南的藤昭容老师和浙江金华的施民贵老师进行的童话写作实验，特级教师饶世和在小学生想象作文教学方面进行了思考和探索等，作文教学在这些教师的努力下都取得了相当好的教学成绩，学生经过训练想象能力有了明显的提升，其中比较有名的是藤昭容老师进行的"童话引路，作文提早起步"实验。

国外的学者们在重视作文的写作能力研究的同时，还强调一般心理能力的研究。他们认为，一般心理能力是发展语言能力的心理学前提。因此，他们主张既发展语言表达能力，又发展一般心理能力。而一般心理能力，即观察能力、记忆能力、思维能力和想象能力。当今一些发达国家都特别重视想象作文的教学与研究。在美国和加拿大中小学的作文训练，语文教师一般只写明写作对象，指出一个大概的写作范围，因此，学生的写作自由度很大，选择题材很广，尽可以发挥自己的想象力完成作文。

美国的中小学作文教学对学生有编书写书的要求。具体做法是：第一步，要求学生自己编写故事；第二步，根据故事展开联想画连环画；第三步，设计封面，做成成果册；第四步，展示自我，为书写介绍。这样一系列的过程可以让学生身兼作家、画家、出版家数职于一身，在开发想象力的同时还发展了学生各方面的能力，可谓一举多得。

故事创作是国外创造性作文训练中很受推崇的练习方式，其写作形式包括寓言、虚构性故事等。故事创作是极其有效的一种形式，它鼓励学生以自我的感受性、丰富的想象力

---

①　黑格尔.美学(第1卷)[M].北京：商务印书馆,1979：357.

②　蒋华.想象作文对学生创造性思维的培养[J].济南师范专科学校学报,2006(3).

③　教育部.全日制义务教育语文课程标准[S].北京：北京师范大学出版社,2011.

以及独创性,以及自身的经验来自我显示具有自我创造力的文章。由于故事创作的特殊性,是允许学生进行虚构的,但这并不意味着胡编乱造。苏联作文改革家拉得任斯卡雅教授曾这样阐释:"这里所谓的虚构并不是无中生有、凭空捏造,它同样是以实际生活作为根据,只不过不是完全重复某一件真人真实,而是按照写作要求对各种真人真事经过选择取舍的加工,编写出一个新的故事。"①由此可知,学生所创作的故事可以虚构,但是不能违背生活经验,需有理有据,故事的情节发展符合实际生活经验。

三、想象作文的含义、特点与类型

(一)想象作文的含义

形象思维是通过表象进行思考的方式。所谓表象,通俗讲就是客观事物在人的头脑中留下的印象。当我们经历感知事物后,这种形象就会在我们头脑中留下印象,并且靠记忆保存下来。当我们想象时,这些记忆保存下来的表象便是想象的基础,进行分析、综合、组合以后,可以创造出曾经经历的过程,或者是不存在的形象。

想象是一种特殊的思维活动。想象有很多种,按目的性分,可以分为无意想象和有意想象。无意想象又称不随意想象,是没有预设目的,不由自主产生的想象;有意想象又称随意想象,是指有预定目的,自觉进行的想象,有时还需一定的意志努力。按内容是否新颖的角度,可以分为再造想象和创造性想象。再造想象是依据词语或符号的描述、示意在头脑中形成与之相应的新形象的过程;创造想象是按照一定目的、任务,使用自己以往积累的表象,在头脑中独立地创造出新形象的过程。以想象与现实的关系,可以分为联想、猜想、幻想、顿悟想象、否定想象等。②联想是由此及彼的想象,它具有跳跃性,由这件事想到另一件事;猜想则有一定的主观判断,是对于未来事物的想象。否定想象是对真实的事物,先予以否定,由实入虚,迫使人们进行想象,在此否定有特殊的意义。幻想是创造想象的一种特殊形式,是一种指向未来并与个人愿望相联系的想象。如果幻想以现实为依据,并指向行动,经过努力最终可以实现,那就变成了理想;若完全脱离现实,毫无实现的可能,就成为空想。顿悟想象是人在集中精力去解决某一问题的时候,由于某一偶然因素的触发,大脑在已有表象的基础上,突然出现新的思路。

康德在《判断力批判》中说:"想象是一种创造性的认识功能,它的本领能在真正的自然界所提供的素材里创造出另一个相似的自然界。"③想象绝不是胡思乱想、胡编乱造,它要受到许多条件的制约:首先要遵循心理意图,概括想象事物形象的特点;其次是在已有生活积累的基础上的再造和创造想象。所以培养想象力是有条件的:①丰富表象和想象的储备;②扩大知识范围;③准确地理解引起想象的语言、图像等特征和意义;④重视相关、相似事物的启示,运用非逻辑思维联想;⑤变换思考顺序,长于逆向边缘思考,重视想象力的开发;⑥调节影响想象力的心理因素;⑦有效利用各种信息,特别是图形符号。

---

① 沈春萍.初中语文探究性学习的指导方法[J].语文教研天地,2006(7).
② 张丽华.论创造性思维产生的有利条件[J].教育科学,2006(1).
③ 严育开.想象力与想象作文[M].北京:人民文学出版社,2000:32.

所谓"想象作文"，是根据学生的身心特点，运用童话、寓言、神话、民间故事等想象性文学形式，结合广阔的表象世界，引导学生展开丰富的想象、幻想和夸张，增强学生习作素材积累的信息量，培养学生思维品质的一种作文训练方式。[①]

（二）想象作文的特点

1．虚构性

既然是想象作文，那虚构性就是其最明显的特征之一。童话类、科幻类、假设类、情境类都需要进行虚构。但这里的虚构并不是毫无根据地胡编乱造，而是来源于现实生活，但并不是现实生活中实际存在着的事实。苏联作文改革家拉得任斯卡雅教授曾这样阐释："这里所谓的虚构并不是无中生有、凭空捏造，它同样是以实际生活作为根据，只不过不是完全重复某一件真人真事，而是按照写作要求对各种真人真事经过选择取舍的加工，编写出一个新的故事。"例如，童话类作文《赶时髦的乌龟》并不是现实生活中存在的，但是生活中赶时髦的事例比比皆是，于是，学生进行虚构，发挥想象。一言蔽之，想象作文更注重的是做人的真实与思想的真实，体现生活的本质。

2．创造性

想象作文的创造过程就是把人脑中已有的表象经过加工创造出新形象，继而用语言文字表达出来。具体来说，这里有两个主要的过程，一为创造，人脑需要将已有的表象进行加工创造出新形象；二是表达，需要人用语言文字表达出新形象。由此与纪实作文相比较，共同点都是需要人用语言文字表达，不同点是想象作文需要创造，而纪实作文主要是记录之前的事物。对比可见，创造性是想象作文必不可少的特点之一。

3．形象性

现实生活是分散的、零碎的，往往表现得不那么显著和突出，而想象是把无数的事实集中起来，使现象的真实和本质的真实达到高度统一的结果，显出极具代表的形象性。例如，我国四大名著之一《西游记》是基于想象的，孙悟空、猪八戒、沙僧、唐僧师徒四人代表了四类人，让读者从中能读到自己的某些影子，非常形象，也反映了社会生活。

4．开放性

想象作文的目的之一就是开发学生的想象力，有助于学生自由发挥，具有极大的开放性。这在很大程度上解放了学生的思维，不再拘泥于形式，因而学生有更多选择，可以畅所欲言，驰骋想象，直抒胸臆。想象作文不拘一格，没有固定的开头结尾，也没有固定的情节套路，更没有固定的语言思维，学生的思维是开放的，所创作的文章应是具有个性的，独一无二的。

（三）想象作文的类型

1．童话类想象作文

童话类想象作文深受低年级学生的喜爱，他们大都会采用拟人化的写作手法，展开想

---

① 路德庆.写作教程[M].上海：华东师范大学出版社，1984：53.

象,在他们笔下,树会讲话,草会呼吸,凳子会感觉疼,各种静物会具有和人一样的思想感情,它们可以思考,可以行动,可以交流表达感情。学生本着纯真美好的心灵,赞扬诚实、勤奋、勇敢等优良品质,批评懒惰、自私、贪婪等不良行为。学生凭借自己的生活阅历,以自我对生活的认识与思考为出发点,用细腻童真编织情节,描绘故事。例如,人教版小学语文教材里的《去年的树》《巨人的花园》《女娲补天》《夸父追日》都是属于此类作文。

(1)抓住角色特点编写童话。在小学生的眼中,童话的主角是有自身独特特点的,如小兔是善良的,大灰狼的恶毒的,狐狸是狡猾的,黑猫警长是聪明的。学生通过这些角色的特点展开联想,编写出一个个有趣的童话。例如,小学生作文《赶时髦的乌龟》,学生发挥各种想象乌龟如何赶时髦,可以是乌龟找螃蟹美容师脱掉龟壳,也可以是乌龟请珊瑚小姐帮它抹上口红,戴上水草项链,或者是乌龟请求小虾设计师设计独特的晚礼服。

(2)活用俗语、成语经典编写童话。俗语、成语都是劳动人民代代相传的,本身就蕴含着丰富的内涵。例如歇后语八仙过海——各显神通,只要将这个歇后语进行扩充就能写出一个童话。又如成语大惊小怪,也可以展开想象,把大惊和小怪想象成放大镜和缩小镜,在碰到各种动物,如缩小镜碰到大象会发生什么呢?放大镜碰到蚂蚁又会怎样呢?这样的童话也是令人耳目一新的。

(3)巧引现实场景编写童话。动物世界和人类世界是有区别的,但如果动物和人类一样拥有高科技或者烦恼等事,一个个生动活泼的童话就出现在学生的笔下。例如,《龟兔赛跑后续》可以写写乌龟利用高科技装上风火轮或者开着小轿车依旧战胜了兔子;小狗想近视,戴上眼镜后会发生什么诙谐的故事呢?所以在编此类童话的时候,我们要学会将现实场景巧妙地运用到童话中去。

(4)依据科学知识编写童话。此类童话称科学童话,又称知识童话、自然童话,是童话(广义的童话)的一个分支,它具备童话的各种特点。编写科学童话需要学生具备一定的科学知识,这样想象起来可以有一定的依据,不至于毫无依据地空想。但科学童话往往涉及的知识内容是比较单纯简单的,它只需学生对此有一点了解,不要求精通,而且此类想象作文能激发学生对科学的兴趣,开发学生的智力。例如,人教版小学语文中《小壁虎借尾巴》正是典型代表。孩子们只要知道一个知识点,就可以展开想象来创编故事了。又如,《扇子、电扇和空调的故事》,孩子们可以根据各自不同的功能和特点写写他们的用处,或者以争吵的形式展开,看看谁才是新时代的宠儿。

2. 科幻类想象作文

这类作文的要求要高于科学童话,它需要比较丰富扎实的科学知识,用科幻的形式表现出来。学生以比较系统的科学知识为基础,了解把握其内在规律。这类作文想象的时空更加广阔,外太空会成为学生想象的首选。

(1)太空类想象,如《难忘的水星之旅》《被外星人拐走》《飞船上的特殊乘客》等。

(2)医学科技类想象,如出现了克隆人,人被冷冻多年后起死回生。

(3)电子科技类想象,如人教版小学语文中的《果园机器人》。

(4)生活起居类想象,如人教版小学语文中的《电脑住宅》。

想要写好掌握此类想象作文,学生需要一定的科普知识,可以广泛阅读相关的科学书报,以及有关科普知识,拓展自己的阅读视野,摘抄积累科学知识,在科学中去大胆想象创新。当然科普知识多种多样，学生要先进行分类整理，根据自己写作的要求选择相关的内容进行整合。对于相同的内容，要学会取其精华，对于不需要的内容要舍得删除，从中选择对写作最有价值的内容。这样，在写作时就能重点突出，内容精彩。当然，在发挥自己的奇思妙想进行大胆构思时，一定要注意想象的灵活性，切不可拘泥于某一点或某一方面，多角度思考，多发散思维，拓宽立意的天地；再则要注意想象的独创性，根据个人好恶，选择最佳角度，写人无我有，人有我新的个性科幻类想象作文；最后，我们一定要注意想象的现实性，要合乎情理。

3. 假设类想象作文

假设类想象作文主要是指对于未来的畅想，时间跨度较大，是学生用文字表达自己对于未来的美好愿望。学生可以憧憬未来社会的画面，可以想象未来某领域的变化，也可以描绘自己未来工作的环境、职业等。学生要敢于想象表达。假设想象也有多种类型，根据对象和内容的不同，可以分为以下几种：

（1）时间假设。我们对于远古和未来都是无知的，但是想象可以任意驰骋，随意勾勒着那时候的生活，如《在 2050 年……》《穿越到恐龙时代》《二十年后的我》等。

（2）空间假设。想象可到达人类所不能达到的地点，无论天上、地下、海里，都可以成为学生想象的地点，如《海底两万里》就是著名的科幻作品。

（3）功能假设。天地万物的机能是与生俱备的，但学生发挥想象，学会其他本领，如《假如我会七十二变》《会飞的熊》。这类作文，更符合儿童的天性，最能激发学生的创造欲，培养创新意识。

（4）角色假设。顾名思义，角色假设就是想象自己成为某人或者把自己想象成某事物，具有生命力。例如，《假如我当家》《假如我是地球村村长》《铅笔的自述》《书包的苦难》等就是此类作文。

4. 情境类想象作文

情境的创设有助于学生进行想象，教师可以创造适宜的情境，激发学生平时积累的表象，回忆以往的情境。情境类作文最重要的就是创造正确的情境，教师要注意应用暗示，使学生展开联想，由此及彼地建立表象之间的联系。创设情境常采用的方式有：

（1）实物创境。教师可以出示实物，引导学生观察，展开丰富的想象。例如，教师可以利用教室已有的电风扇、空调、扇子等引导学生展开联想，它们之间会出现什么对话，怎样的情境？想象它们可能发生的故事。

（2）图画创境。教师利用图画、剪贴画等创设情境。例如，教师拿出世界地图，引导学生跟着地图旅游，游览各国风景名胜。或者利用几何图形发挥想象，如 o 的遐想。

（3）表演创境。师生可利用已有的条件，如表情、道具创设情境，渲染气氛。例如，教师在纸条上写上"猪八戒背媳妇"，学生通过自己的动作表情表演出来，极具生动性。

（4）声音创境。教师可以利用多媒体设备，以直观生动的声音作用于学生的听觉器官，模拟情境。例如，教师可以自行制作音乐，有多种声音，学生根据声音想象，编写故事。

（5）语言创境。教师以故事、诗歌、词语等提供一定线索，进行作文训练。例如，教师呈现一段文字材料：今天，她也来考试……学生依据此句话展开想象，为什么要用她也来考试,她发生了什么事呢? 又如,教师出示一组词语:"马路、裙子、小鸟",学生自行展开联想,编写故事。

(6)多媒体创境。运用电脑多媒体,集视、听效果于一体,尤其是做特殊效果处理或实现无法实际体验和观察的情境,有其他任何手段无可比拟的优越性。

四、想象作文的写作策略

学生的想象力和平时记忆储存的表象有着密不可分的关系。表象越丰富,想象越新颖。学生可以通过课堂学习、课外活动、阅读等方法积累表象。教师可以通过回忆、幻想、改编、设境等方法引导学生将形象思维转化成语言文字。这对于一线特别是新上岗的语文教师有着参考借鉴价值。

1. 储备积累,触发想象

普通心理学认为,表象是感性反映的更高形式,是事物形象在头脑中的加工反映。表象的产生依赖于知识和经验。知识和经验积累得越多,加工的能力也就越强。表象经过复合、融合和创造,就能避免不稳定性和片段性,实现质的飞跃,达到更高的概念、思维的水平。表象的数量与想象的水平是密切相关的,表象越匮乏,想象就越浅薄;表象越丰富,想象也就越深刻开阔。教师在教学想象作文时有意识对学生进行系统的训练,帮助学生积累丰富的表象,可以为想象力的发展以及写作能力的发展奠定基础。所以,增强想象力的根本途径就是获得更多的表象。

(1)观察生活,勤于思考。现实是表象产生的土壤,要有丰富的表象首先要用发现的眼光仔细观察生活中的点点滴滴。把生活中经历的直观的形象转变为头脑中的具体形象是想象作文的第一步,也是形象思维的基础。如果基础不丰富、准确,学生在表达思想时就会空洞,把头脑中的形象转换为作文中的形象时,就会因缺乏具体饱满的东西而苍白、单薄、幼稚、虚假。

观察的对象是生活,如果学生只是固定在家庭—学校两点一线,他们的观察就没有丰富的来源,所获取的信息也就极其有限。教师应该鼓励学生积极参加各种校内外活动,科技制作、文学社、画画、下棋、跳舞等课外活动是课内学习的有益补充,能丰富学生的生活经验,扩大知识范围,为表象储备和想象写作打下坚实基础。"读万卷书,不如行万里路。"这句话明确指出了社会实践的重要性。教师应鼓励学生多到各地著名的自然风景区、人文景观、博物馆、美术馆等游玩,丰富学生的情感和认知。

(2)课内阅读,积累知识。捷普洛夫说过:"一个空洞的头脑是不能思维的。"厚积才能薄发,要写好想象作文需要一定的积累,否则是不可能写出来的。学生在学校接受教育,那积累的最佳途径就是课堂。教科书有大量文质兼美的文章,形象丰富,思想感情深刻,教师应充分利用课堂阅读教学,激发学生的想象。

《全日制义务教育语文课程标准》强调多读少讲,朗读被提升到了前所未有的高度,几乎每篇课文后面都有一个要求:有感情地朗读课文。通过朗读课文,学生可以入情入境地读,在读中发挥想象,透过语言文字想象画面,品悟生活,仿佛自己就处于某种情境之中,获得美的享受。当然,教师要指导学生朗读,不仅仅只局限于在朗读技巧上,如轻重音、停顿方面的指导,还要引导学生入情入境地朗读,努力想象画面,体会当时表达的思想感情。

例如，在教授人教版小学语文四年级上册《秦兵马俑》一课时，学生在朗读的同时想象着兵马俑壮观的场面，更能体会恢宏的气势。

"空白理论"是伊瑟尔提出的，该理论认为文本的空白点给读者留下了不确定性。学生在阅读活动中，就会用自己的想象去填充。一般耐人寻味的文章，常常是由于作者含糊不明的情节，特意设计"空白"，留给读者揣摩。这些"空白"具有很强的艺术魅力，教师应该用好这些"空白"，巧妙地设置一环扣一环的问题，引导学生展开丰富的想象，为这些"空白"添补亮丽的光彩。例如，人教版小学语文四年级下册《生命生命》所写的情形都有意义空白点。飞蛾挣扎、鼓动翅膀、生命的力量在跃动，可以引发学生想象：飞蛾挣扎着，似乎会说些什么呢？瓜苗执着地生长，充满着希望，这里可以引发学生想象瓜苗是如何克服重重困难，才能与阳光见面。

（3）课外阅读，促进想象。学生在生活或实践中积累丰富的表象，再在阅读的理解帮助下不断触发想象，会更加深刻宽广。可见，课外阅读是学生知识的主要来源之一，是想象的又一源泉，能为学生提供想象所必需的基础，并促进想象的发展。广泛涉猎课外有益的书籍能使学生获得多学科、多领域的知识，从而构建丰富的知识体系。

当然，并不是所有的书籍都适合看，还需教师结合学生的年龄特点和个性特点推荐适合的书。现在大多数学校都有推荐书目，这不仅使学生的阅读有方向性，更便于教师开展往后的读书活动。苏联著名心理学家捷普洛夫说："阅读文艺作品，这是想象最好的学校，这是培养想象最有力的手段。"[1]因此经典之作应成为初中学生阅读的首选，它经过时间的考验，传承着中华民族和世界各民族的优秀文化，能使学生受到很好的熏陶，在思想上和文学上大有所获。另外，当代一些文质兼美的散文以及自传形式的小说，蕴含了深刻而朴素的哲理，能够激起学生从大量的观点中汲取思想，开阔视野。《读者》《意林》《微型小说选刊》《小小说》等会丰富学生的体验，提供思维的快乐。有的科普读物如科幻小说，都很有创造性气氛，能激发学生的想象力。

2．发散思维，进行想象

一篇想象作文写得好与坏，关键是看想象是否新颖、独特。学生通过想象，思维可以不受束缚地扩散，这既能增强思维的广度和灵活度，又体现了思维的个性和创造性。学生沿着自己个性的发散思维方式，想象出大量变化独特新颖的思维。这时老师要善于捕捉学生的灵感，鼓励学生打破思维定式，从新角度认识事物。一题可以多写，是要求学生从同样的材料中站在不同的角度思考，或者是针对不同的写作对象，或者是针对不同的场景。以"o 的遐想"为例，学生可以把它想成一个句号，一个数学符号，也可以是英文字母，从而开展各种故事，这样的思维是五彩缤纷的。故事新编也是发散思维的一种方法。这是以大家耳熟能详的童话、寓言为基础，重新编写故事，学生可以尽情发散思维，写出不同的情节和结局。例如《龟兔赛跑》，学生对其重新续写，有最终兔子赢了，它虚心接受上一次的教训，一鼓作气直冲终点；也有还是乌龟赢了，它利用高科技武装自己，或是半路捉弄兔子，读来妙趣横生。

① 符朝明.浅谈语文教学中想象力的培养[J].教育科学,2006(1).

3．增强能力，表达想象

在下笔之前，我们要把自己那些千奇百怪的想法说出来，要大胆地说，要尽情地说，要具体地说。有些想法，也许你想的时候并不十分在意，可当你说出来之后，会取得意想不到的效果。说是为了能够更好地写，写是为了使说的内容更加具体，更加有条理，说完再写，让我们在动笔时胸有成竹。但会想并不代表会写，把想法落到实处，需要一定的语言积累。因此，学生平时要积累一定的素材和语言，表达想象。

五、想象作文教学模式的建构

（一）想象作文教学的目标

1．训练想象能力

想象作文培养学生的创造性品质、创造精神和创造能力，训练学生的想象能力。在知识经济所凸显的社会中，高创新性是核心，培养具有创新品质、创新精神和创新能力的人才成为现代素质教育的趋势。想象作文独特的情境设计，以及本身具有的开放性和自由性，激发了学生的创造欲望，让学生在宽松的环境中进行创新思维的训练，提高创造能力。在不断地强化当中，培养学生创新的意识。

2．提高写作水平

想象作文培养学生正确运用祖国语言文字的能力，反映客观事物，表达自己的思想，进行创造性表达的能力。尽管想象作文着重在创新能力和思维的培养上，它仍属于作文教学范畴，因而肩负着培养学生正确运用祖国语言文字的能力，反映客观事物，表达自己的思想的任务。在训练语言上，既要求学生能自由通畅地表达自己所见所闻所思所想，更要求学生在表达上具有独创性，给人一种清新的感觉，提高写作水平。

（二）想象作文教学的方法

1．回忆——想象法

在作文教学中经常需要记叙过去的事，那在写作过程中就需要回忆。回忆过去的事实，把过往的事例在脑海中一一呈现。但若是平铺直叙，文章则会显得枯燥单调，需要发挥合理想象进行作文。例如，在写睡相这样的作文，学生需要回忆家里人的睡相是怎样的，可以发挥想象分分类，有"咸鱼翻身型、水漫金山型、雷打不动型、泰山压顶型"等，这都是学生通过回忆平时的睡相，结合想象，写出比较有趣的睡相。生活的表象是想象不可或缺的一部分。

2．幻想——想象法

中小学生正处于创造性想象能力发展的最佳时期，他们经常借助想象的方式来观察和解释生活中的事物。因此，童话类想象作文可以用这种方法，也顺应了心理发展规律。例如《都是烟花惹的祸》这篇童话类想象作文，学生幻想出各种精彩情节，森林里动物们为庆祝过年，就一起燃放烟花。调皮的小猴拿着烟花四处乱扔，把熊猫炸成了黑眼圈，自己成了红屁股，小兔成了红眼，乌鸦成了黑色，嗓子也哑了，学生们幻想出各种奇思妙想。科

幻类想象作文的想象空间更加开阔,学生常以幻想的形式表现对理性科学精神的尊崇。又如,人教版小学语文课文《电脑住宅》就是幻想着自己家用高科技后的情形。要想写好这类作文,教师要鼓励学生阅读适量的科普读物。

3. 改编——想象法

语文教材大多为经典文章,而这些文章的结局或者中间,往往是言虽尽而意未穷。教师可以抓住契机,充分利用这些意义空白点,顺着作者思路,引导学生进行再造想象和创造想象。例如人教版小学语文《穷人》一课,文章的结尾戛然而止,留给学生无尽的猜想。之后丈夫和妻子会发生什么呢?学生可以尽情想象。当然,改编想象不只是局限于文章结尾处,课文中间很多细节学生尽可以想象。例如《地震中的父与子》一文,学生就可以抓住地震中的父亲和儿子,在面临地震时会怎么想,是什么表情,怎么样克服困难等想象来丰富文章。学生以原文的内容为基础进行想象,不仅进一步理解了课文,还能点燃自己创造性思维的火花,这样原有的事物会具有完善崭新的价值,丰富了课文的人文内涵。

4. 设境——想象法

情境是想象的沃土和催化剂。学生在适宜的情境里,想象的灵感会被激发,储存在记忆力的表象会浮现在脑海里。学生会根据需要重新改变顺序或者结构。这类方法适合情境类想象作文。在此类作文教学中,教师可以创造性地结合学生的实际需要,借助语言文字、图画等有目的地设计学生平时所熟悉的生活场景,引导学生在情境中结合自己的生活经验展开想象。例如,听音想象,创设情境,在人教版小学语文《可贵的沉默》结尾处可以放一段轻缓的音乐,引导学生想象自己的父母平时是怎么照顾自己的,展开想象,学生定能文思泉涌。

(三)想象作文教学的过程

1. 创设情境,激趣导入

于漪曾经说过:"课的第一锤要敲在学生的心灵上,激发起他们思维的火花,或像磁石一样把学生牢牢地吸引住。"[①]学生上课伊始兴趣盎然,则会很快进入学习状态,激发学习兴趣,提高求知欲望。因此,教师应努力创设情境,在形式上要吸引学生,情感上要震撼学生,心灵上则要呼唤学生。教师努力创设出的情境应能激发学生的参与积极性和创造的热情。一段优美的语言、一幅有趣的图画、一首动听的歌曲,都能创设成功的情境,激发学生的积极性,进入广阔的想象空间。

2. 展开想象,自由联想

美国教育家西奥多·W·海伯说:"要想写清楚就必须想清楚;要想写得充分就必须想得充分;要想写得实在并富有想象力,那就必须在思想上想得实在并展开丰富的想象。"[②]确实,想象是一切创造的源泉。教师可以引导学生根据创设的情境大体了解作文的主题,然后初步展开想象的翅膀,化情境为画面,变无形为有形,联系生活中的人和事、

---

① 绍明通.舞动品德教学快乐节拍[J].山东教育,2008(13).
② 黄小娜.想象作文教学模式的建构[J].教育科研论坛,2010(12).

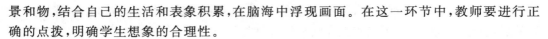

景和物,结合自己的生活和表象积累,在脑海中浮现画面。在这一环节中,教师要进行正确的点拨,明确学生想象的合理性。

3. 确定思路,构思作文

学生展开联想交流各自的想法后,教师就要引导学生往教学要求上转。若是童话类想象作文,就要求学生写清楚故事情节,人物外貌、动作;若是科幻类想象作文,就要求学生大胆构思,突出重点;若是假设类想象作文,就要求学生把物体写具体,突出创造性……教师还可引导学生小组合作,列好提纲,使内容更加条理化和具体化。

4. 下笔作文,成文定稿

学生经过课堂上的充分讨论、与同学相互交流之后,对于要写的内容已经有了比较明确的方向,在此基础上,学生就可以下笔自由作文了。学生写的过程是理性思维认识跨越到写作实践的质的飞跃。学生在动笔时,教师应要求学生不抬头、不停笔,仔细揣摩,尽量把自己内心的想法通过文字表达出来。这是一个复杂而较有难度的阶段,要把思想认识见诸文字,应集中力量去研究如何运用语言文字来准确表达思想,锤炼字句,增添文采,使文思通畅,落笔生花。这里也必须注意一点,学生通过想象作文是要表达自己积极乐观的新想法,表达自己追求真善美乐的高尚品质。教师若发现学生出现错误的思维,要及时地进行纠正引导。

5. 作文讲评,修改提高

作文写到一定的程度,可以让同学们读读自己的习作,先试着自己给自己讲评一下,然后请其他同学来讲评,最后由老师来补充说明。评价想象作文主要是依据其创新程度,有两个标准:一是内容是否创新,题材是否新颖,想象是否独特;二是语言表达是否流畅,遣词造句、谋篇布局是否与众不同。学生在这个过程中进行交流,自我完善。教师讲评的重点应放在思维能力训练上,"评"并不代表终结,而是"改"的开始。学生在相互借鉴中取长补短,有更好的提升。

6. 广义发表,提升信心

教师可以自己创设班刊,每月一期,刊登班级同学的优秀作品,并开设学习交流课,请同学上台朗读自己的作品,这既促进共同学习,又提升学生的信心。此外,现在大部分学校都有自己的校刊,如瑞安安阳实验小学的《童声》,教师择优推荐优秀作品。教师还应鼓励学生参加各级作文比赛,看到作文变成铅字,学生定会产生自豪感,对作文的兴趣则会更加浓厚。

（四）想象作文教学的评价

1. 学生自评

学生自评应先明确几点基本要求,把自己当作读者,把用得不恰当的字词及标点修改正确,再将语句表达不连贯的句子修改恰当,使意思更加明确。再者,反问自己作文构思是否合理,选材是否恰当,进行适当的删减。

2. 生生互评

这种评价方式可先以全班的形式展开,根据教师选择的代表性作品,明确评价的标准

后，全班同学参与评价，列优点，说不足，提出修改和补充意见。接着，再以小组或同桌互评的形式展开细致评价，可以相互介绍写作选材与构思。

3. 教师评价

教师评价不应该只从文章结构进行评述，应把评价作文看作和学生进行一次思想感情的交流。学生的想象作文是他们心灵的流露和对未来美好的畅想，教师批改则是对学生思想的启迪和畅想的肯定。教师可在评语上进行创新，以与学生对话的形式亲近学生，鼓励学生。其次，在作文讲评课上，教师可根据批改作文的结果，对全班作文情况进行分类，分别列举有代表性作文的优点和缺点，并指导其学习和改进的方向。

（五）想象作文教学的意义

爱因斯坦曾说过："想象力比知识更重要，因为知识是有限的，而想象力概括着世界上的一切. 推动着社会的进步. 并且是知识进化的源泉。"[1]如今想象作文已经越来越重要了，成为作文教学不可或缺的一部分，大多学生优秀作文都离不开想象。想象作文是学生语文综合能力的体现，对于学生的全面发展和终身学习有着重要的促进作用。教师对学生进行形式多样的想象作文的训练，可以有效地丰富学生的想象力，进而促进学生创造性思维的发展，培养学生思维的广远性、深刻性和创造性。

---

① 郭银放. 新课程理念下小学想象作文探究[J]. 教育科研论坛，2010(7).

第二学段　写实作文教学

写实作文包括生存作文、生活作文与生命作文。三者相互区别,又互为联系。生存作文偏"实用",属应用文,如公文、私有文书等;生活作文偏"有用",属常用文体,如记叙文、说明文、议论文等;生命作文偏"无用",侧重服务精神、丰富情感、健康心理、提升人格等方面的文章,如文学作品等。

1. 生存作文

生存作文指向写作目的的应用性。为了生存的需要,作文写作的目的是为了实用,以解决社会生活中可能遇到的实际问题,"生存作文"写作训练的主要目的就是为了培养满足学生日常生活、学习和工作中切实需要的实际能力。这类作文主要包括便条、条据、通知、启事、日记、私人信件、告示、广告、海报、倡议书、建议书、解说词、说明书、计划、总结、记录和实验报告、事务性信件、读书笔记、演讲词、标语、对联、调查报告、研究报告等。

2. 生活作文

生活作文有广义和狭义之分。狭义的生活作文指向写作目的的实用性,主要指实用文体中的记叙文、说明文与议论文写作。但我们下面讲的生活作文指的是广义的生活作文。所谓"广义的生活作文"是指展现学生学习生活、日常生活和社会生活等现实生活中的体验和情感的作文。首先,人是生活在现实世界之中的,人一生下来首先接触到的就是生活世界,生活世界是人生命存在的环境,是人的价值得以实现的基础。人只有在生活中才能舒展自己的生命,体验自己的生存状态,享受生命的快乐和生活的乐趣,生活对于学生生命自身的发展有着重要作用。所以,在作文教学时,教师就要引导学生从生活中发掘作文写作的内容,在作文中展现生活的体验。其次,建构主义教学理论明确指出,复杂的学习领域应针对学习者先前的经验,学生所学的新知识需要借助他们自己原有的生活经验,才容易被接受,变成自己的知识。只有这样,才能激发学生的学习积极性,学习才可能是主动的。让学生依靠自己的经验来学习,从自己的经验中学会认识并学会建构自己的认识。因此,在作文教学时,教师就要鼓励学生把自己对自然界、社会和他人的独特的认识和情感表达出来,激发学生写作的积极性和主动性。既然现实生活对于学生的成长如此重要,那么学生在作文中就有必要把这些现实生活的体验与情感用文字记录下来,让生活作文随着学生的不断成长而变得内涵丰富起来。

3. 生命作文

生命作文也有广义和狭义之分。广义的生命作文是指作为生命个体的学生以语言文字为载体,创造性地表现自己独特、真实的生命体验与情感,并能提升自己的生命价值,引导自己生命反思,促进自己精神世界健康发展,从而使整个生命个体完满发展,实现"作文"与"做人"双赢局面的作文。而狭义的生命作文是指专门以"生命"为话题或以"生命"为主旨的有针对性的作文。

人之所以成为人,是因为人能够独立思考,对待问题有自己的见解,对待事物有自己的情感。人除了有肉体存在以外,还拥有精神,而精神是比肉体更高一级的存在形式。只

有肉体而没有精神的人，只能是行尸走肉，不能称为真正的人，精神对于人来说，是至关重要的。学生是成长中的个体，在成长过程中有其自己的独特思想，尤其是处于青春期的学生，其思想更是复杂而又敏感，如果压制学生的思想情感，不让其吐露出来，无疑是损害学生心理健康发展的，所以，作文可以成为学生展现精神世界的一片净土，让学生在作文这片土地上尽情地阐发自己对于生命、生活的见解，尽情地流露自己对于世界万物的情感，尽情地表达自己特殊年龄阶段的敏感情绪，放飞自己的精神世界。由于学生年龄还小，思想、认识、情感等还不稳定，对于世界还充满着困惑和不解，世界观和人生观还没有成型，极易受人影响，所以，教师可以从学生的作文中发现学生的精神情感，及时地对学生进行引导，培养学生正确的世界观和人生观。

第二学段写实作文教学，可从生存作文、生活作文和生命作文三个方面展开教学与训练，如图 3-6 所示。

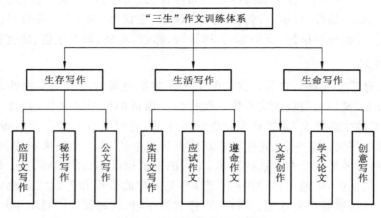

图 3-6　"三生"作文训练体系

第四层级　生存作文教学

如果把写作目的分为"为生存写作"与"为生命写作"，那么"为生存写作"是指"实用文写作"。"实用文写作"指记叙文、说明文、议论文和应用文写作。生活写作偏指记叙文、说明文和议论文写作；生存写作偏指应用文写作。

应用文写作主要是指实用文中私人文书与公务文书写作。

一、应用文的含义

应用文是人类在长期的社会实践活动中形成的一种文体，是人们传递信息、处理事务、交流感情的工具，有的应用文还用来作为凭证和依据。随着社会的发展，人们在工作和生活中的交往越来越频繁，事情也越来越复杂，因此应用文的功能也就越来越多。所谓应用文是人们在生活、学习、工作中为处理实际事物而写作，有着实用性特点，并形成惯用格式的文章。

二、应用文的特征

应用文具有以下特征：

（1）实用性。应用文在内容上十分重视实用性。它是用来办事、解决实际问题的，具有很强的实用性。

（2）真实性。"真实"是文章的生命，一切文章都要求具有真实性。对于这一点，各类文章要求不同。它反映的情况、问题，叙述的事实是客观存在的，发布、传达上级指示精神是确有的，不能经过任何艺术加工。

（3）针对性。它根据不同的领域、不同的具体业务、不同的行文目的，选用不同的文种。

（4）时效性。应用文要想在传递信息、解决实际问题方面取得好的效果，必须注意时间、效率，讲究时效性。一般来说，应用文往往是在特定的时间来处理特定的问题，尽快地传递相关信息，因此时效性很强。不及时发文，拖拖拉拉，或时过境迁再放马后炮，使信息失效，就会失去其实用价值。

（5）格式化。应用文有其惯用的外观体式和主体风格。有不少体式是社会长期约定俗成的，也有一些体式由国家统一规定，如公文。还有一些应用文格式比较简单。不论体式如何，都是为了提高办事效率，更好地发挥它的工具作用。

三、应用文的类型

应用文分为一般应用文和公务文书。

（1）一般应用文，指法定公文以外的应用文。一般应用文又可以分为简单应用文和复杂应用文两大类。简单应用文指结构简单、内容单一的应用文，如条据（请假条、收条、领条、欠条）、请帖、聘书、文凭、海报、启事、证明、电报、便函等；复杂应用文指篇幅较长，结构较繁、内容较多的应用文，如总结、条例、合同、提纲、读书笔记、会议纪要等。

（2）公务文书又称为公文，它是指国家法定的行政公务文书。1964年中华人民共和国国务院秘书厅发布了《国家行政机关公文处理试行办法（倡议稿）》，在第二章中把公务文书规定为九类11种，即命令、批示、批转、批复（答复）、通知、通报、报告、请示、布告（通告）。1981年国务院发布了《国家行政机关关于公文办理暂行办法》，其中又把公文分为九类15种，即命令（令、指令）、决定（决议）、指示、布告（公告、通告）、通知、通报、报告（请示）、批复、函。2000年国务院又发布了《国家机关公文处理办法》，把公文分成13种，即命令（令）、通告、批复、指示、决定、请示、意见、函、会议纪要等。

四、公　务　文　书

应用文写作包括私人文书与公务文书写作。这里专门谈谈公务文书写作。

（一）公文的含义

今天所谓的"公文"，简单来说就是用于处理公务的文书，可理解为"公务文书"的简

称。具体来说,公文就是各机关在公务活动中形成的具有特定效力和体式的文书。它是进行公务活动的重要工具。徐望之在《公牍通论》中说:"公文者,为意思表示于一定程式之文书也。凡以文字表示意思,不得称之公文;必以一定之程式,所制成之文书,始得谓之公文。"

我国国内现行的公文处理法规和规章有四部:一部是中共中央办公厅于 1996 年 5 月 3 日发布并施行的《中国共产党机关公文处理条例》(以下简称《条例》);一部是全国人大常委会办公厅于 2000 年 1 月 15 日发布、自 2001 年 1 月 1 日起施行的《人大机关公文处理办法》;一部是国务院于 2000 年 8 月 24 日发布、自 2001 年 1 月 1 日起施行的《国家行政机关公文处理办法》(以下简称《办法》);一部是中央军委主席令于 2005 年 10 月 2 日发布、自 2006 年 1 月 1 日起施行的《中国人民解放军机关公文处理条例》。同时,配套施行的还有《人大机关公文格式说明》、中华人民共和国国家标准《国家行政机关公文格式》(GB/T9704—1999,国家质量技术监督局 1999 年 12 月 27 日发布、2000 年 1 月 1 日实施,以下简称《格式》)、国家军用标准《军队机关公文格式》(由总装备部批准发布实施)。本书重点介绍党的机关和行政机关的公文。

(二)公文的分类

公文可分为通用公文和专用公文两大类。通用公文是各级各类机关都使用的公文;专用公文是某类机关(领域、系统)使用而其他机关(领域、系统)不使用的公文,如公检法机关使用法律公文、经济领域使用经济公文等。本书只介绍通用公文。

通用公文可从不同的角度对其进行分类。

(1)按规范程度,可分为法定公文、非法定公文。法定公文指我国国内现行的公文处理法规和规章所确定的公文。本书只介绍《条例》和《办法》所确定的部分公文。非法定公文指除法定公文之外的其他通用公文,如计划、总结、简报等。

(2)按收发角度,可分为收文、发文。收文指某个机关收到的公文。发文指某个机关发出的公文。

(3)按行文方向,可分为上行文、下行文、平行文。上行文指主送给上级机关的公文,如报告、请示等。下行文指主送给下级机关的公文,如命令(令)、指示、决议、决定、批复、通报等。平行文指主送给平级机关和不相隶属机关的公文,如函、议案等。

(4)按涉密与否,可分为涉密公文、普通公文。涉密公文指涉及党和国家秘密的公文,分绝密公文、机密公文、秘密公文三种。普通公文指不涉及党和国家秘密的公文。

(5)按办理时限,可分为急件、平件。急件指需要紧急办理的公文,分特急公文和加急(急件)公文两种。平件指正常办理的公文。

(6)按性质作用,可分为指挥性公文、法规性公文、报请性公文、知照性公文、记录性公文。指挥性公文,如命令(令)、指示、决议、决定、批复等。法规性公文,如条例、规定等。报请性公文,如报告、请示等。知照性公文,如通知、通报、通告、公告、公报、函等。记录性公文,如会议纪要等。

分类见表 3-2。

表 3-2　文书的分类

总类	分类总称			分类内容列举
文书	公务文书（广义）	公文（狭义）	通用公文	①党的公文（14 种）如决议、指示、公报、条例、规定等 ②行政公文（13 种）如命令、议案、公告、通告等
			专用公文	外交公文、军事公文、司法公文、经济公文、科技公文等
		事务文书		计划、总结、调查报告、简报、大事记等
	私人文书			日记、书信、自传、遗嘱、家谱等

（三）公文的格式

公文的文面由眉首、主体、版记三部分组成，其中包括 16 项要素，即公文份数序号、秘密等级和保密期限、紧急程度、发文机关标识、发文字号、签发人、公文标题、主送机关、正文、附件、发文机关印章、成文日期、附注、主题词、抄送机关、印发机关和印发日期。格式（眉首—主体—版记）如图 3-7 所示。

公文份数序号（000001）
秘密等级（绝密、机密、秘密）★**保密期限**（五年）（党文件标左上角，行政标右上角）
紧急程度（特急、急件、平件）（党文件标左上角，行政标右上角）

发文机关标识（机关、文件）（红；二号宋体）

发文字号（机关代字、年份、序号）　　　　　　　　　　　　　　　　　　　　　　　**签发人**

公文标题（发文机关、事由、文种）

主送机关

公文正文（事由、事项、尾语）
（正文 22 行；一行 28 字；三号仿宋）

附件（需要附加的材料）

发文机关印章

成文日期（领导签字时间，用汉字）

（**附注**：印发传达范围及使用注意事项）

主题词（3～5 个）

抄送机关（不出现领导姓名）

印发机关和印发日期（××单位　　××年×月×日　）

份数　　　　　　　　　　　　　　　　　　　　　　　　　　　　　　共印××份

图 3-7　公文格式

（四）公文的写作

下面用表格形式简单讲讲几种文体的区别。

1. 报告、请示

报告和请示的区别见表 3-2。

表 3-2　报告和请示的区别

文　种	使　命	行文时间	特　点	要　求
报告	汇报工作，反映情况，提出意见或建议，答复询问	事前、事中、事后可行文	陈述性 沟通性 综合性	一文一事，但可综合报告 可以主送几个机关
请示	向上级请求指示和批准	事前行文	陈请性 期复性 单一性	一文一事 只有一个主送机关，要求批复

2. 公告、公报、通告、通报、通知

公告、公报、通告、通报和通知的区别见表 3-3。

表 3-3　公告、公报、通告、通报和通知的区别

文种	公布范围	发文单位	使命、特点、作用等
公告	国内外广大读者听众	国家重要机关 地方权力机关 司法机关 （党机关不用）	① 向国内外宣布重要事项或法定事项 ② 通过新闻媒体传播 ③ 内容简明扼要
公报	国内外广大读者听众	党机关 团体 （行政机关不用）	① 公布重大事件和重要决定事项 ② 通过新闻媒体传播 ③ 内容详尽
通告	一定范围	职权机关 （党机关不用）	① 公布遵守、周知事项 ② 有一定约束力 ③ 公开传播、张贴 ④ 专业性强
通报	本系统内部	党政同用	① 表彰先进，批评错误，传达重要精神 ② 教育性强 ③ 叙议结合（说理性）
通知	上级向下级告知	各单位、机关、团体	① 适用批转、转发文件，发布规章，传达事项，任免干部 ② 使用范围最广，用途最大，使用最多

3. 其他公文

（1）决定：适用于对重要事项或重大行动做出安排，奖惩有关单位及人员，变更或者撤销下级机关不适当的决定事项。

（2）批复：适用于答复下级机关请示事项。

（3）函：适用于不相隶属机关之间相互商洽工作，询问和答复问题，请求批准和答复审批事项。

（4）笔录：是指在法律活动中以实录的性质记录下来的文字材料。可分为两种：

① 讯问笔录：指侦查人员或预查人员为了查清案情而对犯罪嫌疑人进行讯问和犯罪嫌疑人就案情所做的供述、辩解的文字记载。

② 询问笔录：是公安机关或检察机关在对犯罪的举报人、目击证人、受害人等询问案情时所做的文字记载。

（5）起诉书有两种：

① 由国家机关、企事业单位和公民为解决刑事、民事、行政纠纷而向法院递交的请求性法律文书，分为民事起诉书、刑事起诉书、行政起诉书。

② 由人民检察院经侦查或审查确认被告人的行为构成犯罪，依法应交付审判，而向人民法院提起公诉的文书，属司法文书。

（6）裁判文书：是指人民法院在刑事、民事、行政诉讼中，为解决刑事、民事、行政纠纷，按照法律规定依法制作的具有法律效力的司法文书，可分为判决书和裁定书。

（五）公文的处理

（1）发文：草拟—会签（会稿）—审核（核稿）—签发—编号—注发—复核—缮校—用印—登记—装封。

（2）收文：签收—登记—审核—传阅—拟办—批办—承办—催办。

（3）办毕：清理与清退，利用与保管，立卷与归档。

公文立卷方法有：①问题特征；②作者特征；③时间特征；④名称特征；⑤地区特征；⑥通讯者特征。

第五层级　生活作文教学

生活作文是以真实生活世界为写作对象，从关照学生真实生活、拓展学生作文内容入手，努力激发学生写作内驱力，提高学生书面语言运用能力，提升学生人格的一种作文理念、模式及教学策略。中小学教师作文教学一直追求"生活化"，所谓作文教学生活化，就是引导学生去观察生活、体验生活，客观地分析生活、探究生活，真实地再现生活、表现生活，赋作文教学以生活的气息、生命的灵性，以全面提升学生的思想认识和作文创新能力。生活作文教学致力于改善作文教学的现状，致力于充分发挥作文教学之于学生现实生活的作用。

一、传统作文教学的问题与反思

传统的作文教学，摆在学生面前的大多是命题或半命题的作文，其内容不仅枯燥、老化，更是严重脱离学生的生活世界。这样的教学在学生面前，不仅显得索然无味，更是无力无效。为什么写？写什么？怎么写？传统作文教学注重的是怎么写，也就是写作的技

巧,却忽视了较为重要的两点——写作的动机和素材来源。大部分的学生"谈文色变",因为他们并不知道写作与他们生活之间密切的关系:生活是作文的源泉;作文是生活的有机组成部分。作文教学与生活的严重脱节,使他们只知道,这是一项学习任务。常常看到这样一种现象:学生咬着笔杆,思索许久,却觉得没有什么可写。没有写作的素材,这无疑在一定程度上大大减弱了学生的写作欲望、写作兴趣。而在应试教育的制度下,学生不得不抛开自己排斥写作的心理,低头苦思、抓耳挠腮,"套话、空话、假话"便开始成为一种普遍的现象。于是,写作不再是认识世界、认识自我、进行创造性表述的过程,不再是心灵与心灵之间沟通的媒介,不再是精神得以寄托的港湾,写作成了一种乏味的、可憎的任务,没有温度,没有情感,没有生机,死水一潭,无波无浪亦无美。

面对很多学生毫无生气的写作,毫无创意的取材,很多教师都有很多感想,很多无奈。教师们想突破这个瓶颈,但正所谓积重难返,况且教师自己并不知道改变这种现状的有效方法,所以很多教师选择了对传统写作教学的适应,对应试教育的适应。关于作文素材的来源,教师只是一遍又一遍苦口婆心地告诉学生要善于观察生活,从生活中寻找大量素材,但是并没有循序渐进地引导学生寻找生活中的写作素材,学生面对这些"叮嘱"表现出来的态度是不解,是麻木。作文素材的寻找无疑成了教师作文指导的一个难题。

可以这么说,因为传统作文教学与生活的脱离,使学生不明白为什么要写作,不清楚什么是可以写的。写作的兴趣和创造力,在传统作文教学的摧残下,遍体鳞伤。

"新课改"犹如一阵春风,吹向了作文界,让沉睡的作文教学,在酣然大睡之后呈现出万物复苏、欣欣向荣的景象。

《全日制义务教育语文课程标准》对于作文教学的总目标明确指出:"能具体明确、文从字顺地表述自己的意思。能根据日常生活的需要,运用常见的表达方式写作。"阶段目标中提出:"观察周围世界,能不拘形式地写下自己的见闻、感受和想象,注意把自己觉得新奇有趣或印象最深、最受感动的内容写清楚。""养成留心观察周围事物的习惯,有意识地丰富自己的见闻,珍视个人的独特感受,积累习作素材。"教学建议中给出:"写作是运用语言文字进行表达和交流的重要方式,是认识世界、认识自我、创造性表述的过程。""写作教学应贴近学生实际,让学生易于动笔,乐于表达,应引导学生关注现实,热爱生活,积极向上,表达真情实感。""为学生的自主写作提供有利条件和广阔空间,减少对学生写作的束缚,鼓励自由表达和有创意的表达,提倡学生自主选题,少写命题作文,加强平时练笔指导。"①从这些文字中可以看出,新的作文教学要加强作文与生活之间的联系。

二、生活与作文的密切关系

生活与作文有着密不可分的关系,生活与作文结合是作文教学的重要方法,也是提高作文教学质量最重要的途径。观察生活,获得实感,是作文的先决条件。作文即是生活,生活即是作文。生活是作文的源泉,作文是生活的再现;作文会因生活而精彩,生活会因作文而美妙。

---

① 教育部.全日制义务教育语文课程标准[S].北京:北京师范大学出版社,2011.

1. 生活是作文的源泉

宋代著名诗人朱熹曾经说过这样一句话："问渠那得清如许,为有源头活水来。"(《观书有感》其一)源源不断的活水使得池塘变得清澈透亮,同理,丰富多彩的生活使得作文不断地焕发迷人的光彩。

古今中外,文人墨客通过细致地观察生活,透视生活,理解生活,从生活中取得大量的写作素材,从而创造出一篇篇脍炙人口的佳作。例如范成大的《四时田园杂兴》:"梅子金黄杏子肥,麦花雪白菜花稀,日长篱落无人过,惟有蜻蜓蛱蝶飞。"这首诗描写的是初夏时节江南农村所特有的一道风景线。这首诗里到处充满着生活的气息。诗人用他那双睿智的眼睛,在平凡的生活中寻找着这种美好。

老舍在谈《骆驼祥子》写作时说,《骆驼祥子》的创作素材是来源于老舍在青岛时,一个友人给他讲的关于车夫的两件事:一件是这个友人曾用过一个车夫,这个车夫自己努力攒钱去买了车,后来又把车卖掉,如此经历了三起三落,到末了却还是贫穷;另一件是有一个车夫,有一次被军队抓了去,一天他乘军队移动之际,偷偷牵回三匹骆驼。正是友人的故事,给了老舍源源不断的创作灵感,在灵感的鼓舞下,老舍先生写出了中国现代文学史上的一座丰碑。

如果说作文是一条小溪,那么生活就是这条小溪的最初之源;如果说作文是草原上的小草,那么生活就是这些小草的"家"——大地。作文来源于生活,生活给予作文丰富的养料,使其茁壮成长,开出美丽鲜艳、五彩斑斓的花朵,唱出最美妙、最动听的天籁之音。

2. 作文是生活的有机组成部分

"写作是为了自我表达和与人交流。"①《全日制义务教育语文课程标准》指出了写作的作用。是的,如果内心纯粹只是想写出美文佳句,只是想在考试场上得个高分,或者说只是为了写作而写作,这样的写作是毫无意义可言的。写作,是用来表达自己内心感受的,并把这种感受分享给大家。写作是我们生活的一个常态,一个有机组成部分。因为写作,我们的情感得以释放;因为写作,我们之间的沟通得以顺畅;因为写作,我们的生活得以充实、提升。

试看古今中外的很多文学作品,作者们通过对生活的细心观察、认真思考,艺术性地对生活原型进行加工、创造、表现,由此给文学史涂抹了重重绚丽的色彩。作品中的生活以及内含的思想都是作者想与读者进行交流沟通的。例如中国四大名著之一《红楼梦》。通过《红楼梦》,我们可以看出当时时代政治的黑暗。豪门家族互相勾结,为非作歹,导致民生艰苦。在这里,充满了作者厌恶、愤恨之情。最后这样一个大家庭"呼啦啦似大厦倾",也体现了作者"世事无常"的心态。当然还有很多作者想表现的,只要读者一遍一遍地进行细读,走进文中的生活,走进作者的思想,定能有所发现,有所感悟。

作文,应成为我们的一个习惯,融入生活的角角落落,让它与我们如影随形;作文,应是生活的有机组成部分,而不应是生活中可有可无的应试工具。

---

① 教育部.全日制义务教育语文课程标准[S].北京:北京师范大学出版社,2011.

三、生活作文的含义、类型与特点

（一）生活作文的含义

叶圣陶先生说："生活就如源泉，文章犹如溪水，源泉丰盈而不枯竭，溪水就自然活活泼泼地流个不停。"叶老的话阐释的就是作文与生活的关系——作文离不开生活。回归生活世界也是新课程的基本理念之一。《全日制义务教育语文课程标准》根据当代语文教学改革需要和未来语文教学的发展走向，就特别强调了语文课程生活化的新理念。"生活"一词在新课程标准中出现竟达 20 余次，其重视程度远远超过历次教学大纲。课程不再是孤立于生活世界的抽象存在，而是生活世界的有机构成；课程不是把学生与其生活割裂开来的屏障，而是使学生与其生活紧密联系起来的基本途径。因此，作文教学也势必要回归生活。

所谓的"生活作文"是一种以我们的真实生活世界作为写作的对象，以现实的生活需求作为作文能力的主要培养目标，把关照学生的生活世界，拓展作文的内容作为生活作文的切入点，要求充分关注学生个体之间的差异，努力激发学生写作的内部动力，提高学生运用语言的能力，与此同时，发展学生的思维，提升学生的人格的作文理念以及教学策略。

（二）生活作文的类型

生活作文按不同的标准划分有不同的类型，如物质生活、精神生活，现实生活、虚拟生活等。下面以学生常见的生活领域来划分。

1．家庭生活类

家庭生活是人类一出生就开始接触的生活，它对学生成长的作用、影响是非常巨大的。家庭的生活简单而又复杂，单调而又不乏美丽。如果引导学生细心观察家庭生活的角角落落，必能有所发现，有所感悟，有所成长。家庭里每天都在上演着大大小小的事件，很多事件貌似平淡无奇的，但细心挖掘，却能发现其中的许多美妙之处；很多事件，令人难以忘却，深入灵魂。这些事件都可以成为作文中有力的素材。

亲情是家庭生活的核心。父母之爱，是学生人生中一笔最大的财富。观察家庭中的亲人，感受他们那浓浓的爱意，抒发自己最真挚的感情，这样的作文必洋溢着人间之情。可以这么说，每个家庭都是一个唯一体，都是独特的。家庭生活类的生活作文通过学生对自己家庭生活的观察、思考、感受，书写自己与众不同的生活，带有个性的感悟以及最真挚的情感。

2．学校生活类

除了家庭生活，学校生活是学生的第二个主要生活领域。学生在学校里学习、玩耍，参加各种活动。虽然在学校生活中学习生活占了非常大的比重，但是也缺少不了那些丰富多彩的活动，学生之间的游戏。学生参加这些活动、游戏，其乐融融。如果这些活动成了学生的作文素材，那么学生是必定很愿意写的。再而，在师生交往以及生生交往中，必然会发生很多的故事，在这些故事里，有欢笑，有泪水，有误解，有坦然，有摩擦，有团结，这一切的一切,在回味的过程中,成了师生们一个又一个美好的回忆。将这些美好的回忆,融于笔端,又会成为一篇又一篇的佳文。学校是学生成长的地方,学校生活类的生活作文通过学生对学校生活的参与,与教师、同学的交往,书写自己在这成长过程中的酸甜苦辣,书写自己的快乐,书写自己的忧伤,书写自己的成功,书写自己的失败,书写珍贵的友谊,书写难忘的感激,等等。

3. 社会生活类

《全日制义务教育语文课程标准》指出:"学校还应当争取社会各方面的支持,与社区建立稳定的联系,给学生创设语文实践的环境,开展多种形式的语文学习活动。"①由此可见,语文教学十分注重与社会的联结。在现实中,各种各样的媒体不断涌入学生的日常生活之中,教师可以引导学生通过电视、网络、广播等了解社会生活中发生的事。对于一些有意义有价值的事件,教师鼓励学生通过思考,说出自己的见解,这些见解都是很好的作文材料。这是学生间接地接触社会,当然,还可以适当让学生通过参加社会实践活动来体验社会生活。学生通过一次又一次的活动,在参与中观察社会生活的多姿多彩,这无形之间,也就在一定程度上充实了学生的作文素材。社会生活类的生活作文,将学生的视线引向广阔的大社会中,通过了解社会,参与社会,提升全社会的认知度,提升学生对生活的思考。

4. 观光生活类

大自然,充满着神秘的色彩。看,那里有连绵不断的山峦,有此起彼伏的大沙漠,有无边无际的蓝色海洋……有娇艳欲滴的花丛,有潺潺而流的小溪,有翩翩起舞的蝴蝶群……大自然是学生写作的一个宝贵素材库。学生喜欢大自然,很愿意时时能够与大自然亲近。因为它不仅能带来视觉上的愉悦,更能带来精神上的享受。观光生活类的生活作文,注重让学生亲身感受大自然,并在感受的过程中加以观察、思考和感悟。

5. 阅读生活类

一个人的生活范围是有限的,所经历的事也是有限的,如何扩大自己的视野,填充自己的生命经验呢?阅读文本,成了一个最佳的选择,它为学生打开了通向世界各个角落的窗户。有一句话说:"书中自有黄金屋,书中自有颜如玉,书中自有千钟粟。"当然,这句话说得有点夸张,但是从一个侧面可以看出,书中汇聚了文化的精髓,那里有成千上万个作者,抒写着自己的经历,自己的认识,自己的情感……通过阅读,我们可以间接地感受到他们的生活,从而给我们自己的生活加上一点经验。阅读生活类的生活作文,强调让学生通过阅读,感受作者所描绘的种种,从而得到间接经验,再而对这些间接经验进行细细揣摩,细细思考,写出自己的感悟。

(三) 生活作文的特点

1. 人文性

人文性就是指生活作文注重培养学生的人文素养和人文精神。文化教育、文学教育、

---

① 教育部.全日制义务教育语文课程标准[S].北京:北京师范大学出版社,2011.

个性教育和人格教育，这些始终贯穿于整个生活作文教学过程之中。《全日制义务教育语文课程标准》中的总目标明确指出："……培养爱国主义感情、社会主义思想道德和健康的审美情趣，发展个性，培养合作精神，逐步形成积极的人生态度和正确的价值观。"①这是对语文人文精神集中而又深刻的阐述。当然，生活作文若离了人文性这个关键的灵魂，那么，作文便只是一个工具，缺少了一种内在的活力。注重学生人文性的熏陶和培养，这是语文教育的精神内涵，同样也是生活作文的精神内涵。生活作文着眼于培养学生的人文素养和人文精神，从而更好地促进学生的发展。当然，强调突出作文的人文性，并不是否定作文的工具性，两者应该互相渗透，互相促进，融为一体。

2. 主体性

学生是学习的主人，是写作的主人。在生活作文教学中，学生的主体地位得到了充分的尊重和肯定。教师引导、鼓励学生，使他们乐于观察，乐于思考，乐于表达，乐于创造，"要求他们说真话、实话、心里话，不说假话、空话、套话"，这有利于学生写作主体性的生成和发挥，由此，学生对于写作的态度始终是积极主动的。学生有主动进行创作的激情与行动，并且能够在写作中主动地、积极地表现自己，倾诉自己的真情实感，从而适应自身主动发展的需要。在整个生活教学过程之中，师生之间的关系都处于融洽、民主的氛围之中。

3. 时代性

时代在日新月异地变化着，生活也在无声无息地变化着。自然而然，时代的特征在生活中留下了无数的印记，对于生活作文也是如此，时代性强是生活作文的一大特征。"善于利用信息技术与网络的优势，丰富写作形式，激发写作兴趣，增加学生创造性表达、展示交流与互相评改的机会。"这是《全日制义务教育语文课程标准》中对作文现代化技术运用的要求。生活作文充分运用网络科技技术，突出作文的时代性，激发学生的写作兴趣，培养学生良好的现代化写作素养。

4. 实用性

"能具体明确、文从字顺地表述自己的意思。能根据日常生活需要，运用常见的表达方式写作。"①从《全日制义务教育语文课程标准》中可以看出，作文是为学生的生活所服务的。生活作文的培养目标主要是以现实生活的需要作为作文能力，让学生观察生活，思考生活，提高语言的运用能力，发展思维能力，提升人格。可以这么说，生活作文是为学生的生活而服务的，有着不可代替的实用性。

5. 开放性

生活是五彩斑斓的，每个人拥有的生活亦是绚烂纷呈。生活作文需要指导、鼓励学生自由、有创意地表达，真正做到"吾手写吾心"这样一种开放的状态。美国教育家科勒斯涅克有句这样的名言："语文学习的外延与生活的外延相等。"现在，我们也可以说，写作的外延与生活的外延相等。

---

① 教育部.全日制义务教育语文课程标准[S].北京：北京师范大学出版社，2011.

四、生活作文的写作策略

（一）关注生活

作文的素材来源于哪里？来源于对生活的关注。生活是作文的源泉,若不关注生活这股源泉,作文是得不到这源泉的滋润的。

从古至今,文人墨客对生活的关注是有目共睹的。例如忧国忧民的杜甫,他若缺乏对朝廷政治、社会现实的关注,整日在家吟诗诵读,何以写出"朱门酒肉臭,路有冻死骨"这一千古名句。又如革命现实主义小说巨匠茅盾的《农村三部曲》,它反映的是农村破产、凋敝以及"丰收成灾"的严重社会现象,这是当时真实社会存在的问题,若不加以关注,文学史上将少了这么一部巨作。再如俄国杰出的现实主义作家列夫·托尔斯泰的《复活》,它一方面描写了地主、资产阶级的寄生、腐朽以及罪恶,另一方面描写了在死亡边缘上苦命挣扎的劳动人民,同时也描绘了在监狱里举行的替沙皇反动政府罪恶勾当作辩护的宗教仪式。试问若作者不对这些现实问题进行关注,何以会写出这部作品呢？

写生活作文,首先应该懂得关注生活,在关注中积累自己习作的素材,在关注中认识这个大千世界,在关注中提高习作的动力。

（二）观察生活

当然,仅仅关注生活,还远远不够,那只是最浅层次的,就好比走马观花,可以不进行细致的观察。要真正写出优秀的文章,一定要做到观察生活。

大千世界,每件事物,都是与众不同的,若不仔细观察,很难写出较为真实的全貌,只能写出粗线条的概貌,缺乏生动感。就如描写同一棵树同一根枝蔓上的两片树叶。我们关注到的两片树叶是一样的:它们是长在树上的,它们是绿色的,它们都有细细的叶脉……然而,若能静下心仔细地观察一番,那看到的可就完全不一样了。也许它们的样子不一样,也许它们的颜色有深浅之分,也许它们的经脉图样不同,等等。对于生活中的人、事,也一样,也许一件很普通的事,一个很普通的人,在你的关注观察之下,你会对它有一个全方位的认识,这个认识是你从前未曾有过的。

观察生活可以说是写生活作文的重点,不懂得观察,是写不出充满情、真、意的优秀作文的。

（三）体验生活

关注生活、观察生活,这两者是学生对于外界的反应,然而要让这些外物融入自己的情感世界,体验生活这一环节是必不可少的。体验生活可分为两种,分别是直接体验和间接体验。

所谓直接体验,就是让学生亲自参与生活,如让学生参加家务劳动。古诗《悯农》说的好:"锄禾日当午,汗滴禾下土。谁知盘中餐,粒粒皆辛苦。"现在的孩子多半生活在饭来张口,衣来伸手的环境下,这种安逸的生活让他们对劳动的认识十分浅陋,他们怎么会知道"盘中餐"所蕴含的辛苦,若不亲身加以体验,恐怕很难体会到劳动的艰辛。而这些艰辛都

不是仅靠关注和观察所能真正体会到的。所以，适当地进行直接生活体验，对于生活作文是非常必要的。

所谓的间接体验，就是让学生通过别人的体验来扩大自己的生活体验圈。一个人的生活圈毕竟是有限的，很多事情是我们没有机会经历的，很多风景是我们没有机会去欣赏的，很多生活方式是我们没有机会去体验的……然而，这一切虽没有机会去直接体会，但是并不表示这些生活不能成为你的生活体验。丰富自己的间接生活体验有很多种方法，如跟别人讨论，通过电视、网络了解，尤其是大量的阅读。

体验直接的生活以及间接的生活，让生活真正走进学生的心灵，这是生活作文所追求的。

（四）思考生活

"学而不思则罔，思而不学则殆。"从孔子的这一句简单话语中，就可以看出学与思两者之间密不可分的关系了。同理，若对生活只是进行关注、观察、体验，而不进行自己的思考，那么写作就将只是个空盒子，毫无实质可言。作文不是对生活的简单记录，而是对生活进行一定的理解、探究。当然，这理解、探究可以不深入，可以简单到对生活的单纯考量，但是一定要有自己的思考。

（五）记录生活

关注、观察、体验、思考生活的过程是为了作文做好丰厚的素材准备，记录生活是对这些素材的整理、记录。对素材的整理、记录，这件事看一起来很简单，但是若能持之以恒地记录生活，那么作文的素材问题将得到解决。"好记性不如烂笔头"，记性再好的人，也不能把全部观察到的生活现象以及感悟记住。既然这样，倒不如老老实实地记录着点点滴滴，为写作做好充分的准备。

（六）表现生活

运用已经获取的素材进行有创意的加工，以此来表现、表达生活，使其原汁原味的同时，又有自己独到的理解与思考。这里，学生可以自由表达，拥有有力的支持条件，宽松的空间、时间、精神范围，真正实现"吾手写吾心"，有创意地表现生活在自己内心的一个世界。

五、生活作文的教学

（一）生活作文教学的要求

1. 作文与生活合一

生活是写作的源泉。生活中的人与事、情与景都可以成为良好的素材来源。例如，家庭中发生的一件事、你的一次旅游、你的好朋友、你的一件新衣服等，这些都可以是作文的素材来源。同时，作文是生活的表达，作文就是生活。生活需要表达，而作文是一个最适合的有效途径。当你的生活充满欢乐时，你可以透过作文描述你的欢乐；当你的生活充满悲伤时,你可以透过作文倾诉你的悲伤;当你的生活充满惬意时,你可以透过作文绘画你的惬意……让作文成为生活的表达,成为生活的一个必要的有机组成部分,是十分有必要的,因为这,会让你打心底里喜欢上作文。

2. 作文与做人一体

作文能力是语文素养重要的一个组成部分。提高学生的写作能力,无形间也在促进学生的整体发展。通过写作,可以开阔学生的视野,激发学生的思维,提高思想上的认识,发展语言、交际能力,总之,可以促进学生德、智、体、美等方面的全面发展。

3. 作文"学以致用"

为什么要写作?很多学生都不知道原因,他们只知道写作是为了应付那可恶的考试,写作对于他们而言,就是那一分一分冰冷的分数,毫无温度可言。可写作真的是为了那些分数吗?不是!是为了我们美好的生活啊!"学以致用"很好地阐述了我们之所以作文的原因。我们学习写作,就是为了把它运用到我们的生活中,让它为我们的生活服务。

4. 倡导作文教学生活化

传统的作文教学与学生的生活完全处于脱离状态,无论作文命题还是教学方法、教学策略的选择,都是以教师为主,以课堂为主,却忽视了学生这个写作主体,忽视他们的生活经验,忽视他们的个人情感,忽视他们的主动意愿,结果作文的教学走入了一个死胡同,不仅效率低下,更让很多学生因此讨厌写作。倡导作文教学的生活化,有利于唤醒学生的生活经验,有利于唤醒学生的思考情感,有利于唤醒作文教学的魅力!

(二)生活作文教学的过程

1. 确定生活化的题目

在传统的作文教学中,教师常常根据自己的想法给出一个作文题目或是一个作文素材,然后向学生提出一些有关作文的要求以及注意事项,进而指导学生如何写作。学生面对那一个个陌生的题目,根本不知道写什么,只是跟着教师的思路呆板地往下走。"我贴在地面步行,不在云端跳舞。"陈钟梁先生曾经引用哲学家维特根斯坦的这句名言,来批评传统作文教学命题上存在的这个问题——在云端上跳舞,远离学生的真实生活。作文命题脱离学生的生活经验,因此出现学生"无事可说,无事可写,无情可抒"的状况。长此以往,学生谈"文"色变,对写作充满了恐惧的心态,同时对生活的敏感程度以及积极的思维和创造能力都在无声之中减弱、消退。因此,生活作文教学过程中,应让作文的题目贴近学生的生活。

(1)作文课上的作文命题应考虑到学生的生活经验,贴近学生的生活实际。教师对学生写作能力进行系统培养的主要途径是作文课。为了达成作文课上的教学目标,也为了避免学生总是偏向于某一方面写作的弊端,教师可以对作文题目适当地做范围的限制。但是这个限制里面,不能脱离学生的生活实际。例如,让学生写某一个人、某一个物体、某一次活动、某一堂课……学生在限定的范围内,有自己的生活经验参与,并享受写作的乐趣。当然,有时候教师为了训练学生的某种作文能力,可以采用全命题、半命题或者话题作文的训练,但是这些命题都应该从学生的生活实际出发。写作首先需要做到的是让学

生有话可讲，有物可状，有事可写，有情可抒。如果要培养学生的想象能力，可以拟题为《假如我能____》；如果要培养学生的感悟能力，可以拟"生活带给我的感悟"这样的话题，或是《感受____》；如果要训练学生的观察能力，可以拟题为《我眼中的____》等。这样的训练，既考虑到了学生的生活经验，也让学生的作文能力（即审题、立意、选材、构思、表达、修改等能力）得到了很好的训练。

（2）日常作文训练的命题应由学生自己做主，提倡自由表达。我们都知道，作文课的训练是一个集中、系统的训练，但是学生作文能力的提升是一个细水长流的过程，日常生活中大量的作文训练是必不可少的。在日常的作文训练中，教师完全可以把命题权交给学生自己。每一个学生都有自己与众不同的生活，教师应鼓励学生结合自己的生活实际进行拟题，鼓励学生大胆写作，还学生思维的自由。当然，在还学生命题自由的同时，也让他们懂得了观察生活的角角落落，长此以往，能使学生形成良好的观察习惯，并在一定程度上训练了他们的思维能力。杭州经济开发区文海实验小学的顾三川老师，在实践中是这样做的："学期开学时，顾老师会让学生自拟题目，写一篇作文，和老师和同学们交流交流假期中的生活和感受。因为寒暑假中，学生都会经历一些事情，或者令他们感动，或者令他们快乐，或者令他们伤心……"[①]写写暑假中的生活与感受，学生能在其中轻松地找到自己想写的内容，而这内容又是学生非常乐于与大家分享的。同时，这也能养成学生主动观察寒暑假生活，积极进行思考感悟的习惯。日常的作文训练，让学生根据自己独特的生活体验拟题，让学生写自己的话、事、情、理，让学生喜欢上作文。同时，训练学生对生活进行多角度的观察，进而多侧面地反映生活，表达自己独到的真实情感。

2. 指导学生观察生活，抒写生活

（1）引导学生关注生活，强化注视生活的意识。生活是丰富多彩的，可是很多学生却咬着笔杆子，在生活之外痛苦地挣扎着。究其原因，最重要的一点恐怕是缺少对生活的关注。由于学生长期受到传统作文"重写法，轻内容""重结果、轻过程""重训练、轻态度"等弊端的影响，失去了对点点滴滴生活的敏感度。大话、空话、假话充斥于学生作文的角角落落。他们歌颂祖国大好河山、英雄模范人物、伟大父爱母爱……然而，在这种看似强烈的情感背后却只是一片苍白。学生遵从传统作文教学的潜规则，毫无感情地抒发着自己的"大情感"，学生的主体性被置于角落。

武汉市名师董耀红老师在她的作文教学中注重让学生抓住生活中的言语交际机会进行说、写训练。例如，"泛滥的洪水，冲垮了堤岸，淹没了村庄，人民的生命、财产遭受到巨大的损失。党和国家领导人亲临抗洪前线，指挥抢险救灾；英勇的解放军战士日日夜夜与洪水搏斗。我们及时召开'为灾区人民献爱心'，的捐衣捐物活动，同学们挥笔写下《洪水无情人有情》。"[②]在这样的教学中，学生充分关注社会生活，并挥笔写下自己对生活的感悟，真正达到事、情、悟的交融。同时，也加强了学生关注社会的意识。

作文教学中教师应该注重引导学生关注现实的生活，鼓励学生自由表达在生活中的所闻所见、所思所想、所感所悟。教师可以引导学生关注学校里五彩缤纷的生活，如同学

---

① 顾之川. 论新课程背景下小学生活作文教学[J]. 文学教育(下)，2007(10)：116-117.
② 余文森，林高明，郑华枫. 可以这样教作文[M]. 上海：华东师范大学，2009.

之间的感动、矛盾、误会等；也可以引导学生关注充满温馨的家庭生活，如爸爸妈妈无私的爱，爷爷奶奶、外公外婆点点滴滴的疼爱等；还可以引导学生关注社会生活中发生的一些影响较深的事件，如汶川地震、济贫救弱等。关注生活，并强化关注生活的意识。生活是作文的海洋，作文需要生活的滋润，学生的写作离不开生活这片海洋，也唯有在这片海洋中进行写作，学生才会写出自己的感情，彰显自己的个性，真正达到内容与思想、情感、态度的和谐统一。

（2）鼓励学生体验生活，训练观察生活的能力。现在的很多学生，由于家长的溺爱，过着衣来伸手、饭来张口的生活。养尊处优的他们，根本不知道"谁知盘中餐，粒粒皆辛苦"，也根本无法感知劳动带来的快乐。他们表现的是对生活的麻木。有一句话说得好，这世界并不缺乏美的事物，只是缺乏发现美的眼睛（罗丹语）。而学生缺的是对真实生活的体验，于是他们也无法从微小、本质处观察到生活的全貌。学生常常在自己的作文中瞎编乱造，写些无关痛痒的文字，里面的体会和感受显得"大众化"，缺乏学生个性的思考、创新。

"深入生活好比挖井，虽然直径不大，可是能够穿透许多层土壤。在一个岗位上坚持工作的好处就是在一个地方深钻下去，就像打井，一直到发现了水源。这些源源不断的水使我们终生享受不尽。"[①]这是我国现代著名作家老舍先生在《青年作家应有的修养》一文中指出的，这两句话同样适用于写作。写作的素材来源于生活，是对生活的一个反映。但是这个反映若只是停留在表层，那么恐怕只是泛泛而谈了，所以，写作需要深入。深入的唯一方法就是体验、观察。一旦钻入生活的实质，那么学生的情感、感悟就找到了源泉，并长流不息，写作就成了学生乐于去表达的事。

因此，教师在指导学生作文的过程中，应鼓励学生切切实实地去体验生活，而不是就着一个大套子，人云亦云。在引导学生体验生活的同时，应让学生学会观察生活。在体验与观察中，学生必能看到生活的实质，触发真实的情感，积极思考，有所感悟。

（3）启发学生感悟生活，培养思考生活的能力。生活带给我们的智慧是无穷无尽的，但是，若我们没有用心去感悟，那么生活就像是一杯白开水，淡而无味。例如，很多学生写母爱，常常会写自己生病了，母亲如何艰难地送自己去医院，如何细心地照顾自己。难道母爱只是表现在我们的特殊生病时期吗？母爱无处不在，只是学生很难从一个细微处感受到母爱。再而，今天的孩子，大多数被亲人的爱所包围，在他们眼里，亲人们给予的爱是理所当然的。于是，在他们的习以为常中，亲情显得多么的微小。学生缺少对生活的感悟能力，看生活总是存在于表面，总是显得无动于衷、麻木不仁。王崧舟老师的作文课"亲情测试"通过一次虚拟亲情的丧失，唤醒了学生沉睡多时的亲情意识乃至于整个生命意识。王老师在短短的一堂课中，注重让学生感悟生活中的亲情，并让学生积极思考生活中的亲情。

著名作家史铁生曾经说过这样一番话："写作肯定不是为了重现记忆中的往事，而是为了发现生命根本的处境，发现生命的种种状态，发现历史所不曾显现的奇异或者神秘的关联。从而，去看一个亘古不变的题目：我们心灵的前途和我们生命的价值，终归是生命？"学生的写作未尝不是如此？让学生关注生活、体验生活、观察生活的同时，更少不了

---

① 老舍.老舍的话剧[M].北京：文化艺术出版社，1982：195.

对生活的思考、感悟，这是作文的灵魂！

3. 让评改成为学生学习生活的一部分

很多语文教师视作文修改为一件苦差事，此言的确不差。瞧，教师在办公室里精批细改，圈出错别字，画出病句，调整语序……最后还要写上几句评语，给出一个等级。教师花大量的时间、大量的精力在作文修改上，劳心劳体不说，成效却不多。学生面对教师的批改，在看完作文的等级后，就随手一扔，对于他们而言，他们最在意的还是分数。教师面对这样一种现状，是有苦说不出。

"我当过老师，改过学生的作文本不计其数，得到一个深切的体会：徒劳无功。我先后结识的国文教师不在少数，这些教师都改过不计其数的作文本，他们得到的体会跟我相同，都认为改作文是一种徒劳无功的工作。"[1]这是叶圣陶老先生对作文批改的一个真实感受，也是大多数教师的心声。如何改变这种现状？《语文课程标准》指出："应注意将教师的评价、学生的自我评价及学生之间的相互评价相互结合，加强学生的自我评价和相互评价，促进学生主动学习，自我反思。评价要理解和尊重学生的自我评价与相互评价。要尊重学生个性差异，有利于每个学生的健康发展。"这种全新的评价观念，指出作文教学评改应注重评价主体的多元与互动，让评改活动贴近学生的生活，让评改作文成为学生生活的一部分。

（1）自我修改。叶圣陶先生曾经说过这样一句话："改的优先权应属于作者本人。"所以作文的修改要注重学生的自我修改，培养学生作文修改的能力。曾经有人向叶圣陶先生请教如何修改作文，他说："再念，再念，再念。"念的确是修改作文的有用之法。在学生完成作文后，教师应引导学生多次读自己的文章。在一次次的读中修改错别字，修改不通顺的语句，修改标点使用不当等毛病，同时也在一次次的读中整体把握自己的文章有没有恰当地表达主题，有没有条理清楚、详略得当。学生的一次次自我修改，也是学生的一次次自我反思过程，这过程有效地提高了学生整体的写作能力。

（2）同桌互评。每个人的语言习惯和思维方式都是不同的，学生在修改自己的作文时，由于语言、思维定式，很难发现文章所存在的一些问题，采取同桌互评这个方式能较为有效地解决这个问题。在教学实践中，教师在学生互评前，提出评改的要求，如规定修改范围、修改符号和修改标准。当然，教师也可以让学生给同桌写评语。这样，既能提高学生作文的质量，促进学生评改的能力，也能让学生从别人的作文中取长补短，提高作文能力。

（3）集体评议。对于同一个题材或是同一个题目的作文，教师可以安排小组或是全班进行交流，并选择优秀的文章进行宣读。在集体的交流中，迸发智慧的火花，让每个学生从别人处得到一定的启发，并吸取优秀文章的精华。

（4）教师修改。学生自改、互改之后，教师对学生作文的指导作用就要发挥出来了，这是写作必不可少的。教师应该选取层次不同的作文进行一定的讲解。在这讲解中，既要重点强调共性存在的问题，也要关注个别学生的作文，有必要时可以采取面批这个形式

---

① 智仁勇，贡泽培.叶圣陶语文教育言论摘编[G].天津：天津古籍出版社，1994：182.

帮助学生修改作文。除注重作文质量外,教师还应注重培养学生的自信心、兴趣以及积极性,给予学生一定的鼓励、表扬和肯定。

总而言之,作文评改的方式有很多,教师要善于运用多种方式,同时创造宽松、民主的评改氛围,激发学生评改作文的兴趣。在评改过程中,让学生吸收别人的优点和长处,让学生逐渐提高作文的能力,同时,让评改成为学生学习生活的一部分。

（三）生活作文教学的意义

生活作文教学的意义如下:

（1）"生活作文"教学是改变传统教学单一模式的一种积极尝试。传统的作文教学模式单一,重写作理论、写作技巧、机械训练等,这些都让学生对写作充满恐惧,学生不知道有什么可以写,对此学生感到束手无策,苦不堪言。对教师而言,亦是如此。面对很多学生写作上存在的困难,很多教师很想改变这个现状,却又无可奈何。"生活作文"教学犹如作文教学的一阵春风,它试图改变作文教学死气沉沉的难堪局面,努力唤醒作文教学的真正魅力,它不失为改变传统作文教学单一模式的一种积极尝试。

（2）"生活作文"教学是对新课程改革理念的实践和探索。"生活作文"教学提倡让学生关注、观察、体会、思考、感悟生活中的点点滴滴,并以生活作为文章素材的来源,让学生的作文与生活紧密结合。新课程的基本理念之一为回归生活世界,这与"生活作文"教学的理念相符合的,所以说,"生活作文"教学也是对新课程改革理念的一种实践和探索。

（3）"生活作文"教学丰富了作文素材的来源。生活是五彩缤纷的,而在这五彩缤纷的世界里,到处都可以成为学生写作的素材来源。"生活作文"教学引导学生关注生活,通过体验、观察、思考,从生活中挖掘作文的素材,如有家庭生活类的素材、学校生活类的素材、社会生活类的素材、观光生活类的素材、阅读生活类的素材。"生活作文"教学真正意义上丰富了学生作文素材的来源。

（4）"生活作文"教学将激发学生写作的欲望,提高学生写作的能力。生活作文提倡让学生认识并真切地感受作文为生活的有机组成部分,让学生易于写作,并乐于写作。"生活作文"教学充分激发了学生内在的写作动机,并让学生在积极自主的写作中,全面提高写作能力。

第六层级   生命作文教学

21世纪科学技术的飞速发展,为社会带来了惊异的成绩和进步。社会的发展拓宽了人类的生活空间,改善了人类的生活质量,为人类的发展提供了更多的机会和条件。但是人们在追求物质生活的同时,也逐渐成为其附庸,丧失了自己的精神空间,结果人们也许会"丧失而不是获得对人类生命的控制和生活意义的把握",也许会"丧失支撑其生命活动的价值资源和意义归宿,从而也陷入了深刻的精神迷茫和意义危机,人无法领略生命的价值和生活的意义……"[①]现在,很多人都有这种生命无意义的情况,就连还没有长成的学

①　文雪.生命教育论[J].山东教育科研,2002(9):13-14.

生,也会因为缺失生命的朝气而让人感觉到沉闷。面对这种情况,教育就要发挥它的作用,展现它的教育关怀。

由于教育的对象是活生生的人,所以教育的关怀其实就是对学生生命的关怀,因而教育从某种程度来说,也就是"生命教育"。近几年,人们对"生命教育"的研究越来越多,深受争议的语文学科也从此受到启发,开始专注"生命语文"的研究与发展。而今,我们从语文学科的"听、说、读、写"的"写"出发,提出"生命作文"的概念,来关注学生生命的价值与发展。

一、传统作文教学的问题与反思

作文,是语文教育课程改革中一个备受关注的部分,它既是语文基础知识应用的主要方式,又是语文素养形成与展现的重要手段;既"是运用语言文字进行表达和交流的重要方式",又"是认识世界、认识自我、进行创造性表述的过程",更是生命的沟通与交流。在这里,我们把"作文"赋予了两个词性,一个是名词即文章,是写作的最终成品;另外一个是动词即写作,是写出文章的整个过程。

《全日制义务教育语文课程标准》中写道:"九年义务教育阶段的语文课程,必须面向全体学生,使学生获得基本的语文素养",而"写作能力是语文素养的综合体现"。[①]由此可见,作文在语文教学中的重要地位。但是近年来,人们对作文的不满呼声日益高涨,作文教学面临困境。那么,目前作文教学的现状到底如何?我们开展了问卷调查,以获取一些学生作文现状的实际情况。

1. 写作动机的无生命性

长期以来,考试一直都是学生为之努力的目标,"考,考,考,老师的法宝;分,分,分,学生的命根。"考试指挥着教师前进的方向,分数更是让学生无条件膜拜,学生学习的动机非常功利,那就是为了考试分数。这种动机在学生的作文写作方面也表现得很明显,所以,学生的写作动机是不纯正的,是功利的,是无"生命性"的。由于学生写作的动机并非出自内心的喜爱,所以很多学生对于作文并没有兴趣,只是被动地学习,被动地写作,那这些学生的作文也不会得到真正的提高。端正学生的写作动机应被放在作文教学工作的首位。

2. 写作主体的无生命性

应试教育控制下的学校,有一个非常显著的特征就是课程(或课时)多。学生每天都要上很多门课来应付考试,好像学生上的课程(或课时)越多,考试就越有把握一样。至于学生上的课程(或课时)的数量和成绩之间是否成正比例关系,我们且不去考察,但是,有一点我们敢肯定,就是学生会产生学习疲倦感,甚至会产生厌学情绪。每日沉重的课业压力,使得学生这一花季年龄的群体个个毫无生机,没有生命力。学生的毫无生机反映在作文上,就是写作主体的无"生命性"。没有生命力的写作主体,自然写不出充满生机、个性鲜明、构思创新的"生命作文"。

---

① 教育部.全日制义务教育语文课程标准(实验稿)[S].北京:北京师范大学出版社,2011.

3. 写作模式的无生命性

明朝出现的八股文,作为当时一种新的考试文体,在取士纳贤上确实有过积极的作用,但是,其消极作用也是不可忽视的,它使得人们读死书,死读书,毫无自己的思想,谨遵古书圣贤言;使得人们墨守成规,局限于固定模式,毫无创新思想,着实残害了不少忠实于八股文的读书人。直到清末民初挣脱了八股文的桎梏,我们才迎来了写作的春天。虽然从八股文废除至今已经有百余年了,但是,写作的老问题仍然存在,"新八股"取代了"旧八股",并继续用同一化和标准化的模式约束着学生。学生按照教师给的或是从作文资料上看到的作文模板,来生成自己的"万能模板",以不变应万变。学生作文的写作模式是死板的、唯一的,没有变化、没有差异,是无"生命性"的。

4. 写作教学的无生命性

阅读教学长期以来占据了语文教学的大半壁江山,教师只知道要在课堂上好好为学生讲解课文,却不知作文也要教学。传统的教师给学生一个题目就要学生写作文的所谓"作文课"并不少见,或者作文课有时干脆被占用、取消,作文放任课外,写作教学长期以来不受重视。既然不受重视,那教师对于写作教学的方法也不讲究推陈出新,而是钟爱"讲授式"的传统写作教学方法,无自己的思想、情感、个性,作文教学无"生命性"。并且教师还一味强调写作内容要与"政治思想"挂钩,好像只有这样做才是真正的社会主义的作文。由此可见,传统写作教学的目的、原则、模式、策略都有很大问题,需要改革。

鉴于以上作文教学中出现的问题,作文教学应当进行改革。《全日制义务教育语文课程标准》和《普通高中语文课程标准(实验)》中都有对于写作的新的理解和阐释,对于我们研究"生命作文"有很大的帮助。

《全日制义务教育语文课程标准》在谈到写作这一部分时,要求学生在写作时"要感情真挚,力求表达自己对自然、社会、人生的独特感受和真切体验"。这种"真"的感情是学生生命最真实的表现,是生命的本真。同时,它还强调学生要"多角度地观察生活,发现生活的丰富多彩,捕捉事物的特征,力求有创意地表达"。其中提到的"生活""特征""创意",就是我们"生命作文"的三个关键词,让学生回归自然、回归生活,发现世界万物的独特,开启自己尘封已久的想象,用富有创造力的语言写下具有生命气息的文字。对于教师,此标准同样提出要求,认为教师要"为学生的自主写作提供有利条件和广阔空间,减少对学生写作的束缚,鼓励自由表达和有创意的表达。提倡学生自主拟题,少写命题作文"。[①]教师给予学生的这种写作自由同样是我们"生命作文"所追求的。

《普通高中语文课程标准(实验)》对作文教学是这样阐释的:"在写作教学中,教师应鼓励学生积极参与生活,体验人生,关注社会热点,激发写作欲望。引导学生表达真情实感,不说假话、空话、套话,避免为文造情。"这与《全日制义务教育语文课程标准》中所提到的内容大同小异,于此可见,写出生活的、真实的、有个性的、创新的作文成为中小学作文改革的目标。其同时还提出:"指导学生根据写作需要搜集素材,可以采用走访、考察、问卷等方式进行社会调查,通过图书、报刊、文件、网络、音像等途径获得有用信息。应鼓励

---

① 教育部.全日制义务教育语文课程标准[S].北京:北京师范大学出版社,2011.

学生将自己或同学的文章加以整理,按照要求进行加工,汇编成册,回顾和交流学习成果。采用现代信息技术演示自己的文稿,学习用计算机进行文稿编辑、版面设计,用电子邮件进行交流……"①这种写作资料搜集、写作成果展示的多样化、信息化、科技化是时代对作文改革的要求,是具有时代性、先进性的,为我们"生命作文"的写作指出了方向。

二、生命作文的含义、类型与特点

(一)生命作文的含义

医学上认为生命是"①活着的状态;由新陈代谢、生长、繁衍以及对环境的适应所表现出来的特征;动植物器官能完成其所有或部分功能的状态。②有机体的出生或发端到死亡之间的时期,从生理学上看,完整的生命起始于胎儿,终结于死亡……③将生命物体(动植物)与非生命、非有机的化学物或已死的有机物区别开来的特征的总和。"②生命在这里是世间生物的一种基本的存在形态。

哲学上认为生命是"世界的绝对的、无限的本原,它跟物质和意识不同,是积极的、多样的、永恒地运动着的。生命不能借助于感觉或逻辑思维来认识,只能靠直觉或体验来把握"③。生命在这里具有抽象性和神秘性。

随着科学的分化与发展,涉及"生命"的很多学科都试图从各自的角度界定"生命"。例如,心理学认为生命是意识到的自我存在,从婴儿期开始慢慢发展;社会学认为生命从正常情况看,大约在临床生命期间;遗传学认为生命是通过基因复制、突变和自然选择而进化的系统;等等。

我们认为生命包括狭义和广义之分,狭义的生命就是医学上所讲的自然生命,是人存在的客观方式,侧重于生命的物质个体;广义的生命包括自然生命、精神生命和社会生命。精神生命是人的灵魂,是人能够判断善恶、健全人格、提升自我,不断创新与超越的表现。社会生命是生命的升华,它是人能够融入社会、发展社会的标志。自然生命、精神生命与社会生命共同构成一个完整的大生命。

"一个言语作品就是一个生命活体。它的肢体是词句段落,它的骨骼筋络是结构,它的血脉是感情,它的灵魂,就是作者的主体精神。它们有机整合在一起,就产生了活力和生机,成了生命的形式。"④这是一个生动的比喻,把"生命"与"作文"紧密地联系在一起。我们可以把这两者结合起来,提出"生命作文"这一概念。目前,国内对于生命作文的研究还处于初级阶段,研究人员和研究成果还很少,对于生命作文确切的、完整的定义还没有。

生命作文,首先,它是一种作文类型、模式,其基本的目的是促进学生作文水平的提高。其次,它是一种理念,"作文"之前,冠以"生命"二字,有激发学生生命意识之意。由此,对于生命作文的含义,我们认为,有广义和狭义之分。广义的生命作文是指作为生命

---

① 教育部.全日制义务教育语文课程标准[S].北京:北京师范大学出版社,2011.
② 黄应全.死亡与解脱[M].北京:作家出版社,1997:14-15.
③ 葛力.现代西方哲学辞典[M].北京:求实出版社,1990:124.
④ 黄应全.死亡与解脱[M].北京:作家出版社,1997:14-15.

个体的学生以语言文字为载体,创造性地表现自己独特、真实的生命体验与情感,并能提升自己生命价值、引导自己生命反思、促进自己精神世界健康发展,从而使整个生命个体完满发展,实现"作文"与"做人"双赢局面的作文。狭义的生命作文是指专门以"生命"为话题或以"生命"为题材的有针对性的作文。其主要类型有正视生命的作文、珍爱生命的作文、尊重生命的作文、敬畏生命的作文、感悟生命的作文和完善生命的作文。

（二）生命作文的类型

每个人对生命的态度是不同的,有积极的、消极的,有正面的、负面的,而对于学生而言,拥有正确对待生命的态度是很重要的。从生命态度入手,我们为狭义的生命作文分类,使学生在作文中潜移默化地领略生命的真谛。

1. 正视生命的作文

正视生命的作文是指学生在领略生命美好的同时,能够勇敢地直面生命中的困难,对生命能够有全面认识的作文。马克思主义哲学告诉我们,任何事物都是一分为二的,利弊总是相依相随的,所以,对于生命来说,不可避免地同样存在两面。当我们经历生命的美好时,不要误以为这就是生命的全部。要知道人生不可能一直风平浪静,不可能总是一帆风顺,困难同样是生命的另一部分。而当遇到困难时,最重要的是如何看待逆境,如何度过逆境。学生要深切地明白痛苦与困难是生命的一部分,并且坚信生命因这些挫折而更显光彩。

2. 珍爱生命的作文

珍爱生命的作文是指学生认识到生命的唯一性,从而能够珍惜、珍爱生命的作文。人的生命只有一次,不管命运对我们做了何种安排,我们都要竭尽自己的所能,探索人生的真谛。学生要学会努力从各方面找出真实的自我,帮助自己了解自己的独特性、唯一性,努力去做自己,不断的开发潜能,从而建立自尊与自信,在工作、生活中获得意义,使生命得到成长和圆满的发展。

3. 尊重生命的作文

尊重生命的作文是指学生认识到万物是平等的,除了尊重人这一生命群体以外,还要尊重大自然中的动植物的作文。当今的学生都是家中的至宝至贝,在他们的心中可能从小被渗透进了唯我独尊的思想,"不平等"思想或多或少地隐藏在他们的思想中,但是这种思想不能使他们稳站于当今竞争激烈的时代。所以,学会尊重,知道人人平等,应该成为学生们的必修课。在我们这个地球上,除了人类,还有大自然的存在,自然这一朋友对于我们是很重要的,学生要懂得在尊重其他人的同时,还要处理好大自然与人类的共存关系,尊重自然,保护环境,保护我们人类自己。

4. 敬畏生命的作文

敬畏生命的作文是指学生敬重、畏惧生命的坚忍、强大与生生不息的作文。生命总是很强大的,从"野火烧不尽,春风吹又生"的小草,到铲锅中努力挺起腹部想保护孩子的鲈鱼,再到汶川地震中以身护幼子的母亲,这些都告诉我们生命是坚强的,是伟大的,是生生不息的,是值得我们敬畏的。学生要学会从身边找到这些生命的场景、生命的特质,从而

让自己从内心敬畏自己的生命，敬畏他人的生命。

5. 感悟生命的作文

感悟生命的作文是指学生理性地反思自己、思考生命，悟出生命真谛的作文。人们总是在世俗生活中周而复始地忙忙碌碌，却很少停下来思考生活、思考生命，这种机械式的存在方式并不能提高生命的价值，所以，有时候人们应该从忙碌的生活中停下来，思考、感悟一下生命的价值与意义。学生要学会在学习、生活中反思自己、思索他人，体悟出生命的点滴，发现生命的内在光芒与真谛。

6. 完善生命的作文

完善生命的作文是指学生不局限与自己的缺点与不足，不断地超越自我、完善自我的作文。生活中，每个学生都有自己的局限，这些局限或让他们郁郁不欢，或让他们安于现状，不思进取。学生正视自己的不足，进而克服自己的不足，从而在肉体和精神上不断地提升自己、超越自己、完善自己。

（三）生命作文的特点

"文章是社会现实的反映，当代社会日新月异，计算机的普及、信息高速公路的开通，网络时代在快捷地改变着人们的生活……而我们的作文教学却硬要把孩子拽回到他们父母的、甚至祖父母的时代，要求他们在作文中做他们长辈做过的题目说过的话，遵循过的文体准则：议论文、记叙文、说明文、开头、结尾、起承转合、扣题点题、结尾升华主题，不能想象虚构……以此来规范学生的作文，就导致了作文思想老一套，表达程式化；以此命题，就限制了学生的创新热情、思维锐气；而以此评判作文，则是将'不规矩'的作文打入另册……在年复一年的考试中，又有多少文学人才被埋没、扼杀？"①因此，"生命作文"抛弃了传统作文的束缚，形成了与传统作文的四点对立，这四点我们认为也是生命作文的主要特点。

1. 展现学生真实的生命体验

传统作文多年来存在"假、大、空"和"俗套"的情况，作文毫无生命力可言。面对学生毫无真情实感的"假、大、空"和背得滚瓜烂熟的"俗套"素材，生命作文主张展现学生真实的生命体验。

所谓展现学生真实的生命体验，就是指在作文中，学生要写自己的真实经历，表达自己的真实情感，不去借用别人的故事，不去杜撰自己的生活，自己只写自己经历过的、体验过的、感受过的事情，表达自己拥有的、与他人不同的感情。故事是自己的，感情也是自己的，不去违心地唱高调，不去刻意地照搬素材，从文字到内心都渗透着一种真实，是自己真实的生命体验。只有这样，读者才会与作者产生共鸣。虚假的感情、相似的作文素材，在现在的时代已经能够很容易地被揭穿，以为自己侥幸能瞒天过海的作者，那是自欺欺人。在生命作文中，每一个读者都能读出作者或喜悦，或哀伤的真实感情，都能与作者产生共鸣，而不会在看了文章之后无动于衷，这是因为作者写文章时写出了自己的真感情。每一个读者都能了解作者或平淡，或刺激的生活经历，都能与作者产生共鸣，而不会在看了文

---

① 郝月梅.作文教学审美化探析——来自新概念作文的启示[J].山东教育学院学报,2000(5):46.

章之后遗憾失望,这是因为作者在写文章时写出了自己真实的经历。

2. 表现学生创新的生命思维

"长期以来,命题写作训练方式与写作知识、技能的教条式灌输,严重影响了学生的自由写作,也折断了学生想象、创新的翅膀,难以唤起学生的写作热情,最终只能走进一条死胡同。可见,规范性的东西是一柄双刃剑,它在教给学生如何写作文的同时,却不自觉地扼杀了他们写出好文章的可能。"①因此,生命作文抛弃过多的条条框框的束缚,唤醒学生的想象,让学生去绘制一幅具有创造力的图画。

所谓表现学生创新的生命思维,就是指在作文中,学生不按照传统常规的方式去思考理解事物,不按部就班地行事,而是从不同角度、不同方面去考虑问题,发现新的思路。这就要求学生敢于冲破传统思想、道德的束缚,用时代的、超前的视角去审视自己,审视社会,充分展现自己的想象与联想能力,尽可能地改善、改变甚至推翻旧的、落后的、不合时宜的思想,取而代之是新的、先进的、创新的思维。从而把这种思维用到作文中,为作文改头换面,体现学生作为新新人类的创新思维。

3. 反映学生独特的生命表达

在传统作文中,教师总是会犯一个错误,就是将不同水平、不同特长的学生置于同一个起点上教学。循规蹈矩的教学步骤、严格的作文写作要求,难以唤醒学生的写作兴趣,当然更谈不上独特的语言和情感表达了。

所谓反映学生独特的生命表达,就是作文本身不受文体、题材的限制,不受规范性语言的约束,更不受应试作文模板的制约,学生采用自己觉得适合的文体、题材,运用能够展现自己独特个性的语言去写自己想要写的文章。没有千篇一律,没有众口一词,每个人表达的是世上独一无二的内容与情感,不会出现雷同,只会有独特。实际上,每个学生的写作起点都不会是零点,他们可能是理科高手、体育健将,或者擅长琴棋书画,或者善于探索、发现,如果我们能让他们起步于自己的成功高点,并毫无制约地把这些表达出来,一定会拉近学生与作文的距离。玄幻、历史、侦探、武侠等小说各具精彩,各领风骚;幽默犀利、优美灵动、透明凄美、智性表达等语言风格也是各具特色,自成一格。学生的生命是独特的、灵动的、成长的,不应该受到过多的制约,只有取消作文的种种约束,才能消除雷同,呈现学生独特的生命表达。

4. 关注学生精神的生命成长

学生时期是一个人一生当中的重要时期,一个人的人生观、价值观大多数都是在此时期形成的,是一个人生命发展的基础和关键时期。尤其是处于青春期的学生,更是受到人们的极大关注。由此,生命作文就不得不关注学生此时期的生命动态,促进学生今后生命的健康发展。

所谓关注学生精神的生命成长,就是教师从学生的作文中体会学生独特的思想情感,了解学生内心的困惑,及时发现学生思想中的危险情绪,并给予及时、正确的引导。青少年学生由于生理原因,内心会形成对于社会、学校、家庭的反叛,这种反叛是对传统束缚的

---

① 曹明海.语文教育观新建构[M].济南:山东人民出版社,2007:216.

反感，或者说是对于一切束缚的反抗。当学生的这种反叛情绪体现在作文中时，以前从不被社会关注的学生青春期问题现在也摆在了人们的面前，让我们知道了学生在青春期时更需要理解与关怀。还有就是青少年学生的忧郁情感。除了青春期特有的忧伤情感、内心的孤独寂寞以外，20世纪90年代中后期怀旧的社会文化氛围，都市生活中小资情调、文化的流行，韩剧中的自始至终的悲剧意识、悲剧情感都深深地影响着他们，使他们接受了忧郁的精神洗礼，从内到外刻意或不刻意地表现着忧郁的气质。真诚的或做作的"忧伤"表演，从某种角度来说已经成为这个时期青少年制造的一种流行，很有"少年不知愁滋味，为赋新词强说愁"的意思，但是这个忧伤却是真实存在的。生命作文就是要让学生把自己的情绪、情感表达出来，让人们了解他们独特而敏感的内心世界，从而真正地走进他们并引导他们更好地发展，让他们更好地成长，美化生命成长的轨迹。

三、生命作文的教学

"写作，是性灵的自然流露，是一种精神体验，是一种与精神的发展、生命轨迹的成长同步的精神旅行，学生真实地写出人生的痛苦和坎坷，写出心路的喜悦和欢乐，这才是写作教学的最高境界。"[①]"生命作文"教学就要带领学生进入这一最高境界。

（一）生命作文教学的目标

目标是个人、部门或整个组织所期望的最终结果，是其为之努力的方向和强大推动力。而引导我们进行"生命作文"教学研究的方向和推动力即"生命作文"的教学目标，那就是"作文"和"做人"。

1. "作文"目标

叶圣陶认为作文的教学目标是"培养学生运用语言文字表达自己思想感情的能力"。[②]既然要培养学生的这种能力，那作文就不能单纯地被认为是写在纸上的书面文字，它还应该有更丰富的意义。作文不仅是写作的最终成品，还是写文章的整个过程，所以，"生命作文"的教学既要关注学生的写作成品，又要关注学生写作的整个过程及在写作过程中的写作能力的培养。结合全日制义务教育及普通高中《语文课程标准》，我们认为，"生命作文"的"作文"这一教学目标可以具体分为以下几个小的分目标：

（1）教授学生写作的基本知识与技巧。教授学生观察生活、积累素材的知识；教授学生发现题材价值的知识；教授学生写好一篇文章的基础知识，如审题、立意、选材、组材、构思、谋篇、修改的知识；教授学生常用文体的写作知识，如记叙文、说明文、议论文、应用文等写作知识；教授学生写作方法和技巧的知识，如如何运用记叙、议论、描写、抒情、说明等表达方式，如何开头、过渡、结尾、照应等知识。

（2）发展学生独特的个性。全日制义务教育《语文课程标准（实验稿）》的各个阶段的写作教学目标分别为：第一学段（1～2年级）是"对写话有兴趣，写自己想说的话，写想象

---

① 刘智慧. 浅谈生命教育在语文教学中的渗透与实践[D]. 长春：东北师范大学出版社，2006：14.
② 许振杆. 中学作文教学的目标·体系·方法——学习《叶圣陶语文教育论集》札记之一[J]. 淮北燕师院学报，1989(11)：127-134.

中的事物,写出自己对周围事物的认识和感想"。第二学段(3~4年级)是"能不拘形式地写下见闻、感受和想象,注意表现自己觉得新奇有趣的或印象最深、最受感动的内容。"第三学段(5~6年级)是"养成留心观察周围事物的习惯,有意识地丰富自己的见闻,珍视个人的独特感受,积累习作素材"。第四学段(7~9年级)是"多角度地观察生活,发现生活的丰富多彩,捕捉事物的特征,力求有创意地表达"。"新课标"中的这些表述全是主张在写作教学中要注重学生自己的生命体验,不要复制别人的故事,要发展学生自己的个性,培养学生的独特精神。由此,"生命作文"教学当然要把发展学生独特的个性作为教学目标。

(3)挖掘学生至真的情感。《普通高中语文课程标准(实验)》的必修课程"表达与交流"部分中写道:"能考虑不同的目的要求,以负责的态度陈述自己的看法,表达真情实感,培育科学理性精神。""引导学生表达真情实感,不说假话、空话、套话,避免为文造情。"① 对于学生来说,写作是他们精神生活的一部分,他们在作文中创造并表现真善美,也同时在作文中不断地审视自己,校正自己的精神方向,使自己健康地发展。作文不仅是学生的精神家园,同时也是学生自身成长的一部"史记",所以,不造假应成为学生作文的一个要求。"生命作文"教学就是要挖掘学生的真性情,展现学生最纯的本真。

(4)训练学生创新的思维。人的思维是依靠语言来进行的,而语言的表达(说或写)同时也离不开人的思维。作文,作为语言的一种表达方式,其写作过程,无不是学生以自己的思维来解决现实生活中的某个问题的过程,无不是以自己的思维来适应新情境的需要的过程。所以,对学生作文的训练,就应侧重学生形象思维、抽象思维、直觉思维、灵感思维、辩证思维和创造性思维的思维训练,而创造性思维的训练是重点。教师可在命题、立意、选材、语言等方面巧施诱导,激发学生的创作欲望,引导学生通过多角度立意、大胆选材、新奇的表达等方式,帮助学生摆脱思维定式,增强创新意识。"生命作文"的教学要为学生插上想象、创新的翅膀,让学生在作文的天空下自由地翱翔。

(5)培养学生良好的写作习惯。良好的写作习惯,是提高学生写作能力的基础,教师要注重培养学生良好的写作习惯。一般来说,良好的写作习惯包括热爱生活、留心观察生活的习惯,积累记忆、博采众长的习惯,规范写字,熟练查阅工具书的习惯,勤写多思、善于修改的习惯等。而要培养学生的写作习惯就不得不激发学生写作的兴趣和自信心。在写作兴趣和自信心的驱动下,学生才有动力形成自己的写作习惯。"生命作文"教学要在激发学生写作兴趣和自信心的前提下,培养学生良好的写作习惯。

2."做人"目标

语文教育专家于漪指出:"作文不只是一种写作技巧,而是一种表情达意的手段,要做好文章,首先要在做人上狠下功夫——内心必定要充实。尽管现在大家都在提倡创新和求异,但作文中有些精神的东西,是不必质疑的,更是不能失缺的。"② 而这种精神就是学生"做人"的精神。语文特级教师陆继椿指出:"现在的学生作文过于注重个人内心情感的抒发,而很少去关心个人以外的东西,很少能够看到学生真正发自内心地对社会、对民族、

---

① 教育部.普通高中语文课程标准(实验)[S].北京:北京师范大学出版社,2001.
② 于漪.中学作文严重缺钙[N].中国青年报,2000(11):12.

对世界的关心和感受，缺乏一种大气。"①由此看来，学生在"做人"方面是有欠缺的，所以，"生命作文"教学除了要在"作文"上帮助学生，更要在"做人"上引导学生。根据生命教育的教学目标，我们把"生命作文"的教学目标具体分为以下几个层面：

第一层是帮助学生培养正确的生命态度。教师要帮助学生知道世界万物都是有生命的，让学生平等地对待所有的生命体，学会珍惜、保护自己及他人的生命，培养学生对待生命的平等态度；帮助学生体验生命成长过程中的艰辛与困难，学会调节不良情绪，让学生能够笑着面对挫折，培养学生对待挫折的积极乐观态度；帮助学生初步感触死亡，全面地了解生命的内容，消除学生面对死亡的恐惧心理，让其知道生命的短暂和来之不易，培养学生对待生命的珍爱态度。我们希望"生命作文"能在选材、命题等方面渗透这些内容，让学生全面地了解生命，正确地面对生命，从而形成平等的、乐观的、积极的生命态度。

第二层是帮助学生懂得基本的生存技能。现在的家长只是关心学生的分数，重视学生的学习能力，而往往都会忽视学生的生活能力，很多学生到了高中阶段还不能生活自理，一旦离开学校，离开父母，他们根本不知如何生存，这是一种真实的、可怕的现象。所以"生命作文"鼓励学生多留心观察生活，多用心体验生活，写出自己生活中的所见所闻、所想所悟，在写作的过程中，潜移默化地把生活、生存的一些知识渗透到自己的头脑中，从而使学生掌握基本的生存技能，提高学生的生活能力。

第三层是帮助学生形成完整的生命人格。人格是生命个体与所处的环境在相互作用的过程中所形成的稳定的心理结构。其"统摄着写作主体心理的诸多复杂因素并使之成为一种主导倾向，这种主导倾向不仅制约着写作者选材立意等文章诸要素的质量，同时也影响着写作者自身的行为规范，这二者应该是统一的。"②我们认为人格具体表现为真、善、美，对于一个具有健康人格意识的学生来说，真、善、美既是他进行写作活动的永恒要求，也是他对自身行动的基本要求。"生命作文"教学试图从各方面帮助学生形成真、善、美的生命人格。

第四层是帮助学生树立积极的人生观、价值观。曹文轩教授曾说过："这些年看了太多的少年文字，十之八九竟都是一副看破红尘要自绝于世界的'清冷模样'，你想不明白这个世界究竟在哪里伤害了他，也不知他的内心之灰色到底是否来自于他的生活经验和生命体验。但就是那样的姿态——一摆千年的姿态。纯真不再，温馨不再，美感不再，崇高不再，庄重不再，雅致不再，真诚不再，阳光也不再，剩下的就只有一片阴霾与心灰意懒。"③当今学生由于青春期的自身原因以及言情小说、电视等外在原因，总喜欢用"伤感""消极"来包装自己，并以此为时髦趋势，"生命作文"就是要帮助学生摆脱这种对自己、对他人、对社会的消极情绪，从而树立积极的世界观和人生观。

第五层是帮助学生实现并超越自我。我们认为一个人水平的高低和成就的大小，并不只是依靠他的才华和能力，还要依靠他的综合素质，即他的敬业态度、生活阅历、人格品质、人生观等各方面的综合。"生命作文"就是要让学生发现自身的独特点，培养自身的能

---

① 陆继椿.中学生作文怎么[N].文学报,2002(5):9.
② 林可夫.高等师范写作教程[M].福州:福建教育出版社,1991:36.
③ 曹文轩.知名作家给"新概念作文"泼冷水[N].文汇报,2004(1):20.

力,提高自身的综合素质,达到自己的理想,实现自身的价值。只有实现自我,才能超越自我。超越自我,是我们期待的最理想结果。

(二) 生命作文教学的策略

生命作文的教学策略包括归还学生自由生活、培养学生创新思维、还原学生童心本真、展现师生积极暗示、给予学生正确赏识、激发学生写作兴趣、丰富学生文化积淀、鼓励学生自主评改八种。

1. 归还学生自由生活

"自由是个体生命发展的灵魂。"①当今应试教育在很多学校占据主导地位,学生每天的活动范围大多只限定在学校,学校生活就是学生在学习阶段即成长过程中的全部记忆内容,很多学生不了解学校以外的世界,不了解课本以外的知识,甚至不了解课本中提到的事物在现实生活中的原形,课本中死的知识束缚了学生。因此,教师应该带领学生到大自然中去寻找美的真谛,探索生命的意义,看看自然风景,惊叹自然的鬼斧神工;把学生放到社会中,体验生活的艰难,看众生百相。在作文教学中,教师可以利用作文课的时间,或利用其他的课余时间带着学生们走出教室,走出校门。

2. 培养学生创新思维

创新性思维是一种具有开创性意义的高智能活动,具有很强的开创性、突破性和新颖性。根据心理学研究成果显示,人的创新思维主要表现为发散思维和聚合思维。发散思维又叫开放思维、求异思维,是指不依常规、寻求变异、从多方面探索答案的思维方式,是"以一趋多"的思维;聚合思维又叫集中思维、求同思维,是指把从不同渠道得来的信息集中起来,重新加以组合以解决当前问题的思维方式,是"以多趋一"的思维。我们要让学生的这两种思维都得到很好的训练。

3. 还原学生童心本真

童年是充满幻想的岁月,是生命最美好、最纯真的时代。五岁的孩子会把白云想象成豆腐脑,把花菜想象成爆米花;六岁半的孩子会说波浪在湖里淘气;七岁的孩子会说用蚂蚁一样小的字把天都写满。无忌的童言和充满想象力的童心对作文是很珍贵的。但是,随着年龄的增长,学生作文的成人化倾向严重,儿童式的语言已经不见了。人们呼吁改革作文教学,还原学生的童心本真。虽然在作文教学中,学生是写作的主体,但是其主体地位一直名存实亡,"新课标"明确了学生的写作主体地位,教师就不得不对传统"以教师为中心"的写作教学方法进行改革,尊重学生的主体地位,尊重学生的内心思想。

4. 展现师生积极暗示

人的情感和观念会不同程度地受到别人有意或无意的影响,一般情况下,人们会不自觉地接受自己喜欢、钦佩、信任和崇拜的人的语言、行为或思想的影响,从而对自己产生一种积极或消极的自我暗示。积极自我暗示有助于增强人的自信心,从而产生内在的动力,

---

① 徐同.从生命的发展解读作文教学——作文个性化刍议之一[J].语文教学通讯,2003(12):40-41.

推动目标的实现；消极的自我暗示却会让人错误地评估自己的实际能力，从而贬低自己，逃避目标。因此，我们主张积极的暗示，回避消极的暗示。

5. 给予学生正确赏识

人性最深切的渴望就是获得他人的赞赏，如果一个人的某一方面得到别人的赏识，那这个人就会觉得自己很有价值，生命也有了特殊的意义，并会因为这种赏识，而使这方面的才能得到最大限度的发挥。一个人的存在需要别人的赞赏，正是由于别人对自己的肯定，才使自己认识到作为一个人存在的价值与意义。所以，教师要给予学生正确的赏识。正确的赏识是指在生命作文教学过程中，教师对学生作文写作的某一个方面或某几个方面独特的、持续的、匹配的欣赏、赞扬与肯定。

6. 激发学生写作兴趣

没有真正的需要，就不会有真正的快乐。培养学生的写作兴趣，把写作当成自己的一种内在需要，是作文教学的目标。学生有了写作的兴趣就有了写作的动力，有了写作动力就能更好、更持久地写作文。学生厌倦作文的原因之一，是作文教学长期运用僵化的命题作文的形式，学生的写作兴趣未能得到有效的培养。当学生把写作当成生活的需要，从内心觉得写作是生活中不可或缺的一部分的时候，学生对写作也就有了内在的需要，也就有了写作的兴趣。我们认为，学生的写作兴趣分为写前兴趣和写后兴趣，教师要学会激发学生的写作兴趣。

7. 丰富学生文化积淀

作文，离不开广泛的阅读作基础，自古就有"读书破万卷，下笔如有神"的格言，表明阅读和写作有密切的联系，阅读对写作有着极其重要的作用。广泛的阅读不仅可以提高学生的语言表达能力，而且还是学生增长见识、丰富文化积淀的重要渠道，它能解决学生"无话可说"的难题。

8. 鼓励学生自主评改

我们认为学生自主评改工作包括两方面：一是批改，二是修改。教师主宰作文评改的局面一直维持了很多年，在当今呼吁学生主体地位回归的时候，把作文评改的权利交还给学生，是生命作文提倡的一种教学策略。

（三）"生命作文"教学的意义

生命作文教学的意义有如下几点：

（1）"生命作文"教学有助于促进师生个体的完满发展。"培养学生高尚的道德情操和健康的审美情趣，形成正确的价值观和积极的人生态度"是我们作文教学的任务，"不应把它们当作外在的附加任务。应该注重熏陶感染，潜移默化，把这些内容贯穿于日常的教学过程之中"。[①]应试作文的功利性使得学生隐藏自己的情感、同化自己的个性、闭塞自己的想象，努力学习"范文"，寻找"考试模板"，仅因为那些能够使自己得到的实际利益即分

---

① 教育部.全日制义务教育语文课程标准[S].北京：北京师范大学出版社，2011.

数。久而久之,教师不但开始出现教学倦怠感,学生也开始出现学习厌烦感,师生的精神世界逐渐被灰色所覆盖,他们的情感、人格、自身的各方面发展都受到影响。"生命作文"帮助师生摆脱分数的诱惑,还原师生纯净的精神世界,促进师生个性的完满、全面发展。

(2)"生命作文"教学有助于建立新的语文课程体系。"语文课程应植根于现实,面向世界,面向未来。应拓宽语文学习和运用的领域,注重跨学科的学习和现代科技手段的运用,使学生在不同内容和方法的相互交叉、渗透和整合中开阔视野,提高学习效率,初步获得现代社会所需要的语文实践能力。"[①]由此看来,传统的师生被束缚在教室里上作文课的时代已经结束了,多样的、新的作文课的时代需要被开创。生命作文注重学生的真实体验和经历,反对学生坐在教室里凭借自己对外界的模糊的印象编造自己的有趣故事,作文活动课需要在中小学的课程中开设。作文活动课作为语文课程一个重要的组成部分,其改革必然会引起语文课程体系的变化。

(3)"生命作文"教学有助于建立新的写作模式。多年来,学生受应试教育的影响,写作基本上处于被动的、模式化的状态,学生对于作文的印象、态度全都来源于考试,学生写作的主动意识缺失,创新思维被禁锢,语言枯燥,毫无生机,缺少生命的气息。"生命作文"能够在传统作文这块干枯的大地上洒下生命的甘泉,滋润写作这块土地,让学生建立新的自我写作模式。

(4)"生命作文"教学有助于建立新的写作教学模式。传统的作文教学模式多年来受到人们的批判,寻找新的作文教学模式已经成为语文教育工作者的任务。针对传统作文的弊端,形式多样、内涵丰富的作文教学模式已经运用于语文课堂上。针对当前作文教学忽视学生个性,脱离学生生活实际,缺少创新思维,被动的、模式化的写作等种种缺少学生生命思想的弊端,我们提倡"生命作文"对于打破传统作文教学模式,建立新的具有生命意识的作文教学模式是有积极意义的。

生命作文有很多优点,但是作为一个新的理论不免会出现缺点,所以在研究和实施的过程中,对其缺点,我们既要有宽容的态度,更要有解决问题的准备。

---

① 教育部.全日制义务教育语文课程标准[S].北京:北京师范大学出版社,2011.

第三教段　创新作文教学

素质教育的推进，使整个教育理念发生了巨大的变化，创新教育的思想也向中小学教学全方位渗透。《全日制义务教育语文课程标准》也赋予作文教学以新的要求、新的思想和新的方法，它指出："加强写作与生活的联系，学会多角度地观察生活，丰富生活和情感体验，对自然、社会和人生有自己的感受和思考，力求有个性、有创意地表达，根据个人特长和兴趣自主写作，在生活和学习中多方面地积累素材，多想多写，做到有感而发。"[①]在这样的背景下，创新性作文拨开云雾，顺势而出。

什么是创新？什么是创新教育？什么是创新作文？简单地说，创新就是利用已存在的自然资源或社会要素创造新的世界的人类行为，或者可以认为是对旧有的一切所进行的替代、覆盖；创新教育就是发展人的创新思维，培养创新人才的一种教育；创新作文就是一种运用多种思维方式，激发学生想象，抒发感情，表明观点态度的一种作文形式。写作时视角独特、立意新颖、情感真挚、思想深刻、语言陌生化等，都可以列入"创新"的范畴。相对于传统作文而言，创新作文含有与时俱进的因素，它能跟上时代的步伐。

教育是立人的事业，我们要培养的是一个个大写的、能立直的人。而一个大写的人必定是一个有个性，具有独立自由精神品质的人，这样的人就不会人云亦云，不愿不加思考地跟在他人后面，这样的人追求的是"不走寻常路"，这样的人热衷于探索自己思维的火花，用笔尖写下自己独特的丰富的生命体验。语文教育是一种塑造人类灵魂的教育，读、写、听、说都是表达灵魂的方式，教师应尊重每个学生，尊重每个学生鲜活、个性的生命，引导他们与自己的心灵对话，引导他们写出个性化的、创新的文字。创新作文教学的道路，就是激发学生新思维敢于质疑的道路，就是丰富学生的审美情感和生命体验的道路，就是引领学生走向一个大写的人的道路！这条道路，应该由师生共同结伴而行，学生应不断尝试，勇于创新，教师应不断致力于有效创新作文教学模式的研究，使一代代的学生在这条路上可以走得更好、更远！

第三学段创新作文教学，可从开放性作文教学、个性化作文教学和研究性作文教学三个方面展开。

第七层级　开放性作文教学

作文教学改革如火如荼地进行，但传统封闭的作文教学弊病仍然随处可见：以学校为中心，忽视自然与社会；以课堂为中心，忽视生活体验；以应试为中心，忽视学生的真情实感和生命表达；等等。所有这些都阻碍着学生写作能力的提高，僵化学生的思维，浇灭学生对写作的兴趣，阻碍学生全面、健康、持续的发展。改革传统封闭式的写作教学迫在眉睫。

---

① 　教育部.全日制义务教育课程标准[S].北京：北京师范大学出版社,2011.

一、传统作文教学的问题与反思

"传统作文"教学从"唯考试图"的观念出发,割断学生与生活的联系,束缚学生在写作上的创新,限制学生的思维,令作文教学封闭呆板僵化,学生无法真正自由地表达自己的思考与个性,无法真正地运用写作去培养自己良好的习惯和健全的人格。开放性作文教学的出现,为传统作文教学带来的新面貌,让学生逐渐开始说真话、写真事、悟真情。

建构主义教育家杜威曾说:"当儿童有机会从事各种调动他们自然冲动的身体活动时,上学便是一件乐事,儿童管理不再是一种负担,而学习也比较容易。"传统封闭式作文教学以为了教作文而教作文的方式是不可取的。传统封闭式的写作教学是按照以下顺序来进行的:先由教师提出命题,再由教师点拨如何写作,紧接着由学生来独立完成写作,然后由教师批改,最后再由教师评讲。学生盲目模仿模式化、公式化作文,文章千篇一律。这在很大程度上限定了学生的思维,僵化了写作的灵感。并且,传统封闭式作文教学下的学生对于作文优劣缺乏自主判断能力,完全依靠教师给出的分数来评判。教师的评语被无限放大,师生集体成为教参的奴隶,被一个标准捆绑在一起,形成了千人一面、万人同腔的局面。此外,在传统封闭式写作教学过程中,教师的引导大部分侧重于教,对于反馈是有所疏忽的。只评不改,学生不知道前进的方向及目标,也是所谓无效评价。

2011版《全日制义务教育语文课程标准》指出:"语文课程应保持开放态度,避免故步自封,适应时代的发展与变化。"基于此,作文教学也应该向"开放"迈进一步。此外,语文作为一门综合性、实践性很强的课程,根据学科特点,它自身要求学生应在实践上花工夫,如果只是停留在概念、定义理解上,那是远远不够的。努力将作文教学与生活、社会实践联系起来,根据生活和学习的需要,在运用中学会习作,才能真正提高语言文字运用的能力,因为作文教学的最终目标是让学生学会写作文,爱上写作。

二、开放性作文的含义、类型与特点

开放性作文教学是对于传统封闭式作文教学的突破,也是"新课标"理念指导下逐渐形成的教学模式。开放性作文的创作让学生感受开放的真正内涵,从而爱上写作。教学实践证明,开放性作文教学有助于全面提高学生的作文素养,培养学生的创造力。

(一)开放性作文的含义

"开放"在现代汉语中的解释有"解除封锁、禁令、限制"义项。有学者认为,开放性作文指的是创设宽松的学习环境,充分尊重和相信学生,为他们提供一个学科融合,学校与家庭、社会相融合以及与实际需求相融合的广大空间,让他们在开放的写作空间内自由创作。[①]也有学者认为开放性作文教学的"开放"具体表现在:题目、文体、时间、空间、形式、批改等方面的开放。但是大多数学者比较认可的观点是:以师生共同营造开放的写作世界为途径、以学生获得主动发展为目的的非封闭的写作教学形态。

杜庆鸿在《开放作文——让作文活起来》中指出,开放是从课内延伸到课外,发挥改革

---

① 刘瑛.论开放式作文[J].小作家选刊:教学交流旬刊,2012(4):223.

开放的社会环境优势,反映创新的时代精神。[①]张云鹰在《开放性习作教学》一书中指出：开放习作需要开放生活,尊重学生主体,遵循语文说写规律,重视学生心理机能,如感知、情感、兴趣、动机、形象思维、联想和想象。

我们认为,开放性作文是一种强调以学生为主体,将作文内容选择的开放性、写作过程的开放性和批改、讲评的开放性融合为一的全新作文理念和教学模式。开放性作文教学即侧重于学生在开放的生活中运用观察、思考、探索去积极主动地挖掘、积累素材,选取开放的题材、角度,帮助学生进行个性化的作文创作。

（二）开放性作文的类型

开放性作文的分类主要有以下两种,即内容开放类作文与形式开放类作文。

1. 内容开放类作文

内容开放类作文又可以分为主题开放类作文与题材开放类作文。

（1）主题开放类作文。主题的开放,意在给学生提供发散思维,不受条条框框的束缚,写出反映自己内心情感的个性化作文。我们比较熟悉的,如自主作文、话题作文、绿色作文、创意作文,这些作文都是在培养学生的创造力和逻辑思维能力,同时能让学生结合自己的生活,写出真情实感,记录真实生活,反映内心的想法与愿望。

（2）题材开放类作文。题材开放的作文是我们熟悉的,如话题作文、范围作文,即教师给定一个话题或范围,鼓励学生进行自主选材,为学生提供尽可能多的创作内容和形式。教师会选择一些空间、思维度较为宽广的题目,让学生能够捕捉到更多的题材。因为每个学生的生活经历不同,所以即使是同一题材,学生也能写出不相同的个人感受,真正做到"吾笔写吾口""吾笔写吾心"。

2. 形式开放类作文

形式开放类作文指文体开放类作文与命题开放类作文。

（1）文体开放类作文。探其本意,文体开放类作文是引导学生针对同一题材写出不同文体的作文。我们可以把它写成记叙文、说明文、议论文、应用文等,也可以写成小说、诗歌、散文、戏剧等。这也就是考试当中所说的"体裁自定"。但是,我们往往会发现,考试当中记叙文较容易写,但总是很难得高分。相反,议论文需要有较强的逻辑,只要格式正确,一般分数不会太低。这就是规律,导致学生在进行作文训练时,有所侧重、偏颇。我们教师所要做的,就是转变学生的思想观念,有意识地去激发学生进行不同文体的写作创作。

（2）命题开放类作文。拟题的自由化,也是展现学生个性的一个方面,学生在写作的过程中,有机会把自己喜欢的题目亮出来,这是对于学生自己的一个肯定,学生的自豪感也会逐渐增加。个性化的教学过程中,也要求我们开放学生写作的题目。学生在写作的过程中,往往为了设计一个别出心裁的题目,先把题目空出来,先着手写作正文,等到内容

---

① 周兰钦. 作文教学改革点滴谈[J]. 读与写(上,下旬),2013,2(4):39-40.

完成后才思考怎么取题目。①教师如果对学生的作文题目要求过高，要求修改作文题目，这在一定程度上就是对于学生的否定。学生自己思考过后形成的题目，是自己所喜欢的。学生对于题目产生了一个情感体验，这样写出来也更会有真实感。如果只是为了写一个精致的作文题目而作文，这便失去了作文的意义。

（三）开放性作文的特点

开放性作文有命题的开放性、形式的多样性、指导的有效性、篇幅的自然性和评价的多元性等方面的特点。

1. 命题的开放性

作文命题的开放，有利于让更多的学生有话说，更多的东西可以写，也有利于学生精彩的表达呈现。一个好的命题对于学生而言是活水，给予学生创作的动力；而一个糟糕的命题只会限制学生的思维，挫伤学生写作的积极性。什么话题可以使学生有话可说，有事可写，有理可据？命题的好坏直接关系到作文教学的成败，这是作为语文教师在指导学生写作时应该思量的。命题的设计也切忌过大，大得让学生不着边际天马行空地随意创作。我们说写作可以有自己的个人创作，但仍然要在一定的框架内进行。但是如果限定过死，学生会认为这是一个呆板的题目，同时也降低了学生的积极性。教师应该努力思考设计"新、小、活"的题目，这样的题目不是朝夕促成的，而是需要教师精心雕琢的。学生尝试着写自己会写的东西，才能够调动学生学习写作的积极性。当写完一篇作文之后，再尝试着让学生来给作文命题，学生会很激动、兴奋，真正体会到作为学习的主人的乐趣。

2. 形式的多样性

列宁曾说过："没有人的感情，就从来没有也不可能有人对真理的追求。"在作文教学中不必限制学生写作的形式，当第一次接触某一类型的文章时，尝试着以童话入手，因为童话是学生所熟悉的，可以消除陌生感。以旧事物带新事物，打破学生的心结。写作就是让学生说真话的过程。现实社会对于学生的影响太大，导致有些话他无法表达出来，那么写作就是一个很好的平台。中国早期的文学创作者，他们的作品大都是用笔杆子来说真话的，但是现在太少了。为了那些可怜的分数，学生委曲求全，写着没有体悟感受、干巴巴、毫无血肉的文字。这不是作文，而是将汉字进行自由组合，力求能够看起来精美一些。我们不大主张进行过多的应试写作教学。写作是有情绪的，应该是自然而然发生的。学生是有情绪的，写作是他情感抒发的一种渠道，他自然会选择，没有任何不自然的成分，这是自觉形成的。我们可以让学生自己去写，不受题材的约束，自由地进行创作。回忆自己目睹的壮美山河，记录自己或周围人的生活点滴，抒发自己内心的喜怒哀乐，把它们写成书信、日记、诗歌、散文，甚至小说都是可以的。这样的写作是学生喜欢的，他们没有压力，他们不认为这是一种负担，自然而然会乐意写。只有学生使用乐意的写作形式，才能写出好的作文。

---

① 刘亭玉,彭小明. 论开放性作文教学[J]. 现代语文,2012.

3．指导的有效性

过去的作文教学，教师说得多，学生对作文的兴趣不强。而开放性作文的指导过程是在一个宽松、自由的氛围下进行的，教师充分尊重和相信每一位学生，让每一位学生自由表达，让学生在有困难的情况下再寻求教师的帮助，达到写好作文的目的。我们不妨打开学生的思路，思想上的开放比形式上的开放更重要。尝试放手，或者半扶手，尊重学生的语言，不要刻意将学生的语言改成僵硬刻板的成人化语言，实现写作形式自由化。"不愤不启，不悱不发，举一隅不以三隅反。"对于学生的帮助要切实有效，不能盲目地帮助他，这样是徒劳无益的。

4．篇幅的自然性

学生害怕写作文，其中一个原因是作文有数字的限制。这种强行的压力往往会使学生绞尽脑汁，拼命思考，会给学生造成不良的心理阴影。强行让学生写到固定的字数，只会降低作文的含金量，大多都是粗制滥造或故意拖沓。如果文章篇幅自然化，不受限制了，学生消除了畏惧的心理，自然写作的积极性也就提高了，这样才能写出文质兼美的文章。所以文章写作，不要有文字字数的要求，真正做到"有话则长，无话则短"。

5．评价的多元性

批改多样化，能改变呆板、单一的批改格局，让教师从繁重的批改中解放出来。何为多样化？就是教师要清楚何时该精批，何时可以略批；指导学生学会自觉批改和同学之间互相批改相结合；个别批改和集体批改相结合等。这样做的目的就是为了突出学生学习的主体性，让学生在学习的过程中享受快乐。相对应，作文评价也需要多元化。评价应采取"多元化"评价模式：自评、互评、教师评。有资料显示，教师评价的比重从原来的100％降低到33.3％。这也说明，学生的作文逐渐将主权还给了学生。学生完成习作后，自己先读一读，自我感知，修改定稿。学会给自己的作文打一个分数，写写值得肯定之处与欠缺之处。接着，学生之间互换作文，相互进行不记名式的打分。因为孩子在看同龄人的作文的时候，更加能够看到他的闪光点，模仿、学习的可能性更大。对于作文中的问题，检查得也比较仔细，如错别字、病句、文章结构等。这不仅是在帮助学生改作文，也是在教孩子如何写作文。孩子自己是老师，他更加会努力地学好写作，这是他的任务驱动。最后，教师对于学生的作文进行审核，这样一来，教师的权利下放，集中精力个别辅导的时间也能够得到保证。一举三得，实有意义。

三、开放性作文的教学

陶行知说过："教育孩子的全部奥秘在于相信孩子和解放孩子。"而究竟该如何实施开放性作文教学，我们认为可以从开放性作文的教学目标、教学方法、教学策略和教学意义这四个方面展开。

（一）开放性作文教学的目标

开放性作文的教学目标主要有两个：写开放之文与做开放之人。

1. 写开放之文

习惯决定学生作文走的长远度。教师教学生写作文的前提是,学生已经具备积累素材的意识。叶圣陶先生曾经说,"生活犹如泉源,文章犹如溪水,泉源丰盈而不枯竭,溪水自然活泼泼地昼夜不息。"从生活中积累素材,是必不可少的环节。此外,授人以鱼不如授人以渔。教师应从自身做起,降低对结果的关注度,教学生如何在生活中观察。观察事物需要掌握一定的方法:用心、耐心、细心。首先观察的时候要用心,不可三心二意。其次要坚持,有毅力,有耐心。例如,教师要学生观察水仙花是如何开花的,这是一个需要等待的过程,学生如果不细心、耐心地观察,是不能发现的。最后就是细心,细心的人,善于发现别人没有发现的事物。例如,如果让学生观察郁金香,细心的学生会发现只有黄色的郁金香内部是不同于其他品种郁金香的,这就需要学生具有敏锐的眼睛。方法的落实需要技巧的贯彻,字词句篇语修逻文一样都不能少。开放意在不注重教师通过何种形式让学生理解掌握写作技巧,目的是让学生自己掌握,让孩子尝试在写作教学过程中逐步学会修辞手法、写作技能、作文技巧。

2. 做开放之人

具有开放视野的学生首先应当是思维开放与思想开放的。

(1)思维的开放。叶圣陶先生说:"小学生练习作文之要求,惟在理真情切而意达。"让学生自由地写作,也是表情达意的良方。写人,不单单是写人的外貌,试着写写人物内心;写风景,不单单是描写风景的迷人,尝试为风景着色,将风景赋予情感色彩;写事,打破按照时间、空间顺序的写作模式,尝试倒叙、插叙等写作模式。[①]这样的写作会让人耳目一新。在形式上的突破之后,再在选材上加以雕琢,这样的作文是值得肯定的。

(2)思想的开放。摒弃传统糟粕思想,紧跟时代潮流,学会辨别是非黑白。学生在创作过程中思想的开放,对于其个人的身心发展也是颇有益处的。在开放性作文教学的熏陶感染下,学生能够在一个适当宽松、自由的环境中创作,从而潜移默化地不再那么在意考试的分数。

(二)开放性作文教学的方法

《全日制义务教育语文课程标准》在作文教学具体建议中明确要求:"在写作教学中,应注重培养学生观察、思考、表达和创造的能力。让孩子说真话、实话、心里话。"教师对于学生的培养必须要行之有效,才能达到以上的效果。

1. 多媒体教学法

"新课标"指出:语文学习应拓宽其运用的领域,注重跨学科的学习和现代化科技手段的运用,使学生在不同内容和方法的相互交叉、渗透和整合中开阔视野。在作文教学中使用电教法,即是使用投影、录音、电影、电视、电子计算机等来吸引学生的注意力,让学生对写作产生兴趣,更好地达到写作教学的效果。生动的课件往往能够较大程度唤醒学生学习的动力,激发学生强烈的探索欲望。所以,多媒体教学法是作文教学中较为行之有效的

---

① 吴文琳.开放性作文教学初探[J].小学教学参考,2013.

方法。

2. 活动教学法

在作文教学过程中，活动法是最能够体现开放性作文教学特点的。学生学习写作是一个循序渐进的过程，而且写作是个性化的行为，并没有一个固定的模式，我们教师应该注重学生自己探索、领悟，重在过程，而不是一味地要求学生在遣词造句上有进一步的提升。给学生提供一个切实可行的活动情境，让学生自主进行实践，学生通过活动，真实的内心情感迸发，便会有话可说。此时，教师再加以引导，学生便能有序地将事情说清楚，情感表达完整。

3. 情境教学法

情境教学法是指在教学过程中，教师有目的地引入或创设具有一定情绪色彩的、以形象为主体的生动具体的场景，以引起学生一定的态度体验的教学方法。其目的就在于激发学生的情感体验。例如，写观察植物的作文，可以要求学生回家观察植物一周，每天记录填写观察表，让学生学会用科学、准确的语言来描述。学生每天观察植物发生的变化，它的每一点细小的变化，都会学生欣喜若狂。对植物细致入微的观察让学生对自己观察的植物产生了情感。观察结束之后，教师可以不费吹灰之力就让学生完成习作，只需要转变写作目的——为自己的植物秀一次成长记录。学生只有拥有了强而有效的情感体验之后，才会有话可说，有东西可写。这就能使学生自己主动说话，自己主动进行创作。

4. 讨论与辩论法

所谓讨论与辩论法，就是采用对话的形式来组织写作教学。学生运用已有的知识经验来相互交流，教师则鼓励学生不断地畅所欲言，充分发挥主观能动性。学生在讨论中激发出新的点子，在辩论中得出难能可贵的方法。学生之间相互讨论如何才能够写好一篇文章，哪些素材能用于这篇文章，哪些写作技巧又能够"无痕"地运用。

（三）开放性作文教学的策略

开放性作文教学过程强调开放意识培养，强调开放性思维训练，强调开放性素材收集，强调开放性写作，还强调开放性评价。

1. 强调开放意识培养

教师要有开放意识。孩子永远只能是孩子，不要妄想用成人的视角去评判孩子的价值观。对于不同的学生可以设置分层教学目标。后进生往往在心态上认为自己达不到要求，对写作不具备自信心。尝试给后进生台阶，让他们一步步实现教学目标，不断尝试写作，逐渐摆脱"不会写作"的束缚和自卑的心理。多鼓励，少责备，这是后进生培养的不二法门。学优生在课堂上往往会有学不饱的现象，对于教师所讲授的写作方法或技巧已经不成问题，他需要更高的挑战，他渴望得到更多人的肯定与赞扬。尝试给他们提供一个展示自我的机会与平台，投稿刊登、手抄报、校区级比赛都是他们追求的。

2. 强调开放性思维训练

在作文教学过程中，教师可添加头脑风暴法。头脑风暴法分为直接头脑风暴法和质疑头脑风暴法。前者是为了最大限度激发创造性,尽可能多地产生设想;后者是学生针对已有的写作素材提出质疑,选择最优方案。在课堂教学过程中融入头脑风暴,能让学生在同一个话题下迸发出各种有意思的火花。在此过程中,学生可以思考并选取对自己有用的素材,并且在交流过程中学会倾听,达到百家争鸣、百花齐放的效果。头脑风暴能让学生自由地联想、想象,发散思维。同时教师尝试抛出问题,让学生自由提出假设,学生对于材料的分析处理可以多样化,多角度。前提是学生必须对每一种体裁有一个基本的认知,这就需要教师前期进行大量的训练。①

3. 强调开放性素材收集

收集素材要开放,不要只限于课本。要培养学生养成写日记的习惯,把生活当中的所见、所闻、所思、所想都以文字的形式记录下来。不积跬步,无以至千里;不积小流,无以成江河。素材的大面积的无维度限制的积累,成为作文内容的"源头活水"。另外,阅读是间接获取知识和经验的一条行之有效的道路。大量的课外阅读,意在保证学生有自由阅读、积累素材的机会。尝试写读书笔记,能让学生增长知识,开阔视野,同时提升文化素养,而学生在作文的创作过程中也会为此文思泉涌②。

4. 强调开放性写作

自由创作的开放性作文教学是在教师强有力的支持下,学生真正打开自己的思维,说真话、写真事的过程。教师指导不当,学生作文水平不但不能有效地提高,反而作文会变得杂乱无章。教师不能过多地束缚学生的思维发展,应为学生提供一个平台,题材不限、字数不限、体裁自选,任由学生自由发挥,但核心是学生始终知道自己在写什么。人可写,事可叙,情可抒,理可说;秀美的山川可写,浩瀚的大海可写,险峻的奇峰异石可写;散文可写,诗歌可写,小说可写……天马行空,自由开放。

5. 强调开放性评价

教师在评价的过程中应注意以下几点:①评价要适时;②评价要适量;③评价要多元化;④评价的方法要灵活。在开放性作文教学评价中,坚持"促进学生全面发展"的理念,在于全面地最大限度地促进每个学生的发展,力求发现并选择一切可能的教育方式,创造良好的教育环境,形成一种适合于每个学生的教育。它要求教师在教学过程中与学生积极互动,处理好传授知识与培养能力的关系,注重培养学生的独立性、自主性和创造性,促进学生在其指导下主动地、富有个性地学习,而且要从学生身心发展的需要出发,尊重学生的人格,充分关注个体差异性,主动寻求适合于学生学习与发展的教育途径和方式,努力创设促进学生自我实现的教育环境。

（四）开放性作文教学的意义

开放性作文教学模式的建构有利于中小学作文教学从小课堂教学转型为大课堂教学,有利于学生作文从静态写作转型为动态写作,有利于作文形式从封闭式的命题作文转

---

① 甄玉晗. 自主开放性作文教学[J]. 现代教育科学:中学教师,2011,4(6):59-60.
② 陈慧群,贺基华. 在开放性作文教学中张扬学生的个性[J]. 四川教育学院学报,2006,22(2):61-62.

型为开放性的话题作文。

（1）开放性作文教学有利于作文教学从小课堂教学转型为大课堂教学。写作教学过程中的训练，旨在让学生学习写作的基本功："观察—思考—积累—感悟—提炼—表达"。而一篇文章的成型则需要通过"审题—选材—立意—构思—行文—修改"几个过程。开放性作文教学提倡打破原有的课堂作文的模式，让学生走出课堂，去观察自然，感受社会，感悟生活，写下真正属于自己的切身感受。

（2）开放性作文教学有利于学生作文从静态写作转型为动态写作。传统的静态写作模式是指教师布置完题目之后，学生写；等学生完成习作再由教师批改；教师批改完，学生根据批注进行修改。一篇文章就好比是一个人，当一个人已经出现病症再进行大动干戈的手术，其疗效是很差的。而从一开始还未出现明显病症的时候，及时进行预防，往往比治疗来的有效果。动态作文就是进行及时的预防。通过游戏、活动、探究来活跃学生的思维；通过提前布置任务，搜集资料，丰富作文的内容；通过实验、表演、比赛等方式，激发学生的情感。①此外，教师在学生写作文之前应该先给学生理清写作的思路、顺序、线索、提纲等，让学生写作文有章可循，有理可依。

（3）开放性作文教学有利于作文形式从封闭式的命题作文转型为开放性的话题作文。所谓命题作文就是给你一个作文题目，学生进行习作练习，比较封闭；而话题作文则比较开放，是开放性作文。开放性作文可分为两大类：一类是情境式的开放性作文，即通过情境的创设，使学生的情感得以激发、思维得以活跃，从而鼓励学生多说、多想、多写，快乐地进行习作；另一类是随机性开放式作文，采取内外结合的方式，随情入境，写出自己生活中的真情实感，不受题材的限制，随时随地的进行作文。这两类作文都非常有利于培养学生的开放意识和写作能力，应积极提倡。

第八层级　个性化作文教学

"个性化作文"就是指学生在自由、宽松、和谐的教学环境下，结合亲身经历，自主写作，确立新颖的立意，并运用个性化的语言和独特的表现形式创作的具有个人特质的不可复制的作文。个性化作文的提出是对传统作文教学问题的反思，也是语文新课程教学改革的时代要求。

一、传统作文教学的问题与反思

自实行素质教育以来，培育学生的个性化的呼声日益高涨。在作文教学中，个性化作文教学同样受到重视。以下我们将从"传统作文教学的弊端""新课标写作理念"两个方面对个性化作文提出的背景进行具体阐述。

在应试教育的背景下，学生作文模式化，作文教学程式化，使得学生的个性得不到发挥，教师的作文教学乏味单调。学生创造性思维被遏制，真实鲜活的内容被淹没，个性化的语言被束缚，造成了假话、空话连篇，形式套路单一的模式化倾向。例如，为求高立意，

---

① 赵亚锋. 在开放性作文教学中培养学生的创新才能[J]. 写作与阅读教学研究，2011，3（3）：42-43.

用"身材魁梧，衣着整洁"来形容马路上的清洁工人；为博人感动，便写亲人得了绝症；为凸显语言积累的丰富，每逢精彩生动之处就用成语、修辞，使得文章读来拗口、生涩。"一件令人难忘的事""一件有意义的事""我的爸爸""我的妈妈"，"____游记"等，面对这些老生常谈的话题，学生感到乏味无趣，不知从何下笔，于是照搬照抄例文的框架、语言。例如，描写景色或者是游记，开头总是"今天阳光明媚，天气晴朗，我和爸爸妈妈来到××公园。首先映入眼帘的是假山。"结尾总是"不知不觉，太阳下山了，我们只能依依不舍地离开了。今天真是开心！"又如，写"我的妈妈"，不是写妈妈整天为家人操劳，累得脸上爬满皱纹，头上生出了白发，就是写我生病了，妈妈不辞辛苦地照顾我。

作文，本应该是学生自发、独立创作的，富有个性的、属于自己的文章，而传统的作文却成了为应试而服务的"假大空"，使得学生害怕作文、厌恶作文，阻碍了学生创造力和个性的发展。

"习作教学'程式化'现象，就是指不管哪个年级，也不管什么题目，习作教学结构总是遵循'审题—立意—选材—组材—起草—修改—撰抄（成文）'这一固定模式一成不变。"[①]这样的模式刻板、老套、生硬，缺乏创新与活力，既不符合"新课改"的要求，也不利于学生与教师的发展，其缺点显而易见。

在《全日制义务教育语文课程标准》（2011年版）中关于写作的要求和建议充分体现了"新课改"是对学生个性化写作和教师个性化写作教学的要求，"个性化"写作教学不仅是"新课改"的要求，也是时代的要求。

《全日制义务教育语文课程标准》（2011年版）指出："对写话有兴趣，留心周围事物，写自己想说的话，写想象中的事物。""观察周围世界，能不拘形式地写下自己的见闻、感受和想象。""养成留心观察周围事物的习惯，有意识地丰富自己的见闻，珍视个人的独特感受，积累习作素材。"[②]这充分体现了"新课改"对学生"主动写自己想写""写出自己的独特感受"的个性化写作要求。

《全日制义务教育语文课程标准》（2011年版）指出："语文课程必须根据学生身心发展和语文学习的特点，关注学生的个体差异和不同的学习需求。"[②]作文教学生成性强、创造潜力大，是最适合发展、展示学生个性的领域。在"新课标"引导下，教师有必要改变以往作文教学的程式化，看到每个学生的不同，采用开放式教学方法，凸显学生的主体地位，培养学生的个性和创造力。

二、个性化作文的含义、类型与特点

个性化作文，顾名思义就是要强调"个性"。这里既包括学生写作的个性，又包括教师教学的个性。

（一）个性化作文的含义

何谓"个性"？说法各不相同，但很多人都强调了"后天环境"对人的影响以及个性所

---

① 沈莉.习作教学程式化现象及矫正策略[J].小学语文教学,2011:18.
② 教育部.义务教育语文课程标准[S].北京:北京师范大学出版社,2011.

包含的"独特性"的特征。由此，我们认为"个性"是指个体在先天条件和后天环境的共同作用下，所形成的不同于他人的固定的特征，包涵"独特性""独立性"和"创造性"。"化"字，包含三层意思，一是指"质变的过程"，二是指"质变的质量"，三是指"质变结果的程度"。所以"个性化"便是指"成为预期个性的过程和结果，即人格不断成熟与发展，从而逐渐区别于他人的不断发展的过程，包括人格的形成、自我实现和情绪状态的成熟等。"

什么是个性化作文？对此也是众说纷纭。纵观诸多前人的描述，如高芳、刘苏、顾小斌等，都肯定了个性化作文"自主""真实""创新"的特点。由此，结合对个性化作文的理解，我们认为"个性化作文"就是指学生在自由、宽松、和谐的教学环境下，结合亲身经历，自主写作，确立新颖的立意，并运用个性化的语言和独特的表现形式创作的具有个人特质的不可复制的作文。

什么是个性化作文教学？关于这一概念的定义，有的人侧重于从教师角度进行阐述，有的人则从"教师"和"学生"两个角度去更全面地阐述。综合概括他人的观点，我们认为"个性化作文教学"就是指在个性化教学理念下，教师与学生在双向互动，共同学习、实践中充分反映教师的教学经验、教学优势、教学风格和激发学生的写作兴趣，提高学生的写作创意，从而引导学生写出独具特色的作文的新型的作文教学形式。

（二）个性化作文的类型

什么样的作文才叫"个性化作文"？我们认为凡是包含立意新颖、选材独到、语言个性、布局独特其中一点的就可称之为个性化作文。综合以上四点，我们将个性化作文分为"内容新颖的个性化作文"和"形式创新的个性化作文"两类。

1. 内容新颖的个性化作文

内容的新颖又包括选材的新颖和立意的新颖。

（1）选材独到的个性化作文。选材独到，即面对同一主题，作者能选择与常人不同的素材加之描写，让人眼前一亮。独到的选材源于对生活细节的观察与思考，或能看到该事物别人未发觉的一面，或能选取别人少有关注的事物。例如，《"快点"妈妈》[①]就是一篇选材独到的文章。与以往写"妈妈"的文章不同，这篇文章并非将妈妈描写得面面俱到，也没有写他人常写的"妈妈为我做的那些感人的事"，而是撷取了妈妈给我印象最深的一个方面——"快点！""快点！"。从而表现妈妈的叮嘱和催促会让我心烦，但也包含着妈妈对我那深深的爱。

（2）立意新颖的个性化作文。立意新颖，即确定富有新意的主题，面对同一事物，作者能挖掘它合理的又有新意的内涵或象征意义。例如，《月》[②]就是一篇立意新颖的文章。该文章通过"月"的诉说、"云"被吞没，揭示了人类对环境的严重污染，简单的对话让主旨寓于故事之中，立意颇具匠心。

---

① 胡婉丹."快点"妈妈[DB/OL]. http://blog.sina.com.cn/s/blog_67e8fb290100jes7.html.

② 张银华.特级教师谈个性化作文——个性化的布局[DB/OL]. http://blog.sina.com.cn/s/blog_51df85e601017qcb.html.

2. 形式创新的个性化作文

形式创新可分为谋篇布局和语言表达上的创新。

（1）谋篇布局特别的个性化的作文。谋篇布局，可以表现为体裁的选择、材料的组织、结构的安排别具一格。我们面对同一种内容也可以用不同的方式来表现，如根据自己所长选用记叙文、议论文、童话、寓言、小说、小品、剧本等多种体裁。手法上可采用书信的形式、广告的形式、对话的形式、访谈的形式、日记的形式、小标题的形式等。例如，文章《推开这扇门》①就是用广告的形式来描写的。

（2）语言个性的个性化作文。纵观古今，有李白的豪放激荡，清照的温婉细腻；有鲁迅的辛辣讽刺，老舍的朴实无华；有秦文君的轻松幽默，曹文轩的悲悯情怀；等等。它们各有各的特色，皆是独有个性的文章，其中缘由，少不了语言的个性。语言的个性，并非是指辞藻的华丽，而是通过语言的巧妙组合、搭配，修辞方法的娴熟运用等形成个人独特的语言风格。

（三）个性化作文的特点

个性化作文的特点主要可以从其主体、客体、载体、受体四个角度进行概括，具体如下：

1. 主体：自觉自主

"在承认作文应有之义的前提下，作文教学自然就不是教师主观地强制要求学生认知什么、不认知什么，应该对认知有什么态度、不该有什么态度；自然也不是教师限制学生写什么、怎么写、写给谁、用什么方式写了。"②在作文教学中，学生是写作的主体，学生要写什么、怎么写，皆是学生的自由，这是学生写作最基本的权利。所谓"强扭的瓜不甜"，学生只有在自主自愿的基础上进行表达，才能达到写作个性化的目的。所以"自主性"是个性化作文的基本特点之一。

2. 客体：真情实感

《全日制义务教育语文课程标准》（2011版）明确指出："在写作教学中，应注重培养学生观察、思考、表达和创造的能力。要求学生说真话、实话、心里话，不说假话、空话、套话，并且抵制抄袭行为。"③可见"真实"是作文的基本要求。而个性化作文要求内容的真实、情感的真实，但也不是不能有虚构和想象的成分，而是说"虚构和想象必须建立在自己独立思考并能体现自我真实情感的基础上，有自我的感悟，有自我的体验，有自我的个性"④。

3. 载体：新颖独特

这里的载体的新颖独特是指写作形式和语言的独特、创新。作文的形式包括体裁、表

---

①　卢荣. 推开这扇门［DB/OL］. http://www. jxteacher. com/cxm/column11010/7489c776-ee68-404f-b04a-7133dc41ce75.html.

②　徐同. 个性化教育理念下的作文与作文教学改革——兼评"中小学生作文个性化发展研究"［J］. 名师名家论坛,2005:19.

③　教育部. 义务教育语文课程标准［S］. 北京:北京师范大学出版社,2011.

④　顾小斌. 个性化作文教学的研究与实践［D］. 上海:华东师范大学,2009:16.

达方式、表现手法、修辞方法等。对于表现同一题材、内容的文章，我们往往将目光投之于具有"独特形式"的文章，它们能将常见的甚至是枯燥的内容用独特的形式表现出来，给人以新鲜之感。这虽不是个性化作文的根本追求，却也是个性化作文的一个重要的特征。而语言的独特新颖，是指与每一个鲜活的写作个体相对应的，浸透着写作个体独特的生命体验和鲜明的生命色素的语言，是有品味、有境界、有风格的语言。在中小学的作文考试中我们常见"要求真情实感"的字样，但是很多学生苦恼于"我写的都是真人真事，但为什么老师给我的分数还是不堪入目？""真情实感"是作文的基础，但是徒有真实的内容、情感，没有语言的技巧，读来也只觉得索然无味，又何谈个性化呢？所以个性化作文要求提高学生的语言技能。而富有个性化的语言，并不是指矫揉造作的华丽辞藻，也不是指平白无奇的极致朴素，而是指通过词语间的组合、搭配形成的有张力的语言，或者是在独特的个人情感体验的基础之上形成的富有个人风格的语言。例如，鲁迅的讽刺之味、冰心的亲切之感，就是语言的风格化。在真情实感的基础上加之这般娴熟的语言技巧润色，作文"个性"才得以凸显。

4. 受体：差异多元

现今社会，人们追求个性，张扬个性。"个性"不再是一部分人的代名词，而是属于所有群体。每一个人都有获得个性、张扬个性的权利。个性化作文，因其创作主体的个性、内容的个性、形式的个性，呈现出更加丰富的色彩，更易引起读者的兴趣。因作文的内容形式等少了限制，人们能够更加自由、富有创意地表达，更能将自己的心声融入文中，引起读者的共鸣。精神的共鸣，能够超越年龄、性别、职业、地域的限制，让来自各行各业、各个阶层的群体，走到一起，交流思想，体会情感。从这个意义上说个性化作文不仅是言语、情感的表达，更是人与人心灵的桥梁。

三、个性化作文的写作

（一）个性化作文的写作理念

个性化作文追求自由、独特、创新，但不是一味地标新立异，越独特、越怪异越好，它强调言为心声、文如其人，写出独具自己风格的语言，体现自己的魅力人格和精神。

1. 言为心声

言为心声，即将自己内心深处的情感、思想诉诸笔端，将自己内心最真实地表现出来。"作文应是学生表达情意的一种工具，它与学生的思想、情感有着最真实、最朴素的关系。"[①]正因为作文与学生之间的这一层关系，作文就应该属于个人，是他人所无法复制的，具有"个性化"也就是自然之事了。但现今的事实是很多学生连"为什么要写作文""作文要写什么"这些最基本的问题都没弄清楚，那教师所教授的所谓写作的技巧就显得单薄无力了。因此，提倡个性化作文就是为了追回作文最本真的一面——言为心声，告诉学生作文是为了自我表达和与人交流而写，是写出自己的心声。

---

① 赵金香. 扬个性之帆抒真挚之情[J]. 现在教育实践与研究. 2013(4).

2. 文如其人

文如其人意思是说"某人的文章的风格与其人的品性、脾气类似"。正因为范仲淹有满腔的爱国热情和忧民之心，才能写出"先天下之忧而忧，后天下之乐而乐"激昂之语。正因为李清照心思细腻，多有对生活的观察，才有了"知否？知否？应是绿肥红瘦。"这样的温婉含蓄之词。试想，一个毫无个性，缺乏思考，凡事盲目跟随大流的人又如何做到"我手写我心"，写出个性化的作文。所以，个性化作文强调"要学作文先学做人"，只有拥有鲜明个性的人，才能写出富有个性化的文章。因此，在平时的教学中教师应该为学生的个性差异而欢喜，以宽容的态度对待学生的独特言行，遵从"做人与作文同步发展、和谐共进"的理念，在宽松和谐的氛围中努力塑造学生的健康个性，为其个性化写作做好准备。

3. "我手写我口"

"我手写我口"，指的是学生"写作语言的风格化"。作品中"最能使人拍案叫绝和震撼心灵的情节往往是作品深邃的思想、对事物本质的深刻洞察以及对人物淋漓尽致地描绘"。[①]而这样的描绘就是源于富有个人风格的语言。个性化作文要求写作语言具有新颖性、独特性和不可复制性。或清新，或沉重，或幽默，或讽刺，或欢快，或忧郁……只要是形成了的个人的语言风格，就没有高低优劣之分。对于这样的学生，教师应及时给予鼓励，并寻找时机塑造可能形成的语言风格。

4. "我写故我思"

"我写故我思"，突出的是学生在人格独立、精神独立的基础上才能写出个性化的作文。现今，不少教师和家长为让学生写出所谓的"好文章"，可以说步步指导，字字监督，自己身心俱疲不说，得来的却是学生对写作的更加厌恶与反感。这是为何？此时学生不是独立写作的个体，而是被成人牵着线走的木偶人，在他们的意识中写作是"任务"，是大人的"要求"，是为了"他人"而写。事实上，写作是一个发现自我、认识自我、发现和认识周围世界的过程，应是学生的个人行为。在教学中，教师应该给学生留一定的自由，减少硬性的内容规定，放宽写作的时间，给予更多的自主自愿的表达机会。

（二）个性化作文的写作策略

俗话说："胸中有沟壑，下笔涌千言。"现在学生不知道如何写作文，主要就是"胸中无沟壑"。但这不是因为学生生活的单调，而是学生不知道要获取什么材料，如何获取有用材料，以及如何运用这些材料。学生应如何个性化作文，我们认为要做到以下四点：

1. 丰富积累，自由表达

个性化作文要求能够自由地表达、富有创意地表达，但是这一切都要基于作者自己丰富的积累。以下将从阅读、笔记、随笔三个方面进行具体阐述。

（1）针对性的阅读。"读书破万卷，下笔如有神"说的就是阅读对写作的作用。但是有些家长总说："我的孩子很喜欢读书，每天一回家就读书，但是为什么他的作文就是没有

---

① 左玉.个性化作文——放飞心灵，点燃创作的火花[J].新课程学习(上旬),2013(4):175.

起色呢?"我们要注意的是阅读要有针对性,不同的阅读材料对学生的影响是不同的,并不是所有的阅读都是为作文服务的,也并不是所有的阅读对作文的影响都是短时间内有效的。

(2)有目的的笔记。做读书笔记可以说是老生常谈的话题了,可以说现在绝大部分的语文教师都在做。但效果并非十分理想,这其中的原因何在? 常见的读书笔记一般分为三部分:文章主要内容、好词好句好段的摘抄、读书的收获。这样的笔记太过笼统,缺乏针对性,学生目标性不强。笔者认为应根据学生所需有针对性地做读书笔记。学生摘抄的内容可以为好的开头、结尾、过渡、描写、议论、抒情等句子或段落。学生可根据自己写作中较薄弱的部分,选择其中的一种或几种进行摘抄。当然,光是摘抄还是不够的,教师应在每周选择一段或几段时间让学生朗读摘抄的内容,并长期坚持下去。这样有针对性地摘抄和坚持朗读,才能让学生真正读有所获,并提高写作的语言技能,个性化作文也就不是天方夜谭了。

(3)随笔——作文素材库。叶圣陶先生说过:"生活犹如泉源,文章犹如溪水,泉源丰盈而不枯竭,溪水自然活泼泼地昼夜不息。"生活是孕育世间万物的温床,也是学生个性得以萌芽、成长的肥沃土壤。笔者认为从小学中段开始就可以让学生通过随笔记录生活。教师可以让每个学生准备一本随笔,作为"作文素材库",它不像作文那样拘谨,也不想日记显得有规律性,而是有话可写则写,有感而发则书。把平时看到的、听到的、想到的,或是一则笑话,或是一件趣事,或只是一两句感想,都可以随时记录下来。

2. 个性取材,自主表达

其实,学生的生活是非常丰富的,在写作中,他们缺少的往往不是素材,而是个性的选材能力,这包括别样的角度和独特的视角。面对同一事物,需要从不同角度去看。例如,一个生日蛋糕,在人的眼中看来只是一个小蛋糕而已,小蚂蚁眼中却是一座蛋糕山,而在大象的眼中又是不一样的了。在写作时,学生可以选择常人少用又契合文意的角度,达到出人意料的效果。面对同一题目,从多维度思考,舍弃第一视角。例如,写《我的同桌》时,很多人首先想到同桌的外貌、兴趣爱好等,教师可引导学生在写作时舍弃别人都会想到的第一思路,并从同桌的性格、口头禅、为人处事等方面选择内容,学生就会感觉有写不完的话。站在不同的角度,用自己独特的视角,想别人之未想,写别人之未写,那学生的选材便是个性化的了,所作之文也必然存在新意。

3. 发散思维,创意表达

学生的心灵是丰富多彩的,写作的一个目的就是将学生内心的丰富唤醒,这就要求发展学生的发散思维。发散思维,也叫求异思维,是指人们解决问题时,思维朝各种可能的方向扩散,从而求得多种答案。在教学中,我们要注意采用启发式教学,由一点扩散到方方面面,打开学生的思路。例如,"土豆思维训练",提问"土豆有什么作用?"学生先会想到土豆可以吃,可以做炸薯条、土豆丝等。这时我们提醒学生可以往更广、更深的角度想,就可能会想到土豆可以当保龄球、高尔夫、小篮球、小哑铃,甚至成为罗丹第二的练功工具——雕花,给番茄增加信心,可以用来垫桌角,当压书石、暗器、小孩的玩具、妈妈面膜、土豆流星锤、喝水碗、谁啰唆或打搅你时塞嘴巴的工具等。由此再进一步,引导学生讲一

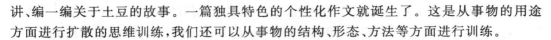

讲、编一编关于土豆的故事。一篇独具特色的个性化作文就诞生了。这是从事物的用途方面进行扩散的思维训练,我们还可以从事物的结构、形态、方法等方面进行训练。

4. 张力语言,个性表达

一篇富有个性的作文,其凸显处常常是语言,"语言"可以说是作文的生命。那如何运用语言使作文充满生命力,富有个性呢?首先,学生应有意识地通过阅读积累有个性、有张力、有内涵的语言,常常反复诵读,训练语感。同时,要独具慧眼,用心观察生活、思考生活,尽力捕捉瞬间的灵感,将其记录笔下。所谓"博观而约取,厚积而薄发",待到用时,便能自然地内化为自己的语言,灵活地加以运用了。

五、个性化作文的教学

每一个学生因其遗传因素、成长环境、受到的教育不同,都是独具个性的个体。但要想让学生的个性在写作中充分发挥出来,不仅需要学生自己的主动探索,更需要教师的积极指导。教师在教学中明确个性化作文教学所要达到的目标,综合运用各种有效方法和策略,采用艺术的评价,激发学生的个性潜能,达到"教是为了不教"的教学状态。

(一)个性化作文教学的方法

如何正确地引导学生写出个性化作文,培育学生个性化人格,掌握合适的、符合学生特点的教学方法必不可少。

1. 抛锚式教学

"抛锚式教学",就是"实例式教学",或称"基于问题的教学",是由 20 世纪末美国教育家根据西方建构主义学习理论提出来的。它主张教学内容要建立在生动的、富有感染力的、真实事件的基础上,把确定的"真实事件"比喻为"抛锚"。抛锚式教学具有科学严谨的多环节教学过程:①情境创设,即根据教学内容设计出与学生学习相一致的情景;②确定问题,即"抛锚",在情境中恰当地选择与课程内容相关的问题;③自主学习,即教师由过去的在前台唱主角走向教学的幕后,让学生自学,教师只是以熟练的新手角色参与到教学中,在情境中与学生一起感受、分析、研究课程所展示的图景;④协作学习,即根据学生的情况建立学习小组,给学生时间,让他们相互讨论,交流、沟通对情境的不同感受,加强记忆,深化他们对所学问题的理解;⑤效果评价,即教师全面掌握学生的学习情况,随时记录学生的表现。"抛锚式"教学体现了"自主、合作、探究"等多种学习方式。学生在熟悉的情境中能更快地回忆起所需的材料;学生在合作、交流中进行思想的碰撞,能更快地获得写作的灵感、理清思路;此外,学生的自主权也获得更大的提高。在这样的氛围中,学生思路受限少,有益于个性化作文的生成。

2. 支架式教学

支架式教学是在苏联著名心理学家维果斯基的理论基础上发展起来的一种教学方法。具体说来,就是教师首先在学生的现有知识水平和学习目标之间建立一种帮助学生理解的支架,然后在这种支架的支持下,帮助学生掌握、建构和内化所学的知识技能,最后再逐步撤除支架,让学生独立完成对学习的自我调节。个性化作文强调的个性就是在已

有的知识经验和学习水平的基础上的个性，而不是毫无边际的个性。在个性化作文的教学中，当教师教授给学生新的写作知识或要求学生完成新的写作任务时，不是直接将新的知识灌输给学生，而是将学生已学过的知识与将要学习的知识联系起来，为新旧知识搭起一座桥梁，让学生能够主动地、积极地学习新的知识。学生只有在主动建构的过程中，才能更好地理解知识，以轻松、自愿自主的心态迎接新的写作任务，从而为写作个性化作文服务。支架式教学关注到了学生的最近发展区，真正做到了从学生的实际出发，为学生的发展而服务。

3. 个性化教学

个性化教学就是指承认学生在社会背景、智能背景、态度价值、情感和生理等方面存在个别差异的前提下，适应学生个体差异性和多样性发展需要，不断调适或变通教学方法、形式，创设主体个性发展需要的教学环境，使学生进入自我管理状态，以期取得个性化、多层面教学目的的主体教学。个性化教学关注到了学生个体差异和不同的学习、发展需要，与个性化作文教学的理念相辅相成。在将个性化教学方法运用到个性化作文教学之中时，教师首先要了解整个班级的写作水平、写作的风气以及每个学生写作的态度和习惯，从而在作文教学的过程中运用有针对性的教学策略来引导学生更好地发展。同时，在教学中不应只关注学生写作方面的成长，还要根据每个学生的特点注重学生个性化人格的养成及其他方面的发展。

4. 合同教学法

合同教学法是指由教师与每个学生签订"学习合同"，明确规定学生在一段时间内完成的书面作业内容、学习进度及纠正的方法，然后由学生根据各自的计划进行学习。合同教学法的目的不仅能使学生充分发挥自己的特长或填补自己的缺漏，而且也使得教师能更好地了解每个学生的困难，从而采取有针对性的措施。合同教学法以学生为主体，给予了学生更多的自主权力。学生自己对自己的计划负责，学生明白他所做的一切都是源于自己的计划。这有助于增强学生的责任感和做事的计划性，培养学生的主体意识。与此同时，在教学中，教师可以根据学生的个性特点、学习进度、写作水平，给出适合学生的学习建议，以促进每个学生朝着更好的方向发展。可以说，合同教学法为个性化作文教学指出了一条新思路。

（二）个性化作文教学的策略

学生个性化作文的形成，个性化人格的养成不是一劳永逸，一蹴而就的，需要在长期的教学实践中不断加以引导和影响。

1. 营造自由写作氛围

"在作文教学中，要创设一个允许学生个性充分发展的宽松空间，使学生在良好的氛围中保持一个良好的心态。因为在严肃的气氛和紧张的心态下，人的才智是很难得到正常发挥的，更谈不上张扬个性。"[①]如何营造良好的写作氛围，笔者认为最重要的是要建立

---

① 高源.浅论作文教学个性化的生成[J].教学探索，2005：1909.

民主、平等、和谐的师生关系。

第一，消除写作的条条框框，使学生乐于写作。传统的作文教学，从命题到评改都是教师一手操办，学生除了写作、修改几乎可以说是作文教学的局外人，导致学生的思维被限制、情感难于表达。我们认为应将写作的权利还给学生。例如，增加命题的灵活性，教师命题应在了解学生的基础之上选择学生感兴趣的话题，甚至可以将命题的权利教给学生自己；放宽写作的时间，写作本身就是一件"内心情感抒发的过程"，课上的紧张状态很难让学生自由地表达，允许学生回家作文，或者在一段较长的时间（一周之内）内完成作文即可；"文无定法"，写作教学时要给予学生一定的思路，更要鼓励学生有自己的思路；改变评改的方式，教师评改与学生评改相结合，学生自评与学生互评相结合等。

第二，蹲下身子，与学生同一视线看世界。很多大人读不懂孩子，他们不理解孩子眼中的世界，就用自己的"权威"去否定它，孩子失去了主观的世界又怎么将它的五彩斑斓告知于你呢？教师应该改变以往居高临下的姿态，尝试着从学生的角度去思考。尝试去参与学生的活动，与学生一起娱乐；尝试去阅读学生的读物，与学生共悲喜；尝试去了解学生的欢乐与烦恼，与学生共成长。只有做到对学生的了解，才能理解学生的"能"与"不能"，才能与学生顺畅交流。

第三，抓住学生的闪光点，并将其放大。每一个学生的世界都是丰富多彩的，每一个学生都有自己的特殊经历，都有自己与众不同的地方。教师应该做一个善于发现的人，用关心的、欣赏的眼光看待学生，发现学生在作文上的闪光点，即使有时它们还比较生涩、稚嫩，我们都要通过表扬、鼓励，将学生的闪光点放大，从而增加学生的自信心和认同感。同时，用宽容平和的心态看待学生的错误或不足，给学生以足够的安全感。

2. 开展多彩实践活动

陶行知先生曾说过："学生有了兴趣就可以用全部的精力去做事，学与乐密不可分。"在作文教学中，开展丰富多彩的实践活动，让学生在学中玩，玩中学。

在课堂上，教师可以开展形式多样的趣味活动，让学生在愉悦中表情达意。例如，低年级可开展"给小丑贴鼻子""机器猫画画"等游戏，让学生学会观察，能把事情的过程写清楚；中年级可以开展"传话筒""超级无敌录音机"等活动，让学生现场观察游戏者的神态、语言、动作等特征，把文章写具体、写生动；高年级可以开展"护蛋行动"，学生随身带一颗鸡蛋，用一天的时间来保护鸡蛋不碎，在这一天中学生心里总是惴惴不安，想着如何守护这颗蛋，无论最后是否成功，相信学生都会有很多感想可说。教师还可以带领学生从课堂走到课外，拓展作文的训练渠道。在课余时间可以组织学生参与丰富多彩的课外活动。在集体外出郊游中，学生轻松愉悦，能体会到阳光的美好，自然的清新，同学间的友爱等；在与同学、家长一起的义卖活动中，学生能感受到人与人之间的温暖、冷漠，能体会到帮助人的快乐及不易，也能感受到收获的喜悦……这样的课外活动既给了学生更多体验生活的机会，拓展了学生的视野，又使得学生的情感在情境中自然地流露。

3. 训练个性思维方式

学生作文在教师统一指导后常常会出现千篇一律的现象，学生写作思维定式是其中的一个重要原因。要想让学生作文充满个性色彩，在写作指导时有必要引导学生冲破思

维定式的束缚,培养学生的创造性思维。主要可以从以下几个方面进行训练:

第一,同一题目多维选材。教师指导学生作文时,要注意引导学生面对同一题目多维选材,培养学生的创新思维。例如,写作《我最敬佩的人》,要引导学生不仅可以写德高望重的伟人,如毛泽东、项羽,还可以写身边的平凡人,如我的妈妈、我的同桌;不仅可以写兴趣爱好,还可以写他们的思想、品性;不仅可以写那些轰轰烈烈的大事,也可以写动人心弦的小事。

第二,同一主题多种表达。有些作文题目在作文主题立意方面有一定的限制,使得学生在写作时更容易出现千篇一律的现象。在作文指导时可以组织学生通过小组交流、合作探究等方式,让每个学生都有充分发表自己想法的机会,并尊重、鼓励学生独特的感受、表达。

第三,同一题材多种体裁。学生的思维是多面的且各有所长。因此,我们要根据学生的特点和兴趣进行针对性的指导,引导学生面对同一题材选择更适合自己的体裁。例如,"家"这个题材,长于直觉思维的可以写一篇想象文章,逻辑思维较强的还可以进行说明文的创作。

4. 形成有张力的表达

《全日制义务教育语文课程标准》(2011版)指出:"鼓励学生自由地表达、有个性地表达、有创意地表达,尽量减少对写作的束缚,为学生提供广阔的写作空间。"如何让学生有个性地表达?

第一,在模仿的基础上创新。学生个人的语言特色、谋篇布局的能力不是与生俱来的,在形成个人的风格之前,需要大量的模仿。在小学教材中,许多文章形式独特、语言优美,教师可以引导学生先模仿,再创新。例如,三年级上册《秋天的雨》就是一篇优美的散文,"把红色给了枫树,红红的枫叶像一枚枚邮票,飘哇飘哇,邮来了秋天的凉爽。"这句写得非常精彩,教师可让学生在充分理解该句的动人之处的基础之上,给予简单的提示:秋天的雨把(颜色)给了(谁),(比喻),(动作),(想象)。有了这样的提示,学生的仿写显得十分轻松,再加上学生的想象力丰富,话匣子一下子就打开了,学生畅所欲言,一句句动人的话语便呈现在我们眼前了。

第二,在积累的过程中内化。在教学过程中注意引导学生针对自己的不足摘抄富有个性化的句子、段落,并常常拿出来朗读。在这样的长期的训练中,学生的语感得到了良好的培养,好的句子、文章充斥着他们的头脑。俗话说"厚积而薄发",待需要时,学生便能以自己的方式表达出来。

第三,在实践和探索中提高。所谓"熟能生巧",再多的积累不运用,便是枉然。教师应给予学生更多的机会表达。除了常规的作文训练以外,可以鼓励学生参加各级各类的作文比赛,在比赛中提高学生的写作技能。在班级里也可以开展作文展示窗口,让更多学生的作文有机会展示给他人,也达到训练的目的。除此以外,还要欣赏学生的个性表达,只要学生有一点点进步,教师便大方地表扬他,给予学生信心,以保持学生对个性化作文写作的兴趣。

5. 培育学生独立人格

"独立人格是指人的独立性、自主性、创造性。它要求人们既不依赖于任何外在的精神权威,也不依附于任何现实的政治力量,在真理的追求中具有独立判断能力,在政治的参与中具有独立自主精神。"①

具有独立人格的人能够自我认可代表个体存在的核心价值,且不随波逐流,按自己的方式来做事。培养学生的独立人格有助于学生排除外界干扰,依照自己的内心世界,自由地、个性地表达。学生独立人格的培育,最重要的就是要淡化教师的角色意识,给予学生更多自我锻炼的机会。管理、教育学生是教师的基本职责,但是过度地参与学生的学习和生活,使得学生缺少自我锻炼的机会,更是养成了在学校事事依赖教师,在家事事依赖父母的习惯。学生在学习、生活中缺少独立思考,也很少自己独立解决问题。试想,这样一路走来,学生又何谈个性可言呢?个性化作文又从何而来?因此,在作文教学中教师应去除对学生的过度干预,减少条条框框的束缚,给予学生更多自我发挥的空间;以朋友的姿态与学生共同商讨问题,创造轻松和谐的学习氛围,打开学生的思路;给予更多机会,运用多种方式让学生去思考、讨论、解决问题,激发学生表达的欲望。从而养成独立思考、独立解决问题的习惯。

6. 提升教师写作素养

"要给学生一滴水,自己要有一桶水。"教师是学生个性化作文形成的引导者、示范者,要想培养学生作文的个性化,教师首先要具备个性化作文教学与创作的条件。

第一,完备的个性化写作理论知识。写作理论知识是进行写作教学的基础。进行个性化作文教学,首先要了解个性化作文教学的发展以及它最新的研究状况,只有不断研读各类个性化写作的理论知识,取其精华,去其糟粕,丰富自己的底蕴,开阔眼界,才能将优秀的写作理论运用于教学之中,为学生的个性化写作提供良好的保障。

第二,丰富的写作教学经验。教师在写作课堂上的教学机制,对不同年龄阶段学生写作要求的把握,对写作教学理论的正确解读等都不是与生俱来的,需要在长期的教学中慢慢获得提升。因此,不论是哪个阶段的教师都应该通过各种方式,如亲身实践、听其他教师授课,不断丰富自身的直接、间接的作文教学经验。

第三,较强的个性化作文写作能力。要指导学生个性化写作,首先教师自己能够创作个性化作文,才能发现学生写作中的难点,正确地指导学生写作。

第四,个性化作文教学意识。在应试教育的影响下,教师缺乏个性化作文的教学意识,认为学生只要能写出作文,争取拿高分就行,于是各种个性化作文模板横空出世,导致学生写作趋向雷同,个性化消失殆尽。因此,学生作文的个性化离不开教师个性化作文的教学意识。

（三）个性化作文教学的意义

个性化作文教学立足于时代的要求,符合学生的个性发展特点。因此,个性化作文的提出具有深刻的现实意义。

---

① 百度百科.独立人格[DB/OL]. http://baike.baidu.com/link? url＝WdA_jzWVqxe0uki1VX4EbmYWK9VhFsko5 drhjRj9qxji4pWefmoadTlxgrAcYtg2mkqpGf2ZgSff6ZTLiWwwGa/2014-01-22.

1. 个性化作文教学有利于提升学生写作的水平

传统作文教学多采用填鸭式的教学方式,教师在教学中占中心地位,学生缺少自己写作的空间,其思维和语言都得不到很好的训练。而个性化作文则强调充分发挥学生的主体性,训练学生创新性思维,培养学生个性化语言,在这一过程中,不仅学生的写作水平得到了提高,也促进了学生个性化人格的养成。

2. 个性化作文教学有利于培养学生创新性思维

学生的生活是丰富多彩的,但是学生的作文常常出现没话可写,思路雷同的现象。个性化作文教学试图改变这一现象。个性化作文教学强调思维的训练,学生拓展写作思路,为个性化作文的写作打下良好的基础的同时也有助于学生创造性思维的培养。

3. 个性化作文教学有利于改变学生的学习方式

个性化作文教学在"新课标"的指引下,改变以往以教师讲授为主的教学模式,给予学生更多的自主权力,倡导"自主、合作、探究"的学习方式,让学生在自主学习、合作、交流、探究的过程中,大胆地发表自己的想法,个性地、自由地、富有创意地表达。

4. 个性化作文教学有利于创新教师教学的模式

个性化作文教学要求营造自由、宽松的写作氛围,开展丰富多彩的实践活动,训练学生的个性思维,培养学生的独立人格。这就需要教师不断推陈出新,不断探索适合学生的新型的个性化教学模式,以促进学生的作文个性化。

5. 个性化作文教学有利于促进教师风格的形成

个性化作文教学相较于传统的作文教学对教师的个人素养提出了更高的要求:教师不仅要有扎实的专业知识素养、较强的教育教学能力,更要与时俱进,理解和把握新的教学理论,并为作文教学所用。这无形中便提高了教师的教学素养,有助于其自身独特的教学风格的形成。

第九层级　研究性作文教学

《普通高中语文课程标准》指出:"注意观察语言、文学和中外文化现象,学习从习以为常的事实和过程中发现问题,培养探究意识和发现问题的敏感性。对未知世界始终怀有强烈的兴趣和激情,敢于探异求新,走进新的学习领域,尝试新的方法,追求思维的创新、表达的创新。"[①]"新课标"提倡在写作教学中培养学生留心观察、善于思考、积极探究、乐于表达和创造能力。但不可否认,现今学生的作文形式模式化,写作内容感性化、虚假化的情况仍十分突出。如何让学生在写作实践中联系生活,有良好的观察和自觉的思考,写出有深度和有价值追求的文章,提高写作能力,为终身发展奠定基础,这也成了当今中小学教师和相关学者亟须探索和解决的重要课题。

---

① 教育部.普通高中语文课程标准.[M]北京:人民教育出版社,2011.

一、传统作文教学的问题与反思

传统作文选材范围局限于"感性"方面,如写人、记事、状物等。中小学学生作文选材单一化,如司空见惯的"好人好事",使作文丧失了应有的灵气和理性。传统语文教学以文本阅读鉴赏为导向,形式多以范文赏析、写法剖析、学习修辞为主,尤其是文学性写作强调人文性和思想性,推崇"文章述志为本",大多局限在人事、社会伦理道德,很少涉及科学探索与研究性写作。

其一,作文文体选择单一。在马正平先生建构的人类写作行为中,当下中小学生作文属于狭义写作下的文学写作,并且仅仅属于其中一支——散文写作。①由此可见,作文教学从写作的类型上行为的单一,作文文体可供选择性小,即传统课堂作文教学中不教导社会科学与自然科学论文的写作,也没有涉及狭义写作的另一大宗——实用写作,如日常的应用文写作,职业实用文写作,科研写作、公文写作、新闻写作等。这种单一文体的写作不符合"大语文"的观念,不尊重科学实验与科学报告的写作,忽视了写作的应用性、研究性,削弱了真正写作的训练。

其二,作文教学以应试为中心。在作文教学上,写作的价值追求功利,以应试获高分为导向,学生作文"八股"倾向严重,教师重规则与格式的指导,如遣词造句、审题立意、选材剪裁、谋篇布局。作文具有很强的主观色彩,作文容易出现主客不分、想象随意、推断肤浅、情绪激化,乃至凭空造假的弊端,写作呈现立意陈旧、布局死板、假话多、偏文艺的构想、主观色彩浓、套作现象明显。

教师往往只看重知识的传授,作文教学拘泥于课堂上,学生习作练习次数少,写作时间短,没有充裕的时间收集例证,不看重实践中素材的积累。再者,在教学过程中,从命题到批改等,教师主导性强,往往教导过多过细,学生能力提高有限,以至于学生写作的热情和积极性降低。最后,教师对于主观性强的作文,不同于其他学习成果有统一的标准,所以在学生作文评价上方式单一,不能给学生建设性的反馈。

在这样的背景下,"研究性写作"顺应时代而生。"研究性写作"概念最早由任学荣于1998 年正式提出。他主张"把'研究'的内容引入中学作文教学,让学生在写记叙、议论、说明三大文体之外,写一些带有研究性质的文章,如读书札记、评论、调查报告、小论文、设计方案等,以突破现在作文教学的局限性,扩展中学生作文的思想容量以及思维的广度、深度,使中学生的思想认识水平、思维能力与语言表达能力得到充分的发展,并且有了一些切实的收获。"②

研究性作文拓宽了中小学生取材范围,改变以往只追求人文性的写作内容,协调学生的人文与科学在语文写作表达上的比重,力求偏理性的抽象逻辑思维能得到足够的发展,促使学生语文素质得到全面提高,以适应知识经济时代对人才发展的要求和学生多元智能发展的需要。目前,"研究性学习"已经成为我国教育改革的热点与突破点,因此"研究性作文"应得到高度重视。

---

① 马正平.中学写作教学新思维.[M]北京:中国人民大学出版社,2003:78.
② 任学荣.开展中学生研究性写作实验初探[J].中学语文教学,2001(06).

二、研究性作文的阐释与写作

《普通高中语文课程标准（实验）》认为："现代社会要求人们思想敏锐，富有探索精神和创新能力，对自然、社会和人生具有更深刻的思考和认识。高中学生身心发展渐趋成熟，已具有一定的阅读表达能力和知识文化积累，促进他们探究能力的发展应成为高中语文课程的重要任务。应在继续提高学生观察、感受、分析、判断能力的同时，重点关注学生思考问题的深度和广度，使学生增强探究意识和兴趣，学习探究的方法，使语文学习的过程成为积极主动探索未知领域的过程。"①研究性写作充分体现了当下"新课标"提倡的研究性学习、综合性学习的要求。这种教育理念引入研究性作文教学中，既是活动经验学习与课堂授受教学互补的尝试，也将成为作文教学改革与发展的新视角。研究性作文弥补传统作文文本远离生活实际的弊病，提倡"从生活中来，到生活中去，服务于生活"。作文的内容从生活中来，为了改善生活的诉求以及满足人的求知欲望，写作主体融入生活实践，作文反观社会，呈现实用性、探究性。

（一）研究性作文的定义

何谓研究性学习？简单来说是："学生在教师指导下，从自然、社会和生活中选择和确定专题进行研究，并在研究过程中主动获取知识、应用知识、解决问题的学习活动。"②张华指出，研究性学习课程的本质是"一种新型的学习方式，用类似研究的方式，旨在培养学生的创新精神和科研能力，其根本特性是整体性、实践性、开放性、生成性、自主性"。③

何谓研究性作文？金言在《研究性作文教与学》中指出："研究性作文写作包括学科论文、各类研究报告、研究设计方案、研究综述等各种类型的研究性论文。研究性作文是研究性学习的重要手段。学生在自己的研究性学习中无论是计划的制订、资料的搜集、现象的观察记录或是实验活动的记载，还是材料的分析综合、信息的取舍整合、观点结论的形成与论证，都离不开研究性写作。所以，实际上研究性写作是贯穿于整个研究过程的。"④当我们完成某一研究过程，取得研究成果并将其以书面形式表达出来时，研究性作文成为研究性学习成果的载体。包志祥认为："研究性作文把生活的需要、语言文字的训练与学生心理的发展三者有机地统一起来，使生活与作文、作文与研究融合为一体，具有鲜明的开放性、实践性、自主性、探究性等特点。"⑤魏洁认为："研究性作文具有客观性、主体性、实践性、合作性以及主体性。特别提出研究性作文的基本要求是坚持实事求是，有充分事实根据，有科学的见解。"⑥从这里看到研究者能看到研究性作文不同于文学类写作，更偏向实用类写作。

综上所述，研究性作文是基于研究性学习的作文训练方式，学生以提高语文写作素养

① 教育部.普通高中语文课程标准（实验）.[M].北京：人民教育出版社,2003.
② 教育部.普通高中"研究性学习"实施指南（试行）[M].北京：北京师范大学出版,2006.
③ 张华.论"研究性学习"课程的本质[J].教育发展研究,2001.
④ 金言.研究性作文教与学[M].杭州：浙江大学出版社,2006.
⑤ 包志祥.初中研究性作文教学探讨[D].南京师范大学学位论文,2007.
⑥ 魏洁.中学研究性作文教学初探[D].辽宁师范大学学位论文,2014(03).

为基点,以小组探究方式从生活和自然中选取课题,根据搜集并整合的资料,经过实验探究取证,以此为写作素材进行独立写作的综合性作文活动。简单地说,研究性作文是融研究与写作为一体的综合性写作行为。

（二）研究性作文的类型

从内容维度看,研究性作文可以分为自然科学类、社会关系类、自我认识类。

根据研究性学习活动的分类内容,与中小学生的生活密切相关,来源于自然、社会、自我三大领域,所以学生的研究课题可以选择人与自然方面,如环境保护、生态建设等;人与社会方面,如人际交往研究、传统文化继承与发展等;以及人与自我方面,如中学生生理与心理问题研究、中学生行为方式研究等。

自然科学类研究性作文可以结合科学,包括数学、化学、物理、生物等学科,对象是自然界事物的物质属性,环境问题等探究,如某河水质调查报告,铝与稀盐酸和稀硫酸反应的差异探究等;社会关系类研究性作文,可以结合社会学科,包括语文、历史、地理、政治学科,如"服饰与文化""中学生的政治素养"等;自我认识类研究性作文主要可以从个人与群体身心发展观察,没有具体学科,属于交叉学科,既可以选用一些社会调查的方法,也可以进行实验研究,对于中小学学生来说,可以选择"身边的小学生学习压力的来源""他人眼中的自己"等。

从研究性学习成果角度分类,研究性作文可以分为社会调查报告类、科学实验报告类、课题经验总结类、课题研究论文类。学生在研究性学习课题结束后,要将课题资料进行整理,即对所研究的课题和所做的工作做一个全面的梳理和总结。

总的来说,常用的成果呈现方式可分为文字类成果和实物类成果两大类。其中研究性作文属于文字类成果,可分为①研究报告类,如"我校水资源污染和浪费情况调查""关于我校学生课业压力问题的调查报告""家庭教养方式与学生学业成绩关系的调查报告"等;②综合评述类,如"奥林匹克学科竞赛的过去、现状和未来""汉代服饰的演变";③创新设计方案类,如"车载(蓝牙)免提装置消除回波和噪音的设计方案"等;④学科论文类,如"浅谈沈从文小说中的精神内涵""辩证地看待哥伦布发现美洲新大陆"等。

（三）研究性作文的特点

研究性作文具有内容客观性、选材开放性、写作主体性、材料生活性、过程合作性、研究深刻性等特点。

1. 内容的客观性

在马正平的人类写作基本原理关于"写作"的概念中,研究性作文属于狭义写作中的实用写作类,不同于现阶段中小学生写作实践,属于狭义写作中的文学写作里的散文写作。散文写作追求文学性的语言,即有张力、有质地与有滋味的语言。而实用写作的语言有本质不同,它的写作本质追求是客观科学、准确详尽、平白朴实、见解深刻新颖,语言可以不注重文采性。除了语言追求外,还有文学写作文无定法,散文诗歌没有统一格式,而实用写作具有严格、正规的模式或格式可以遵循。文学写作可以虚构假造、讲求情境渲染,实用写作追求写实,对客观事物翔实记录、探索本质。这样的作文自然具有很强的客观性色彩，是将客观事物研究过程中获得的新的认识加以正确的描述、概括、总结而成文的。作文更多的是对客观事物现象的真实描述、科学评价与阐发，作文的基本要求是实事求是、有理有据、真知灼见。学生在过程中学习如何思考、发问，所以研究性作文强调过程的客观描述，内容的详尽介绍，研究结果的准确表达。研究性作文看重实践性与科学性，强调过程的真实科学、观点创新、结论准确。作文教学不只是简单地传授写作知识，更注重启发学生分析素材（无论是文献资料，还是从实验探求结果），并从中归纳出正确、科学的认识与结论。

2. 选材的开放性

开放性成为区别传统作文和研究性作文的一个主要特性。因为研究性作文是参与研究性学习活动后整理成文的，所以要求教师给予学生足够的时间和空间。在研究性作文的选材上，课题与社会、自然、自我相关，学生应该根据自己的选择从学科出发又不拘泥于学科。这样，学生就要走出课堂，走出教科书，融入社会，去搜集素材、访问调查、实验探究。在同一课题下，由于学生兴趣与观察点不同，可选择不同的研究方法和手段，用开放的思维去思考，最后完成作文。自己选取课题，并制定研究过程的开放式作文形式不同于传统作文的说教和规则指导，更加符合现实生活中的实际要求，有利于全方位地培养学生语文核心素养所需各项能力。

3. 写作的主体性

学生在整个研究性学习和作文过程中能充分发挥自己的主体作用，他可以预见性地决定整个活动的过程与方式。如果缺乏主体的参与，学生很少能独立思考再做判断设计方案，作文往往草草了事，这有违研究性作文的初衷。主体性具体表现在两个方面：一是选题的主体性。学生主动寻找、确定好奇并渴望求知得到满足的课题，或者课题是在教师罗列的主题中，结合自己的兴趣拓展课题的深度。二是过程的主体性。在研究性作文中，学生是处于积极主动的地位，以主人翁姿态决定过程和方式。在学习态度上，主体性要求学生在整个活动中精益求精，不断完善。所以，教师要运用多种方式，激发学生的写作兴趣，重视培养学生的主体参与意识，提高学生在作文过程中的主动性。

4. 材料的生活性

作文素材来源于生活，与社会实践紧密联系。韦志成说："作文教学过程，就是指导学生'取象'—'明象'—'悟象'的过程，'巧妇难为无米之炊'，没有生活就没有'象'，也就难于'文以载道'了。"①除了语言表达的训练，研究性作文还是对某一专题深入了解、理解的过程。这种探究不仅以结论的方式呈现，过程本身也成了研究性作文不可分割的一部分。在研究性作文中，素材搜集的需要取决于课题，既满足学生的求知欲，又是对社会现实的考察。因此，学生也可以从作文成果即根据具体的写作任务来进行观察，由此开展调查、研究等实际工作。学生深入到社会生活中的不同地方，能和更广的社会群体交流、融合。研究性作文作为融合人文社科和自然科学的综合性实践活动，较好地把探究型教学的理念方法运用在作文教学中。所以，教师也要致力于发展学生的实践技能，以求学生更好地

---

① 王尚文.语文教学对话论[M].杭州：浙江教育出版社，2004.2.

迁移到写作技能中去。

5. 过程的合作性

研究性作文的过程中,因为学生个体写作水平有限,群体间存在个体差异等,研究性作文要求写作主体进行密切合作,建立起真正合作的关系。过程中需要学习者之间的"水平性互动",即研究性作文非常重视过程中学习主体的合作性。教师在选题阶段要引导意向相投的学生进行合作,生生关系在共同的课题下密切联结;学生小组合作,各显其能,各尽其责,各抒己见,将自己搜集的资料进行共享,在最后成文时进行互相评改,使习作不断完善。过程的合作让研究性作文的效率得到了极大的提高,也落实了"新课标"倡导的自主、合作、探究的新型学习方式。

6. 探究的深刻性

研究性作文的重要特征是有特定的课题,围绕课题的多方面或者一方面进行多角度深入挖掘,广泛搜集材料。在学生学习条件和精力相对有限的情况下,经过一定时间的观察分析,接触到生活的方方面面,包括政治、经济、文化、人际等。这种专题式研究方式,既看重实践中素材的积累,又强调作文切入点等角度的新奇、深入,学生在构思写作时就有了深刻性,这样也能提高作文写作的质量。深刻性包括探究对象内涵和特性的深刻;作文的素材和内容以及探究作文的表达和技法的深刻。所以在探究中,不仅要让学生发现和解决具体问题,而且让学生树立乐于探索真相并愿意寻求真理的习惯,意识到重视实践、实事求是的好处。因此,它的意义不再只是作文训练或者获得某一学科的具体知识,它将影响学生的全部学习和意志精神,并为提高学生创新能力奠定良好基础。

（四）研究性作文的写作策略

自从"研究"引入作文教学,学生从写作动力出发,紧紧围绕自己感兴趣的课题去搜集资料、调查研究、阅读文献,并对素材进行内化建构再创作。研究性作文的整个过程,学生除了学习如何展开研究学习,还要在以文字呈现的研究成果中流露自己的思想情感。

传统写作教学往往割裂了前写作与写作的联系,让学生根据某一主题或中心内涵展开评述,缺少生活实践以及对生活方方面面考察的基础。马正平提出的写作行为过程论,在宏观形态上由前写作行为、写作行为与后写作行为三个系统构成,如图 3-8 所示。

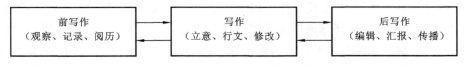

图 3-8　写作行为过程的构成

研究性作文贯彻这一写作行为,让写作成为一个完善的系统。选题时,写作主体运用主题意识,深化与泛化主旨。学生从选定研究性学习的课题开始就对课题做初步的思考:我为什么要写(目的),写什么(题目),说什么(内容),怎么说(方法),为谁写(读者)。

此后,运用分析和综合的思维,分析原因、背景、功能,综合相似、空间、时间,拥有明确的立意、主旨。对于具体的课题,学生要知道写作前的准备,最需要思考的是课题背景、功

能。在研究小组的合力下群策群力，讨论和发散思维延伸课题字面下的内涵，提前预估课题的可行性，最好已经有具体后续行为的蓝图。

在写作阶段，学生运用重复（渲染）与对比（反衬），来吸附写作素材，建构文章结构。素材是在过程中自己搜集的有关课题各方面的材料，以《不同历史时期的和亲政策之比较》为例，学生从语文学科的课文《内蒙访古》出发，联系昭君出塞，从历史学科角度考察并收集材料，对比不同历史阶段和亲政策的变化，借着互联网或其他渠道查阅相关文献史料，利用分析与综合的思维操作技术，如原因、背景、功能、构成分析，相似、空间、时间等综合，来重复与对比，完成主题的立意。

到了行文措辞阶段，"写作主体要关心将行文思维的内容细化为文章基调、语气、风格、节奏的语言之流，以实现自己的写作意图、写作目的，实现文章功能。"①对于狭义的研究性作文而言，这是真实写作的过程。研究性作文由于是实用类写作，不过分强调文采，写作价值取向偏写实和纪实，可以有大框架作为写作的模板，不强调统一的格式。例如，社会调查报告类，可以由标题、引言、正文、讨论或建议、结论几部分组成；科学实验报告类由题目、背景说明、实验方法、实验措施、实验结果等几部分组成；课题研究论文类的结构，一般来说应包括标题、引论、正文、结论和附录等。由此，教师在研究性作文指导中，可以给学生提供不同样式的写作模板，并明确要求：不照搬文体写作的要素，根据课题需要自行决定。

三、研究性作文教学模式的建构

研究性作文教学是指在教师指导下展开研究性学习，最终用文字记录过程和呈现结果的过程。其间学生发挥主体作用，积极主动进行探索，收集整合素材，发现写作规律而建构研究性写作模型，教师进行实践指导，其目的是培养和提高学生的实用类文体的作文能力。

教师指导学生开展研究性学习，首要任务是让学生在生活学习中发现问题，进入情境。然后学生个人或组合小组，设计调查、实验、研究方案，力求找到解决问题的方法及答案，最后教师指导他们把调查、实验、研究的过程记录和求证结果整理成文。所以研究性作文，不但能丰富学生的写作素材，培养学生的写作兴趣，而且能激发学生发现、提出、分析、解决问题的意识和能力，促使学生养成有主题针对性地多角度思考问题，多渠道获取信息资料，进而分析、解决问题的严谨周密的治学态度，形成良好的学习习惯和优良的思维品质。这样，学生既能有对科学的求索精神、科研意识和探究能力，又能训练语言文字平实的记录和表达，所以研究性作文教学是一种富有独创性和统一性的作文教学模式。

（一）研究性作文教学的原则

研究性作文教学坚持以下原则：教学时空上坚持开放性，教学对象上坚持主体性，教学目标上坚持创造性，教学指向上坚持实用性。

---

① 马正平. 高等写作学引论（第二版）[M]. 北京：中国人民大学出版社. 2011(03)：272.

1．教学时空上坚持开放性

研究性作文课题来源于学生周边生活，关注并致力于解决感兴趣的自然科学或人文社会问题。所以教师要引导学生实地观察，看到平日忽视的细节；课堂上，旁征博引，创设问题情境，激发学生对问题的思考；贯穿在作文教学理念中，培养学生的逻辑思维能力和创新意识。研究性作文是参与研究性学习活动后整理成文，所以要求教师给予学生足够的时间和空间。教学时间上，有条件可以不拘于当堂限时作文，可以联系综合性学习，不受具体课时安排的辖制，活动空间上，没有具体的教室，而是让学生深入实地探究写作对象各方面的特征，较全面系统地搜集素材，从容地思考和写作，并且不断地优化，从而写出高质量的文章，为学习者和作文者发挥个性特长和才能提供广阔的空间，形成一个开放的教学过程。

2．教学对象上坚持主体性

作文教学根据学生已有的知识经验，在写作动力激励下，学生主动建构新知识。因此，研究性作文重视学生作为主体，参加课题下的探究活动，在亲身实践中同化知识，建构个人知识体系。研究性作文教学的对象普遍化，适应学生的认知发展追求，但受学生当前习作发展水平局限。每一个学生在基础、能力各方面存在着差异，为了让不同基础学生的作文水平都得到发展，教学目标和学生要求达到的发展目的应当有所侧重，在每次作文教学中，力求学生能在习作的某一方面有所收益和长进即可。

3．教学目标上坚持创造性

由于小组间的具体研究性学习任务不同，同一小组学生个体已有知识经验存在显著差距，所以课题研究切入口、研究方法和手段以及结果的表达等各不相同，这为学生发挥个体写作的独创性，增进思考力和创造力提供可能。过程中，教师创设类似科学探究、实验调查的情境，学生在主动的探索求证、发现，通过对大量信息的获取、收集、运用，摆脱写作思维定式，从细节中摆脱旧体作文的模式化，力求观点鲜明，有自己的见解和分析，支持材料充实可靠，其中展现的思维就富有灵活性和流畅性。

4．教学指向上坚持实用性

实用性是实用类文体教学的根本特性，但是长期以来中小学作文教学文体不清晰，以文学类散文习作为主，且在应试、唯美等思潮影响下，作文教学忘记写作应适应日常生活和工作所需。作文仅仅沦陷为升学深造的敲门砖，或是花前月下自我陶冶，往往忽视作文在工作学习中的实用价值，联系中小学写作教学在人文素养和科学素养的两者并重，所以教师应该看到增加训练实用文体的必要性，如事物说明、观察日记、实验研究、调查报告等，训练学生联系自己的生活所需而写作，并为日后写作方面的终身学习作长足发展的打算。

（二）研究性作文教学的过程

研究性作文教学过程可分五个阶段：课题选择——激发兴趣，建立框架；收集资料——小组合作，拓展认知；整合材料——得出结论，有序撰文；作文交流——反馈修订，完善成稿；成果评定——多元评价，定稿发表。

1. 课题选择——激发兴趣，建立框架

在研究性学习开始前，教师可开设教导学生如何选择课题的讲座，根据课题方向，提供背景研究资料，拓宽学生视野，激活学生原有的知识储存，生发探究动机。

教师可以指导学生留意观察生活，从生活中寻找研究课题，选择能够激发学生写作兴趣的题目，也可以在平时学科教学中引申出问题，所以学生获取研究课题有这样几个途径：①从学科知识延伸和拓展中选题；②从身边的社会生产生活中选题；③从中小学生自身成长过程选题；④从自然现象中选题。

课题是研究者的研究中心，中小学生有足够的好奇心，但是鉴于学识，受年龄、知识、能力等多方面制约，对于现象的思考往往比较零散，所以课题的选择必须切合中小学生的实际。课题范围不宜过于宽泛，思考深度在学生已有的知识水平的最近发展区内，这样，学生可以从自己的研究特长、阅读储备、家庭背景出发，自主选择感兴趣、想深究的课题，教师可以在课题的社会价值和研究可能性给予判断和把握。

这一阶段中，教师作为组织者和参与者，可以平等地参与学生对课题范围、可行性等主题的讨论，帮助研究小组共同确定课题。学生对于课题会经历一个由模糊空泛到具体明确的过程，这需要教师不断地点拨和引导，帮助学生进一步调整、改进课题研究内容，使课题研究目标清晰化、具体化，符合学生年龄特征，易于展开学习操作。教师要利用自己的学识和观察提出相应的建议，多问几个"为什么要写（目的），写什么（题目），说什么（内容），怎么说（方法）"等，帮助学生明确课题的可行性，教师也可以根据学生学习的最近发展区，在课题深度和广度上给予一定的挑战。进入问题情境阶段，教师可以给学生组织关于课题发散的训练，归纳出准备研究的具体题目，形成基本的目标和认识。

2. 收集资料——小组合作，拓展认知

在调查活动中，学生需要把观察到的现象和发现的数据材料客观地描述记录下来，这些都是生动的第一手资料，可能导出原创性的观点与见解，所以教师应该重视。组织学生进行课外调查活动时，教师要适时给予指导，特别是观察事物细节，提醒学生做相应的记录和反思。由于研究性活动具有实时性、共生性，为了保证作文的质量，教师要给予研究方法的指导，如在科学实验中实验结果的记录方式，社会问卷调查的结果统计等。

收集文献类资料前，教师可以开展专题讲座和专题阅读活动，指导学习类似信息筛选法，增强学生信息处理能力，或者结合具体研究内容在研究过程中给予指点和训练。教师作为合作者，还可以向学生提供资料索引信息的支持，帮助分析课题，找准检索方向，引导学生分解课题并拟定提纲，能够在小组努力下综合利用多种渠道、多种资源开展研究性学习，如在图书馆、博物馆、书店等场所搜集相关书籍、期刊、报纸及网络资源。

在文史类研究课题中，学生经常需要搜集文献资料，在浏览和速读中发现相关信息，并在信息流中筛选与课题相关的有价值的资料，在问题和深度的考量上还能联系小组探讨，及时调整既定目标。教师适当布置任务，要求学生留意并摘录重要的相关材料，做好摘录和笔记，鼓励学生写下自己的阅读、比较的心得和体会。这些摘录、心得、笔记就是对材料的消化和吸收，它们也将成为研究性作文最好的素材。

3. 整合材料——得出结论，有序撰文

作为学生学习活动中特殊的伙伴，教师是聆听者、观察者，要努力创设民主和谐的学习氛围，当学生进行自主讨论、研究时，教师要积极地看、认真地听、身临其境地观察学生的所思所想，随时掌握或处理各种突发状况。

在行文阶段，教师可以事先给予学生研究作文的基本模版，并明确写作要求：开头简要，富有吸引力，层次与段落间要协调连贯，各部分逻辑要联系紧密，文辞应通顺、晓畅等。

教师帮助学生建立框架，要求学生列好提纲并提炼观点。一般来说，研究成果的表达方式，不论是论文或者研究报告，都需要先列一个提纲，构思好文章的结构，如课题划分为几个主要的层次，拟定各层次下几个小节的标题。因为研究性作文不论是学科论文、研究报告或是其他形式，不需将所搜集的相关材料和讨论而得的各种见解都纳入，而应该着眼于解决问题，将研究者最有创见的观点和最足以证明这些观点的新颖的、有价值的材料表达出来，所以，提炼观点和精选材料成为学生这阶段学习的难点。

4. 作文交流——反馈修订，完善成稿

研究性作文鼓励学生自行整理素材，按照自己的思路撰文成稿，自行推敲修改后，将初稿交给小组，小组中传阅并交流评价，成稿再由教师进行审阅批改。然后教师可以选用学生优秀的范例与全班分享，也可以让学生朗读自己的作品，接下来教师进行追问，倾听学生的辩解、自我改正，呈现学生写作修改过程。

我们可以借鉴日本作文交流模式："教师主张要建立作文反馈小组处理学生的作文。教师并不是学生作文唯一的反馈源，教师也没有那么多时间和精力与班上的每一个学生进行个别交流。帮助学生建立作文反馈小组，就是让班上同学分担起反馈的任务，使他们不仅是作文的作者，同时也是其他同学作文的读者或听众。"[①]

初稿修改是研究性作文的重要环节，养成反复修改作文的习惯是提高作文能力的必要途径。研究性作文除了研究"写什么"，还要研究"怎样写"，学生进行构思和写作，在这个过程中掌握信息处理能力并呈现成果。

写作修改，不仅让文章不断得以优化，更重要的是让学生的思维方式更加严谨缜密又有灵活性，在这个过程中，学生自身积累失败和成功的经验，并在日后快速作文中起到程序化完善作用。

5. 成果评定——多元评价，定稿发表

教师评阅，对学生文章的修改目标要朝着研究性作文作为实用类文体的写作价值追求。修改除了关注学生字、词、句的运用是否得当，还要注意素材的选择和剪裁，必要时反馈课题内容的提炼和深化，作文结构的调整和完善，努力追求主旨突出，局部出彩，又不失整体性。

这一过程可以借鉴日本作文评定："老师改完后编成文集在全班传阅，学生以他人作文为镜，对照自己的作文，评出优秀文章交学校出集或宣读。"[②]教师制造机会给学生提供

---

① 《语文学习》编辑部.写作指引[C].上海：上海教育出版社，2000：63.

② 《语文学习》编辑部.写作指引[C].上海：上海教育出版社，2000：43.

领略精彩学习先进的机会,这既是满足学生展示成功的需要,拥有成功的愉快体验,从写作动力学来讲,又激起学生追求成功、体现自我价值的巨大动力。

成功展示的内容可分为展示成功作文、展示特色素材、展示研究经验。展示的途径和方法包括教师选读、小组评读、学生自读,班级内成果张贴、论文结集成册传阅以及校园内主题交流,优秀论文可以推荐至报刊发表等。

（三）研究性作文教学的评价

从价值追求上来说,研究性作文不单单只是从表层上希望学生丰富知识,提高写作技巧,更是在逻辑思维发展上拥有独立判断能力,学会创新,学会马正平所说动力学的写作观点:"能逐步建立写作智慧(指人格、观察、阅读、思维的培养和写作学习,提高写作能力的策略选择)和生存智慧(指写作生存方式的选择)"。[①]所以教师要树立"学习通过写作""生活通过写作"的观念,即通过作文来促进阅读,积累知识,培养学生创造精神和运用写作交流信息、发表见解的能力。

研究性作文评价遵循全程性、激励性、互动性、发展性以及多元性的原则。在过程中,看重中学生搜集资料的翔实,以及在材料搜集中对相关素材筛选及整合选用,对课题深层的挖掘,学生能自主建构自己的知识体系。所以教师的评价内容要注意丰富性,中心明确,结构合理等。"评价要重视写作材料的准备过程。不仅要具体考查学生占有材料的丰富性、真实性,也要考察他们获取材料的方法。要用积极的评价引导学生通过观察、调查、访谈、阅读等途径,运用多种方法搜集材料。"[②]

教师应高度评价中小学研究内容的新意、研究成果观点的独树一帜以及陈述论据充分且具有说服力。教师还应该对不同层次的学生具有包容性,抓住文章中的闪光点给予积极评价。"对写作的评价,应关注学生的写作态度和写作水平。论述类文本写作的评价,应考察能否恰当地表达自己的观点,并能用可靠的材料支撑观点。实用类文本写作的评价,应考查学生能否根据此类文本中常用文体的特点和要求,完成常见实用文的写作。"[③]

评价方法多样化,教师除了观察、谈话进行了解,还可以对学生的探究过程、杰出表现进行记录。评价方式应该采取定量和定性相结合的方法。定量评价结合作文讲评的需要,可以罗列作文追求目标,量化评价标准,给予评分;定性评价可以选择档案袋评价,即搜集学生过程中的作品。"提倡为学生建立写作档案。写作档案除了课内外作文外,还应记录写作态度、主要优缺点以及典型案例分析等内容,以全面反映学生的写作实际情况和发展过程。"[④]

研究性作文教学评价方式应将自我评价和他人评价相结合,注重自我评价,最终构建起学生自我评价、同伴评价、教师评价三位一体的互动开放的评价体系。

① 马正平. 高等写作学引论(第二版)[M]. 北京:中国人民大学出版社,2011(03):380.
② 教育部. 普通高中语文课程标准[M]. 北京:人民教育出版社,2003(04).
③ 教育部. 全日制义务教育语文课程标准[S]. 北京:北京师范大学出版社,2011.
④ 朱孝锟. 论研究性学习在写作教学中的运用[D]. 济南:山东师范大学出版社,2009.

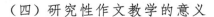

（四）研究性作文教学的意义

研究性作文教学有利于提升学生写作的水平,改变学生的学习方式,创新教师写作教学模式,促进教师专业的发展。

（1）研究性作文教学有利于提升学生写作的水平。研究性作文强调充分发挥学生的主体性,训练学生分析和综合思维,解决学生写作兴趣、材料来源、认识深度等有关问题,从而提高学生写出文质兼美文章的能力,同时可以培养学生的科研意识和研究能力。

（2）研究作文教学有利于改变学生的学习方式。研究性作文教学在"新课标"的指引下,改变以往以教师讲授为主的教学模式,给予学生更多的自主权力,倡导自主、合作、探究的学习方式,让学生在探究过程中,联系生活,在课题下有针对性多方收集素材,进而分析解决问题,养成严谨治学的学习态度和良好的学习习惯。

（3）研究性作文教学有利于创新教师教学的模式。在研究性作文教学中,教师改变作文教学讲授式、填鸭式的重规则与格式的指导,将教学的课堂转移到生活中,以问题与任务做驱动,让学生在独立思考、合作探究与交流展示活动中,自主建构学科知识和写作知识。教师可以根据每次研究性学习内容的不同,设置相应的教学过程,有针对性,富有创造性,给作文教学的课堂注入活力。

（4）研究性作文教学有利于促进教师专业的发展。在研究性作文课程的建设和实践中,教师要转变教学观和学生观,重视培养学生创新精神和实践能力。在"语文新课标"落实"研究性学习"的改革中,中小学教师要从传道授业者转型为综合活动研究者、参与者。教师作为研究者和引导者,首先要有自己的教学研究才能给学生提供多方面的策略,学生在平时教学中因为向师性对课题产生兴趣,也就更容易找到想要研究的课题,而教师又能在研究性课题中与学生一起探求新知,终身学习,不断发展。

当然,在研究性作文教学中仍然有种种问题需要解决,研究性学习理念与方法的注入,要真正让学生学会写作,教师必须真正关心学生,针对每个学生的情况进行具体的教学。只有这样,作文教学才能真正成功。就目前而言,在中小学力推行研究性学习,尚未普及所有的学生,在课程设置和教师指导上十分欠缺。但我们的考试制度也逐渐在改变,开始注重创新能力、运用能力的考查,在不久的将来,研究性作文教学也将真正落到实处。

参 考 文 献

陈功伟.1999.写作:生命的对应表现[J].写作.

崔琳.2013.初中作文教学序列的构建[D].上海:上海师范大学硕士学位论文.

大卫·杰弗里·史密斯.2000.郭洋生 译.全球化与后现代教与学[M].北京:教育科学出版社.

管建刚.2012.“故事力”:儿童作文的核心素养[J].教学大观.(第5期,第648卷)

韩军.2006.韩军与新语文教育[M].北京:北京师范大学出版社.

路德庆.2001.普通写作学教程[M].北京:高等教育出版社.

李崇建.2011.作文,就是写故事[M].北京:首都师范大学出版社.

刘淼.2001.作文心理学[M].北京:高等教育出版社.

刘勰.1997.文心雕龙[M].北京:中国友谊出版公司.

刘瑛.2012.论开放式作文[J].小作家选刊:教学交流旬刊.(第4期,第223卷).

柳士镇,洪宗礼.2000.中外母语课程标准译编[M].南京:江苏教育出版社.

刘锡庆.2007.基础写作学[M].北京:人民教育出版社.

闵登峰.2010.二十年来中学作文教学模式研究[D].北京:首都师范大学硕士学位论文.

马正平.2002.高等写作学引论[M].北京:中国人民大学出版社.

潘新和.2012.高考“伪写作导向”可以休矣——2012年高考作文题浅论[J].高中语文教与学.(第7期,第397卷)

潘新和.2004.语文:表现与存在(下卷)[M].福州:福建人民出版社.

潘新和.2014.语文:我写故我在[M].福州:海峡文艺出版社.

彭小明,刘亭玉.2015.写作教学模式论[M].杭州:浙江大学出版社.

荣维东.2008.构建基于科学标准的作文评价指标体系——从美国“6＋1要素”作文评价指标说起[J].语文教学通讯. (第10期,第581卷)

荣维东.2010.写作课程范式研究[D].上海:华东师范大学博士学位论文.

孙绍振.2008.从高考作文命题看我国语文培养目标缺失[N].中国教育报.

孙绍振.2008.高考作文命题之盲区[N].中华读书报.

童庆炳.1993.语文教学与审美教育[J].北京师范大学学报(社会科学版).(第5期)

托斯顿·胡森.1991.国际教育百科全书(第6卷)[Z].贵阳:贵州教育出版社.

王彬彬.2003.中小学语文教育的两个基本目的[N].南方周末.

王光祖,杨荫浒.1999.写作[M].上海:华东师范大学出版社.

王荣生.2014.写作教学教什么[M].上海:华东师范大学出版社.

魏小娜.2012.对我国作文教学中“真情实感”的反思[J].初中语文教与学.(第11期,第337卷)

吴伯威,杨荫浒.1992.林柏麟写作[M].北京:高等教育出版社.

吴忠豪.2006.谈中国语文课程的现状与改革——访上海师范大学教育科学学院教授吴忠豪[J].中小学教材教学.(第 10期,第202卷)

阎立钦.1995.美国中学的语文课中的德育和美育[J].中学语文.(第 5 期)

叶黎明.2012.虚构写作:写作教学的另一个向度[J].语文学习.(第 10 期,第 407 卷)

叶圣陶.1980.叶圣陶语文教育论集[M].北京:教育科学出版社.

于军民,薛景.2012.作文教学的两翼——实用性写作与文学性写作[J].教学月刊.(第 4 期,第 571 卷)

张卫中.2002.向善与求真——中国传统意向思维对 20 世纪文学的影响[J].徐州师范大学学报.(第 4 期,第 28 卷)

张文泰等.1999.中学作文教学研究[M].长春:东北师范大学出版社.

张志公.1998.张志公自选集(上册)[C].北京:北京大学出版社.

郑晓龙.2008.作文教学序列谈[J].中学语文教学.(第 1 期,第 343 卷)

朱作仁.1988.小学语文教学法原理[M].上海:华东师范大学出版社.

GRAHAM A,HANDLIN H,FUREY J,et al. 2001. Massachusetts English Language Arts Curriculum Framework
[M]. Massachusetts:Massachusetts Department of Education.

IRA,NCTE. 1996. Standards for the English Language Arts[M]. The United States of America:IRA,NCTE.

附录　历年全国高考作文题目汇总

1951 年:《一年来我在课外努力地工作》

1952 年:《记一件新人新事》

1953 年:《写一个你所熟悉的革命干部》

1954 年:《我的报考志愿是怎样决定的》

1955 年:《我准备怎样作一个高等学校的学生》

1956 年:《我生活在幸福的年代里》

1957 年:《我的母亲》

1958 年:《大跃进中激动人心的一幕》

1959 年:《记一段有意义的生活》

1960 年:《我在劳动中受到了锻炼》

1961 年:《一位革命先辈的事迹鼓舞着我》

1962 年:《说不怕鬼》《雨后》(二选一)

1963 年:《"五一"劳动节日记》

1964 年:《读报有感——关于干菜的故事》(材料作文)

1965 年:《给越南人民的一封信》

(1966 年~1976 年:高考中断了 11 年)

1977 年:《我在这战斗的一年里》(北京市)

1978 年:将《速度问题是一个政治问题》一文缩写成 500~600 字。

1979 年:将《第二次考试》改写一篇《陈伊玲的故事》。

1980 年:《读〈画蛋〉有感》

1981 年:仔细阅读《毁树容易种树难》,写一篇读后感。要求:观点正确,中心思想明确,紧扣原文发表感想,联系实际具体、恰当。

1982 年:《先天下之忧而忧,后天下之乐而乐》(必须写成议论文)

1983 年:《这下面没有水,再换个地方挖》

附图 1　这下面没有水，再换个地方挖

　　如附图 1，根据漫画，①写一段 300 字以的内说明文；②写一篇议论文，800 字以内。

　　1984 年：有的同学说："每逢写作文，自己常常感到无话可说，只好东拼西凑，说一些空话套话，甚至编造一些材料。"有的老师说："每次学生作文，我都辛辛苦苦地批改讲评，但是学生往往只看分数，不注意自己作文中存在的问题，所以提高不快。"请针对上面两段话所反映的情况联系自己和周围同学的现状，以对中学生作文的看法为中心，写一篇 800 字左右的议论文，题目自定。

　　1985 年：《给〈光明日报〉编辑部的信》
　　以"澄溪中学学生会"的名义，给《光明日报》编辑部写一封信，反映情况，申诉理由，呼吁尽快解决化工厂排放废水、有害气体等污染问题。

　　1986 年：《树木·森林·气候》
　　请从现实生活中选择一个有意义的话题，发表自己的见解，全文不少于 600 字，副标题自定。

　　1987 年：①根据提供的材料写一篇简讯《育民小学办起了游泳训练班》；②结合以上材料，就理论对实践的指导意义这个问题写一篇短文，题目自拟，字数 400～600 字。

　　1988 年：《习惯》
　　除诗歌以外，文体不限，不少于 600 字。

　　1989 年：你的好朋友是某重点中学高三年级里中上水平的学生，他想立志报某重点大学历史系，班主任、父母各持己见。他为此感到困惑、苦恼，他写了一封信，想听你的意见，你给他写封回信。

　　1990 年：母亲带着两个女儿去玫瑰园，一个女儿告诉母亲："这里不好，每朵花下都有刺。"另外一个女儿告诉母亲："这里真好，每个刺上面都有花。"根据这一材料展开描写，写一篇议论文。

　　1991 年：①《圆》
　　老师在黑板上画了一个圆，要求学生写想象作文。他举例说：比如，你可以把这个圆想象成一轮满月，再把这个画面用文字描述出来就是想象作文。圆是可以想象成很多不同的物体的。请你根据这位老师的启发，把这个圆想象成另一个物体。写成一篇 200 字

左右的想象作文。

②《近墨者黑》

某班开辩论会,一方的观点是"近墨者黑",一方的观点是"近墨者未必黑"。请你选定一方,写一篇发言稿参加辩论。

1992年:《动口与动手》

春雨潇潇,路灯朦胧。我独自站在候车亭下避雨。一个穿运动鞋的小青年,把大玻璃罐当作足球踢裂成了好几瓣,流出一摊黑乎乎的东西。"玩也不看地方,玩出这损人的事。"我心里暗暗责备他。

一辆自行车急驶而来,从车上跳下一位穿红雨衣的姑娘,顺脚朝玻璃罐底一踢,玻璃更碎更散了。

"红雨衣"抬头发现我在摇头,可能也意识到自己做得不妥,赶紧用鞋把大块玻璃片归拢到一旁,然后才推着自行车匆匆离开。

雨小了,一对撑伞的男女挨着走过来,高跟鞋偏偏踩到拢在一旁的碎玻璃上。脚一崴,漂亮的鞋子沾上了黑瑚糊的东西:"唉,真缺德,中国人的公德心呀……""当心牢骚太多长白头发。"那男的一边为她擦鞋子一边笑着说。

"高跟鞋"的那句话却仿佛刺了我一下,君子动口不如动手。雨停了。我回家拿了扫帚和铲子,又回到原地一看:碎玻璃已被打扫得干干净净,不留意连那摊黑乎乎的痕迹也看不出来了。我开始是发愣,然后才恍然大悟:"运动鞋""红雨衣"和伞下的一对,他们都有可能回来过。那么到底是他们之中的谁清理了这个地方呢?

要求:①根据提供的材料加以设想,记叙他们中的谁怎样回来清理这个地方;②选择所提供材料中的一个或几个人物(包括"我")的思想行为,进行分析,展开议论,写一篇议论文。

1993年:《梧桐树下的对话》

夏日的夜晚,院子里,梧桐树下……

啪!随着细微而清晰的一声爆裂,梧桐树的一块老皮剥落了,露出鲜嫩的新皮。

女儿对老树皮发出一串赞叹……

儿子对新树皮发出一串赞美……

父亲听着,看着,深有感触地说:"我希望人世间的一切都能像你们俩所说的那样……"

根据材料写一篇记叙文,题目自拟,不少于500字。

1994年:《尝试》

以《尝试》为题写一篇记叙文,不少于700字。

1995年:《××与××的对话》

任选寓言诗中的两种鸟,展开想象,以《××与××的对话》为题(如《麻雀与燕子的对话》《黄鹂与鹦鹉的对话》等),写一个200字左右的对话片断。

要求:①对话与《鸟的评说》内容有关,并据此展开想象;②用对话方式写,不要用概述和转述方式写,不要写成独白或诗歌。

1996年:《漫画》

(1)仔细观察《给六指做整形手术》和《截错了》两幅漫画,如附图2、附图3所示。

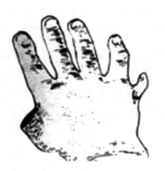

附图 2 给六指做整形手术 附图 3 截错了

①两幅漫画分别说明,文字不必平均分配;②说明画面内容时,不要编故事;③要求内容完整准确,条理清楚,语言简明。

(2)以《我更喜欢漫画〈_____〉》为题,写一篇议论文。

①把你喜欢的那幅漫画的标题填写在作文题目的空白处;②议论时要有比较,要充分说出自己的感受和理由;③不少于600字。

1997年:

①小新背双腿瘫痪的小牧到一公里外的学校上学,从小学五年级到现在高中一年级,一背就是六年,一千多个日子。

②某杂志社作调查:你对小新同学最赞赏的品质是什么?阅查结果,排在第一位的是"乐于助人"。

③某单位在一些青少年中作不记名问卷调查:"你如果遇到别人碰上麻烦事时会怎样对待?"回答"悄悄走开"的人不少。

根据材料①描写背同学上学的情景。根据材料②和材料③自选角度,自拟题目,联系实际,写一篇议论文。

1998年:现在中学生心理承受力差异较大,有的像鸡蛋壳那样脆弱,有的却很坚韧,那么你是怎样的呢?选择一个适合你情况的题目,举出实例,写一篇关于你自己的心理承受力的文章。

1999年:随着人体器官移植获得越来越多的成功,科学家又对记忆移植进行了研究。据报载,国外有些科学家在小动物身上移植记忆已获得成功。他们的研究表明:进入大脑的信息经过编码贮存在一种化学物质里,转移这种化学物质,记忆便也随之转移。当然,人的记忆移植要比动物复杂得多,也许永远不会成功,但也有科学家相信,将来是能够做到的。假如人的记忆可以移植的话,它将引发你想些什么呢?请以"假如记忆可以移植"为作文内容的范围,写一篇文章,文体不限。

2000年:在一次鼓励创新的报告会上,有位学者出了一道题:四个图形符号中,哪一个与其他三个类型不同?有人说圆形,因为圆形是唯一没有角的图形;也有人说三角形,它是唯一由直线构成的;又有人说半圆形也正确,它是唯一由直线和曲线组成的;最后有人说,第四个图形也可以,因为它是唯一非对称性的图形。看来,由于标准和角度的不同,这四个图形都可以作为正确答案。的确,世界是千变万化的,疑问是层出不穷的,答案是丰富多彩的。在生活中,看问题的角度,对问题的理解,解决问题的方法以及问题的答案不止一个的事例很多。你有这样的经历、体验、见闻和认识吗？请以"答案是丰富多彩的"为话题写一篇文章，只要与学者这道题引发的思想感受有关都符合要求。文体不限，题目自拟。

2001年：有一个年轻人跋涉在漫长的人生路上，到了一个渡口的时候，他已经拥有了"健康""美貌""诚信""机敏""才学""金钱""荣誉"七个背囊。渡船开出时风平浪静，说不清过了多久，风起浪涌，小船上下颠簸，险象环生。艄公说："船小负载重，客官须丢弃一个背囊方可安渡难关。"看年轻人哪一个都舍不得丢。艄公又说："有弃有取，有失有得。"年轻人思索了一会儿，把"诚信"抛进了水里。

寓言中"诚信"被抛弃了，它引发你想些什么呢？请以"诚信"为话题写一篇文章，可以写你的经历、体验、感受、看法和信念，也可以编写故事、寓言等。所写内容必须在"诚信"的范围之内。

注意：①立意自定；②文体自选；③题目自拟；④不少于800字。

2002年：有一位登山者，在途中遇上暴风雪。他深知不尽快找到避风处，非冻死不可。他走啊走啊，腿已经迈不开了。就在这时，脚碰到一个硬硬的东西，扒开雪一看，竟然是个快冻僵的人。登山者犯难了：是继续向前，还是停下来援救这个陌生人？心灵深处翻江倒海之后，他毅然做出决定，脱下手套，给那人做按摩。经过一番按摩，陌生人可以活动了，而登山者也因此暖和了自己的身心。最后，两个人互相搀扶着走出了困境。

也许不是人人都会碰上这种生死的抉择，但是每个人却常常遇到、见到、听到一些触动心灵需要做出选择的事情。那时，大家是怎样选择的呢？又应该如何选择呢？请以"心灵的选择"为话题写一篇作文，所写内容必须在这个话题范围之内。

2003年：宋国有个富人，一天大雨把他家的墙淋坏了。他儿子说："不修好，一定会有人来偷窃。"邻居家的一位老人也这样说。晚上富人家里果然丢失了很多东西。富人觉得他儿子很聪明，而怀疑是邻居家老人偷的。

以上是《韩非子》中的一个寓言。直到今天，我们仍然可以在现实生活中听到类似的故事，但是，也常见到许多不同的甚至相反的情况。我们在认识事物和处理问题的时候，感情上的亲疏远近和对事物认知的正误深浅有没有关系呢？是什么样的关系呢？请就"感情亲疏对事物的认知"这个话题写一篇文章。

2004年：

一、全国卷（山东、河南、河北、安徽等地区）

阅读下面的文字，根据要求作文。

①走你自己的路，让别人去说吧！（但丁）。

②常问路的人不会迷失方向。（波兰谚语）

③应当耐心地听取他人的意见，认真考虑指责你的人是否有理。（达·芬奇）

④相信一切人和怀疑一切人，其错误是一样的。（塞纳克）

面对各种说法，有人想：我该相信谁的话呢？也有人想：还是相信自己最重要。请以"相信自己与听取别人的意见"为话题，自定立意，自选文体，自拟标题，写一篇不少于800字的文章。所写内容必须在话题范围之内。

二、全国卷（老课程卷：广西、海南、西藏、陕西、内蒙古等地区）

阅读下面的文字，根据要求作文。

某网站"4220 聊天室"有这样一段谈话。

A:我给大家讲个故事。一个老太太有两个女儿,大女儿嫁给洗染店老板,小女儿嫁给雨伞店老板。老太太天天为女儿忧虑:雨天,担心洗染店的衣服晾不干;晴天,生怕雨伞店的雨伞卖不出去。后来,有一个聪明人开导她:"老太太好福气啊,雨天,小女儿生意兴隆;晴天,大女儿顾客盈门。您哪一天不快活啊!"

B:妙极了! 改变思维的角度和方式,我们就会有新的感受和发现。

C:快乐幸福是这样得来的吗?

D:阿 Q!

请以"快乐幸福与我们的思维方式"为话题,自定立意,自选文体,自拟标题,写一篇不少于 800 字的文章。所写内容必须在话题范围之内。

三、全国卷(吉林、四川、黑龙江、上海等地区)

阅读下面的文字,根据要求作文。

某网站"4220 聊天室"有这样一段谈话。

A:快乐的人生,也会有痛苦。有的人能直面挫折,化解痛苦;有的人却常常夸大挫折,放大痛苦。

B:是呀,有的人能把不小心打破一个鸡蛋,放大成失去一个养鸡场的痛苦。

C:考试失手,竞争失利,恋爱失败,亲友失和,面子失落,哪怕是其中的一点点,都是无法排解的痛苦啊!

请以"遭遇挫折和放大痛苦"为话题,自定立意,自选文体,自拟标题,写一篇不少于800 字的文章。所写内容必须在话题范围之内。

四、全国卷(甘肃、青海等地区)

阅读下面的文字,根据要求作文。

一个富人去请教一位哲学家,为什么自己有钱以后很多人不喜欢他了。哲学家将他带到窗前,说:"向外看,你看到了什么?"富人说:"我看到外面有很多人。"哲学家又将他带到镜子前,问:"现在你又看到了什么?"富人回答:"我自己。"哲学家一笑,说:"窗子和镜子都是玻璃做的,区别只在于镜子多了一层薄薄的白银。但就是因为这一点银子,便叫你只看到自己而看不到别人了。"

请以"看到自己与看到别人"为话题,自定立意,自选文体,自拟标题,写一篇不少于800 字的文章。所写内容必须在话题范围之内。

五、上海卷

以"忙"为话题写一篇文章。要求:①题目自拟;②1000 字左右;③不要写成诗歌。

六、北京卷

以"包容"为题,写一篇文章。

要求:①"包容"有宽容、大度、不计较、有气量的意思,也有一并容纳、接受不同意见的意思,本题若只从其中一个方面写,也可以;②除诗歌外,文体不限;③不少于 800 字。

七、江苏卷

阅读下面的文字,根据要求作文。

水有水的性格——灵动,山有山的性情——沉稳。

水的灵动给人以聪慧,山的沉稳给人以敦厚。

然而,灵动的海水却常年保持着一色的蔚蓝,沉稳的大山却在四季中变化出不同的色彩。

请以"水的灵动,山的沉稳"为话题,写一篇不少于800字的文章。

注意:①话题包括两个方面,可以只写一个方面,也可以兼写两个方面;②立意自定;③文体自选;④题目自拟;⑤不得抄袭。

八、湖南卷

阅读下面的文字,根据要求作文。

目前,我国18岁以下未成年人已达3.67亿,在每个孩子背后,是一双双深情关注的眼睛。家长对孩子教育的重视,超过了以往任何一个时代。中国的家庭教育,也有了长足的进步,现代教育意识向家庭的渗透,家长与孩子民主平等关系的建立,家长们春风化雨般的言传身教……都给我们留下了深刻的印象。但中国目前的家庭教育,也存在不少问题。

家庭教育对青少年的成长无疑具有举足轻重的作用。你对家庭教育,一定有自己的感受和思考,请以"家庭教育"为话题,自选角度,自拟题目,写一篇不少于800字的文章。

注意:①所写内容必须在规定的话题之内;②除诗歌外,其他文体不限;③不得抄袭。

九、浙江卷

阅读下面的文字,根据要求作文。

有关部门调查显示:某省公众的人文社会科学素养总体达标比例只占总人口的7.5%,与该省的经济发展颇不相称。该调查认为:人文素养反映了一个人的基本修养和品质,体现了人与自然、人与社会、人与人之间关系的价值观;缺乏人文素养,失落人文精神,必然会制约个人乃至社会、国家、民族的可持续发展。因此,我们在建设物质家园的同时,应高度重视精神家园的建设。

读了上述材料,你有些什么想法呢?请以"人文素养与发展"为话题写一篇文章。可以记叙经历、见闻,谈谈体验、感受,讲述故事,发表议论,展开想象,抒发感情,等等。

注意:①所写内容必须在话题范围之内,试题引用的材料,考生在文章中可用可不用;②立意自定,角度自选,题目自拟;③除诗歌外,文体不限;④不少于800字;⑤不得抄袭。

十、天津卷

阅读下面的文字,根据要求作文。

选材的木匠来到山里,当他看到一堆奇形怪状的树根时,认为是无用之才,摇摇头就走了;不久,一位根雕艺术家也来到这里,看到树根,喜出望外,就把它们拾回家,加以雕琢。树根变成了精美的根雕艺术品。

这则材料会使人产生许多联想,请你结合生活实际,以"材与非材"为话题,写一篇文章。

注意:①所写内容必须在这个话题范围之内,试题引用的材料,考生在文章中可用也可不用;②立意自定;③文体自选;④题目自拟;⑤不少于800字;[6]不得抄袭。

十一、福建卷

选择下面所列的一个人物或文学形象作为话题,自选角度,写一篇不少于800字的作文。

　　人物:孔子、苏轼、曾国藩、鲁迅、史蒂芬·霍金。

　　文学形象:曹操、宋江、薛宝钗、冬妮娅、桑提亚哥。

　　注意:①题目自拟;②立意自定;③文体自选;④不得抄袭。

　　十二、辽宁卷

　　阅读下面的文字,根据要求作文。

　　记者采访一位名人的母亲时说:"您有这样出色的儿子,一定会感到十分自豪。"母亲赞同地说:"是这样。不过,我还有一个儿子,也同样使我感到自豪,他正在地里挖土豆。"

　　这位母亲的话令人深思。功成名就,确实让人骄傲;但平凡充实,也足以令人自豪。请结合自己的经历和感受,就"平凡与自豪"这个话题写一篇文章。

　　注意:①所写内容必须在话题范围之内,试题引用的材料,考生在文章中可用也可不用;②立意自定;③文体自选;④题目自拟;⑤不少于 800 字;⑥不得抄袭。

　　十三、重庆卷

　　阅读下面的文字,根据要求作文。

　　一位登山队员参加攀登珠穆朗玛峰的活动,在海拔 8000 米的高度,他体力不支,停了下来。后来当他讲起这段经历时,大家都替他惋惜,为何不再坚持一下呢?再攀一点高度,再咬紧一下牙关!

　　"不。我最清楚,海拔 8000 米是我登山生涯的最高点,我一点都没有遗憾。"他说。

　　在这则材料中,登山队员对自我的认识与"大家"对他的期望是不一致的。在现实生活中,自我认识与他人期望有时一致,有时不一致。一致、不一致都值得我们深思。请就"自我认识与他人期望"这个话题,写一篇文章。

　　注意:①试题引用材料,考生在文章中可用也可不用;②立意自定;③文体自选;④题目自拟;⑤不少于 800 字;⑥不得抄袭。

　　十四、湖北卷

　　阅读下面的文字,根据要求作文。

　　唐朝的刘禹锡写过一首《昏镜词》诗。诗的小引说:一位制镜的工匠在店铺里摆了十面铜镜求售,其中只有一面磨制得清晰光亮,其余九面都昏暗模糊。有人不解地问:为什么镜的昏明如此悬殊?工匠解释说:并不是不能把所有的镜子都磨制得一样光亮,问题是买镜子的人十中有九喜欢昏镜而不喜欢明镜,因为清晰光亮的镜子能照见无论多么细小的瑕疵,绝大多数人用这样的镜子会感到不自在。

　　刘禹锡所说的镜似乎不是单指用来照脸面、照身影的日常用具。小至单个的人,一个家庭,大则一个民族,一个国家,乃至整个人类,都离不开"镜";"镜"也无处不在,有明镜,也有昏镜。

　　制镜、售镜自有目的;买镜、用镜大有讲究。请就"买镜"这个话题写一篇文章。

　　注意:①所写内容必须在话题范围之内。试题引用的材料,考生在文章中可用也可不用;②立意自定;③文体自选;④题目自拟;⑤不少于 800 字;⑥不得抄袭。

　　十五、广东卷

　　阅读下面的寓言,根据要求作文。

古时东瓯(今浙江南部沿海一带)人住的是茅屋,经常发生火灾,他们为此痛苦不已。有个东瓯商人到晋国去,听说晋国有个叫冯妇的人善于搏虎,凡是他出现之处,就无虎。东瓯商人回去后把这个消息告诉了国君。由于东瓯话"火"和"虎"的读音毫无区别,国君误以为冯妇善于"扑火",便以隆重的礼节从晋国请来了冯妇。第二天市场上失火了,大家跑去告诉冯妇,冯妇捋起袖子跟着众人跑出去,却找不到虎。大火烧到王宫,大家推着冯妇往火里冲,冯妇被活活烧死。那个商人也因此而获罪。(据《郁离子·冯妇》改编)

上述寓言中的人物由于语言沟通的问题,彼此一再产生误解,以致冯妇葬身火海。由此可见,语言上的沟通成功与否,有时影响巨大。请以"语言与沟通"为话题写一篇文章,可结合个人见闻、感受或学习语言的体会。

注意:①所写内容必须在话题范围之内,试题引用的材料,考生在文章中可用也可不用;②立意自定;③文体自选;④题目自拟;⑤不少于800字;⑥不得抄袭。

2005年:

一、全国卷 I

一个人问丹麦物理学家玻尔:"你为什么能创造出世界一流的物理学派?"玻尔回答说:"因为我不怕在我的学生面前暴露出我愚蠢的一面。"生活中常出现"意料之外"和"情理之中"的情况,以这个话题写一篇自定立意、自拟题目、自选文体,且不少于800字的议论文。

二、全国卷 II(四川、陕西)

甲、乙两个好朋友吵架,乙打了甲一拳,甲在沙地上写了"今天我的好朋友打了我一拳"。又一次外出时,甲不小心掉进河里,乙把他救了上来,甲在石头上刻了"今天我的好朋友救了我一命"。乙问甲为什么要这样记录?甲说:"写在沙地上,是希望大风帮助我忘记;刻在石头上,是希望刻痕帮助我铭记。"生活中有许多事情是可以忘记的,有许多事情又是需要铭记的。请以"忘记和铭记"为话题,写一篇不少于800字的文章。自定立意,自选文体,自拟标题。所写内容必须在话题范围之内。

三、山东卷

皇帝要建宫殿,召集百匠,木匠和石匠暗中竞争,木匠责备小徒弟,小徒弟心中不平,将木匠的尺子弄短了一截,用短的尺子量过的木柱就被做短了,可木柱等材料都是进贡的木材,非常珍贵,木匠和徒弟都面临杀头的局面。在焦急中,石匠想了办法,在石柱上加了一块东西,石柱凸起一块,将局面挽救。木匠和徒弟不但得以保存性命,并且石匠的这种方法形成了一种新的建筑风格,沿袭下来。以"双赢的智慧"为题,写一篇不少于800字的作文。

四、辽宁卷:《今年花盛去年红》

要求:议论文。

五、天津卷:《留给明天》

要求:体裁不限。

六、江苏卷

古人常用凤头猪肚豹尾来形容写作,意思是开头要精彩亮丽,中间要充实丰富,结尾要响亮有力,小到学习生活,大到事业人生何尝不是如此,以此为话题,写篇800字以内的文章,题目自拟,不要写成诗歌或剧本,文体不限。

七、北京卷:《说"安"》

以《说"安"》为题写一篇作文,"安"可以解释为"安全""安宁""安逸""安于"……自行选取角度,写一篇议论文,不少于800字。

八、上海卷

要求:阅读以下提示,根据要求作文。

近年来,在课堂教学之外,以下现象也大量进入我们的视野,请看一组社会广角镜——镜头一:武侠小说风靡了几代读者,其实以侠为人格理想,是一种由来已久的精神传统;言情小说则往往将花样年华与感伤情感交织在一起,这都是作品吸引众多青少年读者的原因。镜头二:中学时代《同桌的你》流行歌曲,唱出了莘莘学子的生活,幼稚与成熟,青春与成长,追求与迷茫,是一种难解的情结,在校园的绿草地上总有它的一席之地。除此之外,还有各种卡通、音像制品、韩剧、休闲报刊及时装表演等,因此需要对当今的文化生活作一番审视和辨析。谈谈它们对你的成长正在形成怎样的影响。

九、广东卷:《纪念》

要求:议论文。

十、浙江卷

唐诗曰"一叶落而天下知秋",宋诗云"春色满园关不住,一枝红杏出墙来""一叶飘落而知秋一叶勃发而见春";寻常事物往往是大千世界的缩影,无限往往收藏在有限中,请以"一枝一叶一世界为话题"自拟标题写一篇文章,题材诗歌除外。

十一、福建卷

两个圆圈。一幅是标准的圆形,周长小,面积大,比较稳定。一幅是带有棱角的圆形,周长大,面积小,比较多变。根据这两幅图自拟题目作文。900字以上。

十二、湖南卷:《跑的体验》

先走好,还是先跑好,根据跑的体验,写一篇不少于800字的议论文、叙述文。

十三、重庆卷:《筷子》《自嘲》

以"筷子"为题,写一篇说明文。以"自嘲"为题,写一篇议论文。

十四、湖北卷

诗人对宇宙人生须入乎其内,又须出乎其外。入乎其内,故能写之;出乎其外,故能改之。入乎其内,故有生气;出乎其外,故有高致。选自王国维——谈谈对人生、事物的看法。体裁不限。不少于800字。

十五、江西卷:《脸》

要求:话题作文。

2006年:

一、全国卷I(河北、广西等)

一只鹰抓了一只羊,被一只乌鸦看到了,乌鸦想学鹰抓羊,由于能力不够,结果被牧羊人抓到了。

根据对材料的理解,写一篇作文。

二、全国卷II(黑龙江、吉林等地区)

目前中国人读书的越来越少。1999年60%,2001年52%。造成这种情况的原因是

多方面的。为什么不读书？中年人说没时间,青年人说不习惯,还有的人说买不起书。相反网上阅读的人越来越多,1999 年 3.7％,2003 年 18.3％。全面了解材料,选择一个侧面和一个角度,自己确定题目和文体,字数 800 字。

三、全国卷 III(贵州、云南、新疆、宁夏、甘肃、内蒙古)

阅读材料,以"书"为主题写一篇作文,体裁不限,诗歌除外。

四、北京卷:《北京的符号》

除诗歌外的任意体裁均可。

五、上海卷:《我想握着你的手》

要求:不少于 800 字,不要写成诗歌,不要在文章中透露个人信息。

六、天津卷:《愿景》

新华字典里有一个新词,叫"愿景",请以"愿景"为题,写一篇 800 字的议论文。

七、重庆卷

(1) 小作文:《车站一瞥》。请写一篇描述性的文章,200 字。

(2) 大作文:走与停是生活中常见的现象,会引发我们对自然、社会、历史、人生的思考和联想,请以"走与停"为题,写一篇 600 字的作文,文体不限,诗歌除外。

八、辽宁卷:《肩膀》

九、江苏卷

鲁迅说,世界上本没有路,走的人多了,就成了路。也有人说,世界上本来有路,走的人多了,反而没路了……请以"人与路"为话题写一篇 800 字的文章。

十、浙江卷

据《列子》记载:子贡倦于学,告仲尼曰:"愿有所息。"仲尼曰:"生无所息。"古今中外,还有诸多相关的论述,例如:

人就是不断地进行创造性的工作,工作是使人得到快乐的最好办法。(康德)

我这一生基本上只是辛苦地工作。(歌德)

天子乃祈来年于天宗——劳农夫以休息之。《吕氏春秋》

休闲不是偶尔玩一次,而应是人们三分之一的生活。

人们应该学会超前休息,也就是说在疲劳之前,适当休息效果最佳。(医学专家)

读了上述文字,你有何感想,请以生无所息/生有所息为话题写一篇文章。可讲述你自己或身边的故事,抒发你的真情实感,也可阐明你的思想观点。

注意:①所写内容必须在话题范围之内,可任写一个方面,也可兼写两个方面;②立意自定,角度自选,题目自拟;③除诗歌外,文体不限;④不少于 800 字;⑤不得抄袭。

十一、安徽卷:《读》

"读",读人生,读父母。

十二、福建卷

创新思维课堂上,同学们各抒己见,先挑出 3 个比较有意思的话题:①诸葛亮借箭未满十万支;②戈多来了;③留下一点空白。请同学们任意选择一个作为话题,题目自拟,体裁自选,不少于 800 字。

十三、江西卷:《燕子减肥》

请以"燕子减肥"为题,写一则话题作文。

十四、山东卷

人们在地上看月亮的时候是晶莹明亮的,当人们踏上月球的时候才发现,月亮和我们的地球一样是凹凸不平的。从这则寓言中你感悟到了什么呢?请以此为话题,写一篇除散文以外文体的作文。

十五、湖北卷

三思而后行,三人行必有我师焉,举一反三……以上带"三"字的成语,能给你什么启示?根据启示作文。

十六、湖南卷:《谈意气》

以"谈意气"为题,写一篇议论文。

十七、广东卷:《雕刻主中的天使》

一个雕刻家,正在一刀一刀地雕刻一块尚未成形的大理石,渐渐地,脑袋、肩膀都露出来了,雕出了一个美丽的天使。一个小女孩看到了,问:你怎么知道天使藏在石头里?雕刻家说:石头里本没有天使,但我是用心在雕刻。请以"雕刻心中的天使"为题,写一篇800字的作文。

十八、四川卷

生活中,有许多疑问,有人好问,有人不好问,以"问"为话题,写一篇不少于800字的文章。

2007年:

一、全国卷Ⅰ:《人生,诗意还是失意》

二、全国卷Ⅱ

材料:①著名歌手丛飞节衣缩食,为一贫困企业捐款300万,但当他生病后,该厂员工竟无一人探望,其中一名受助者还说:"这让丛飞很没面子。"丛飞很伤心,但他说:"我现在已经无须钱来治疗了。"

②华南农大学生小李通过卖废品捐款给一所希望小学,但不久他被查出来患白血病,该校师生纷纷捐款,其中一位四年级女孩捐了十元,当被问到为什么把自己的压岁钱都捐出来的时候,这位小女孩说,我们要记得李姐姐说的话:"要学会帮助那些需要帮助的人,要帮助别人。"

根据以上材料自命题作文,体裁不限。

三、北京卷

"细雨湿衣看不见,闲花落地听无声"是唐朝诗人刘长卿在《别严士元》中的诗句。

曾经有人这样理解这句诗:①这是歌颂春天的美好意境;②闲花、细雨表达了不为人知的寂寞;③看不见、听不见不等于无所作为,是一种恬淡的处世之道;④这种意境已经不适合当今的世界……根据你的看法写一篇作文。题目自拟,体裁不限。字数800以上。

四、上海卷:《必须跨过这道坎》

五、天津卷:《有句话常挂在嘴边》

六、重庆卷

高考恢复 30 周年,学生们对高考有各种各样的看法,高考充满了酸甜苦辣,请结合你的自身体会,写一篇高考体会的文章。

七、江苏卷:《怀想天空》

八、广东卷:请以"传递"为话题写一篇作文。

九、浙江卷

阅读下面文字,按要求作文。

还记得你的童年吗?随着年龄的增长和思想的成熟,那些美丽的梦想、单纯的快乐似乎在一步步离我们远去。

苍茫的丛林间,玛雅文化湮没了;丝绸古道上,高昌古国消逝了。人类在消逝中进步。行走在消逝中,既有"流水落花春去也"的怅惘,也有"谁道人生无再少"的旷达……

读了上面这段文字,你有何感想?请以"行走在消逝中"为话题写一篇作文,可讲述你自己或身边的故事,抒发你的真情实感,也可以阐明你的思想观点。

十、山东卷:《时间不会使记忆风化》

请以"时间不会使记忆风化"为题写 800 字文章,自拟题目,自选主题,自选文体,文体特征明显。

十一、湖北卷

母语是一个人最初学会的一种语言,人人都有自己的母语。母语是民族文化的载体,是民族生存发展之根。在当今世界多元文化竞争与交汇的时代,母语越来越受到普遍关注,我们交流思想感情,欣赏文学作品,掌握科学文化知识等,都离不开母语。可以说,我们每天都在感受母语,学习母语,运用母语。

针对以上材料的理解和体会,写一篇作文。

十二、湖南卷:《诗意的生活》

结合自己生活实际,以"诗意的生活"为题写一篇不少于 800 字的文章。

十三、江西卷:《语文,心中的一泓清泉》《语文,想说爱你不容易》(二选一)

每天,我们都要和语文打交道,无论是在课内还是在课外。在你的记忆深处,或许留有许多语文学习的深刻印章,或许留有对语文的诸多感想。

请以"语文,心中的一泓清泉"或"语文,想说爱你不容易"为题作文,文体不限,不得抄袭或套作,字数不少于 800 字,不得另拟题目。

十四、辽宁卷:《我能》

十五、福建卷:《季节》

十六、四川卷

请以"一步与一生"为话题写一篇作文。

十七、安徽卷:《提着篮子看妈妈》

十八、海南卷

请以"论科学家的创新与创造"为话题写一篇作文。

十九、宁夏卷

根据材料,请以"机遇与坚持不懈的精神"为话题写一篇作文。

二十、陕西、河南、广西卷

附图 4 摔了一跤

如附图 4 所示,根据图画作文,自拟文体,自命标题,800 字以上。

二十一、重庆卷:《酸甜苦辣说高考》

根据恢复高考 30 周年来写。

2008 年:

一、全国卷 I(河北、河南、山西、广西)

与"抗震救灾"有关的材料作文。提供了包括捐款、救援队等六条与抗震救灾有关的素材,要求考生完成作文,不限题材。

二、全国卷 II(贵州、黑龙江、吉林、云南、甘肃、新疆、内蒙古、青海、西藏)

根据"海龟和苍鹰"的材料写一篇作文。

三、北京卷

在课堂上,老师拿了一个玻璃杯,里面放了一个大石头,差不多和杯子一样大,老师问大家:杯子满了吗?

一个学生回答:没满,还可以放沙子。

待学生放完沙子,老师又问:满了吗?

全班同学回答满了,有一个男孩却回答没有满,还可以放水。

老师笑了,接着把沙子和石头倒出来,杯子是空的。

这回老师是往杯子里放沙子和水,然后问大家,杯子满了吗?如果要放石头进去,该怎么放?

男孩就把杯子里的沙子和水倒出来,先把石头放进去。

学生根据材料自选角度,自拟题目写一篇不少于 800 字的文章,除诗歌外体裁不限。

四、上海卷:《他们》

平时我们关注更多的是我们自己,请以"他们"为题写一篇作文。除了诗歌外,文体不限,字数 800 左右。

五、四川卷：《坚强》

六、浙江卷：《触摸城市》《感受乡村》（二选一）

七、安徽卷：《带着感动出发》

文体不限，字数800左右。

八、广东卷：《不要轻易说"不"》

文体不限，字数800左右。

九、重庆卷：《生活在自然中》

除了诗歌外，文体不限，字数800左右。

十、江苏卷：《好奇心》

好奇心总是伴随着美好童年，诸如成功、失败、质疑、平庸等这些词语与好奇心相关联。请以"好奇心"为题，写一篇800字左右的作文，角度自选，立意自定。除诗歌外体裁不限。

十一、陕西卷

与"抗震救灾"有关的材料作文。提供了包括捐款、救援队等六条与抗震救灾有关的素材，要求考生完成作文，不限题材。

十二、湖南卷

"天街小雨润如酥，草色遥看近却无。"根据诗中你读出的意境和哲理写一篇议论文或记叙文。题目自拟，字数800左右。

十三、江西卷

以洞庭湖鼠灾为背景，请以田鼠的口吻或者田鼠天敌的口吻给人类写一封信。八百字以上。

十四、辽宁卷

给一段材料，关于交通灯的故事。看材料作文，道德方面的内容。

十五、福建卷

三个人进商店，分别买饮料，一个买甜的，一个买苦中带甜的，一个买淡的。根据此情景写一篇作文，题目自拟。

十六、海南卷

小兰和妈妈都喜欢看小鸟飞翔，听小鸟唱歌，她们第一次养鸟，妈妈忙女儿贪玩，没几天小鸟就饿死了；第二次养鸟母女俩要好好地养小鸟，养了一个月小鸟长得很好，可朋友说你们残忍地剥夺了小鸟的自由唱歌、自由飞翔的权力，母女很不舍得将小鸟放飞了；第三次亲密接触小鸟，是因为收到一封放生活动的邀请函，信函说放生活动既环保又慈善，母女俩买了两对小鸟兴高采烈地去参加放生活动，爬上山头看见参加放生活动的有好几百人，一鸣炮响起，千鸟齐飞，有人笑脸灿烂，有人真诚合十，母女下山后听到花鸟市场老板兴奋地说："自从有了放生活动，小鸟的需求量大增，每天都要起早贪黑捉小鸟。"

请以此为话题，写一篇作文，题目自拟。文体不限，字数800左右。

十七、山东卷

以"春来草自青"为话题，完成一篇自命题作文，题目自拟，除诗歌外，文体不限，字数800左右。

十八、天津卷:《人之常情》

字数 800 左右。

十九、湖北卷:《举手投足之间》

除了诗歌外,文体不限,字数 800 左右。

2009 年:

一、材料作文与话题作文

(一)全国卷 I:关于小动物学游泳

阅读下面的材料,根据要求写一篇不少于 800 字的文章。

兔子是历届小动物运动会的短跑冠军,可是不会游泳。一次兔子被狼追到河边,差点被抓住。动物管理局为了小动物的全面发展,将小兔子送进游泳培训班,同班的还有小狗、小龟和小松鼠等。小狗、小龟学会游泳,又多了一种本领,心里很高兴;小兔子和小松鼠花了好长时间都没学会,很苦恼。培训班教练野鸭说:"我两条腿都能游,你们四条腿还不能游? 成功的 90% 来自汗水。加油! 嘎嘎!"

评论家青蛙大发感慨:"兔子擅长的是奔跑! 为什么只是针对弱点训练而不发展特长呢?"思想家仙鹤说:"生存需要的本领不止一种呀! 兔子学不了游泳就学打洞,松鼠学不了游泳就学爬树嘛。"

要求选准角度,明确立意,自选文体,自拟标题,不要脱离材料内容及含意的范围作文,不要套作,不得抄袭。

(二)全国卷 II:关于道尔顿、安藤百富、乔利

阅读下面的材料,根据要求写一篇不少于 800 字的文章。

英国科学家道尔顿送给他妈妈一双袜子,妈妈说:"我这个年纪怎么能穿红袜子呢?"大家都说是红色而道尔顿看到的是蓝色,他感到自己色觉有问题。他研究了两年,1794年发表了篇论文《色觉之异常》,将这种疾病称为色盲症,填补了医学理论上的一项空白。

日本商人安藤百福看到拉面摊前常排着长队,已经破产的他感到这是一个创业机会。他买了面粉和食油,在小屋里每天干 20 个小时,实验了一年,1958 年发明了世界上第一包方便面。这一新产品的开发带动了一个新产业。

法国年轻的家务杂工乔利,不小心将灯油滴在熨烫的衣服上,他只好白干一年来赔偿。后来他发现被煤油滴染的地方,不仅没脏反而把陈年污渍也清除了。这个发现,促使他研制出干洗剂,改革了传统的洗衣技术。

要求选准角度,明确立意,自选文体,自拟标题,不要脱离材料内容及含意的范围作文,不要套作,不得抄袭。

(三)上海卷:关于"板桥体"

根据以下材料选取一个角度,自拟题目作文。

郑板桥的书法,用隶书参以行楷,非隶非楷,非古非今,俗称"板桥体"。他的作品单个字体看似歪歪斜斜,但总体感觉错落有致,别有韵味,有人说"这种作品不可无一,不可有二"。

要求:①自选角度,自行立意;②除诗歌外,文体不限;③不少于 800 字。

(四)安徽卷:"弯道超越"引发的思考或感悟

阅读下面的文字，根据要求作文。

"弯道超越"，本是赛车运动中的一个常见术语，意思是利用弯道超越对方。弯道是每个车手都必须面对的。相对于直道而言，弯道上困难得多。过弯道时，原来领先的车手可能因弯道而落后，落后的车手可能因弯道而领先。现在这一用语已被赋予新的内涵，广泛用于政治、经济和社会生活的各个领域，其中"弯道"被理解为社会进程中的某些变化或人生道路上的一些关键点。这种特殊阶段充满了各种变化的因素，极富风险和挑战，充满了超越对手、超越自我的种种机遇。

上述材料，将会引发你怎样的思考或感悟？请根据思考或感悟，完成不少于800字的文章。

注意：①不要脱离材料的含意；②立意自定，题目自拟，文体自选；③不得套作，不得抄袭；④不得透露个人相关信息；⑤书写规范，正确使用标点符号。

（五）浙江卷：《绿叶对根的情意》歌词

阅读下列歌词，根据要求作文。

不要问我到哪里去，我的心依着你。不要问我到哪里去，我的情牵着你。我是你的一片绿叶，我的根在你的土地。春风中告别了你，今天这方明天那里。无论我停在哪片云彩，我的眼总是投向你，如果我在风中歌唱，那歌声也是为着你。不要问我到哪里去，我的路上充满回忆。请你祝福我，我也祝福你，这是绿叶对根的情意！

根据歌词表达的主旨，结合你的生活体验与阅读积累，写一篇文章，可以写自己的经历、感受和见解，可以讲述自己身边的故事，也可以发表评论。

注意：①角度自选，立意自定，题目自拟；②除诗歌外，文体不限；③不少于800字；④不得抄袭。

（六）宁夏、海南卷：关于诚信和善良

阅读下面的材料，根据要求写一篇不少于800字的文章。

暑假里，几个高中生一块儿回学校参加篮球训练。他们看到有个女孩儿蹲在街边，地上用白粉笔写着：前来旅游，钱包被偷，无钱吃饭和回家，求好心人帮帮我。

他们中的小赵动了心，在裤兜里摸出10元钱，放在女孩面前。

走过去之后，小钱说："谁出来旅游还带粉笔？善良落入了不诚信的圈套。"

小孙说："别因他人行骗，放弃自己行善。"

小李说："诚信？善良？彭宇救人成了被告，谁还敢善良啊？"

小周说："矿工聂清文去救人被困死井下，人们在他的遗体旁发现一顶安全帽，上面用白粉笔写着他欠人家多少钱。这是最善良的人留下的最诚信的遗言。"

小吴说："我提议，咱们训练后再回去看看，不管这个女孩儿说的是真是假，我们都得做些什么。"大家都说好。

要求选准角度，明确立意，自选文体，自拟标题；不要脱离材料内容及含意的范围作文，不要套作，不得抄袭。

（七）江西卷：谈对蔡铭超行为的看法

阅读以下材料，按要求作文。

今年 3 月 15 日,在国人的强烈反对声中,佳士得拍卖行仍将圆明园非法流失的兔首、鼠首铜像在巴黎拍卖。某艺术公司总经理蔡铭超高价拍下这两件文物。但事后拒绝付款,造成流拍。对此,舆论一篇哗然。有人称其为民族英雄,有人认为这是恶意破坏规则,有人认为……

你对蔡铭超的行为有什么看法? 请据此写成一篇文章。

要求:①必须写议论文;②题目自拟;③立意自定;④所写内容必须与给定的材料相合;⑤不少于 800 字;⑥不得抄袭,不得套作。

(八)辽宁卷:关于明星代言

阅读下面的材料,根据要求写一篇不少于 800 字的文章。

513 网上论坛。主题:明星代言。

甲:有明星代言的东西应该更可信。有人调查,47％的人在选购同类产品时,会优先选择名人代言的产品。我就是这样。

乙:现在是明星代言广告多,相关问题就多。三鹿奶粉就是一个典型。有人调查,91％的人对虚假代言表示愤怒。

丙:明星代言多数都是朋友介绍,经纪人操作。明星不知情,也是受害者。

丁:明星代言实质上就是给产品作证言。明星代言费,少的几十万,多的上千万,代言产品出问题就没有责任?

戊:广告产品出问题,也说明主管部门监管不力、媒体把关不严、相关法规不健全。听说有一个好莱坞演员就曾因代言虚假广告被罚款 50 万美元。

要求选准角度,明确立意,自选文体,自拟标题,不要脱离材料内容及含意的范围作文,不要套作,不得抄袭。

(九)广东卷:关于常识

我们生活在常识中,常识与我们同行。有时,常识虽易知而难行,有时,常识需推陈而出新……

请写一篇文章,谈谈你生活中与"常识"有关的经历或你对"常识"的看法,自拟题目,自定文体,不少于 800 字。

注意:①不要脱离材料的含意;②立意自定,题目自拟,文体自选;③不得套作,不得抄袭;④不得透露个人信息;⑤书写规范,正确使用标点符号。

(十)天津卷:我说 90 后

阅读下面的文字,按照要求作文。

当前,出生在 20 世纪 90 年代被称为"90 后"的青少年,越来越多地受到社会的关注。有人对他们赞扬嘉许,有人对他们表示担忧,也有人认为他们是在以自己的方式诠释自己的青春……不管怎样,"90 后"终将担起社会和历史赋予的重任。请你联系个人或社会实际,以"我说 90 后"为话题,写一篇文章。

要求:①自选角度,自拟题目;②除诗歌外,文体不限;③不少于 800 字;④写出自己的真情实感;⑤不得套作,不得抄袭。

二、命题作文

（一）北京卷：《我有一双隐形的翅膀》

有一首歌唱道：我有一双隐形的翅膀，带我飞，给我希望；我有一双隐形的翅膀，带我飞，飞向远方。

请以"我有一双隐形的翅膀"为题，写一篇作文，不少于 800 字，体裁不限。

（二）重庆卷：《我与故事》

生活中有许多故事。你也许是故事的参与者，也许是故事的聆听者，也许是故事的评说者……故事让你感动，故事给你启迪，你在故事中思考，在故事中成长。请以"我的故事"为题作文。

要求：①立意自定；②除诗歌外，文体不限；③不少于 800 字；④不要套作，不得抄袭。

（三）江苏卷：《品味时尚》

时尚表现为语言、服装、文艺等新奇事物在一定时期内的模仿与流传。各种时尚层出不穷。其间好与坏，雅与俗，美与丑，交错杂陈。创新与模仿永不停息地互动。有些时尚如过眼云烟，有些时尚会沉淀为经典。

请以"品味时尚"为题写一篇不少于 800 字的文章。

要求：①角度自选；②立意自定；③除诗歌外，文体不限。

（四）山东卷：《见证》

阅读下面的文字，按照要求作文。

见证是一种经历，也是人生、社会记忆的凝聚。在生命历程中，我们见证了人生的悲喜、社会的变迁；在历史长河中，许多人或事物又成为历史的见证。

请以"见证"为题，写一篇不少于 800 字的文章。

要求：①自选角度；②自定立意；③除诗歌外，文体不限；④文体特征鲜明。

（五）湖南卷：《踮起脚尖》

以"踮起脚尖"为题写一篇不少于 800 字的记叙文或议论文。

（六）四川卷：《熟悉》

请以"熟悉"为题目写一篇不少于 800 字的文章。立意自定，文体自选。

（七）湖北卷：《站在_____门口》（半命题）

请以"站在_____门口"为题写一篇作文。

要求：①请先将文章题目补充完整，并写在答题卡上，然后作文；②立意自定；③文体不限，可以记叙经历，抒发感情，发表议论，展开想象，等等；④不少于 800 字。

（八）福建卷：《这也是一种_____》（半命题）

题目：这也是一种_____

首先在横线上填上适当的词语，形成完整的题目，然后写一篇不少于 800 字的文章。

要求：①立意自定；②文体自选（诗歌除外）；③不得抄袭。

2010 年：

一、全国卷 I：

漫画作文，如附图 5 所示。餐桌，许多猫吃鱼，就一只猫捉老鼠，别的猫说："有鱼吃还捉老鼠？"

附图 5　有鱼吃还捉老鼠？

　　要求：选准角度，明确立意，自选文体，自拟标题，不要脱离材料内容及含意的范围作文，不要套作，不得抄袭。

　　二、全国卷 II：

　　阅读下面的材料，根据要求写一篇不少于 800 字的文章。

　　今年世界读书日这天，网上展开了关于"浅阅读"的讨论。

　　甲：什么是浅阅读？

　　乙：就是追求简单轻松、实用有趣的阅读嘛，浅阅读很时髦的。

　　丙：如今是读图时代，人们喜欢视觉上的冲击和享受。

　　丁：浅阅读就像吃快餐，好吃没营养，积累不了什么知识。

　　乙：社会竞争激烈，生活节奏这么快，大家压力这么大，我想深阅读，慢慢品味，行吗？

　　丙：人人都有自己的阅读喜好，浅阅读流行，阅读就更个性化和多样化了，挺好。

　　丁：我很怀念过去的日子——斜倚在书店的一角，默默地读书，天黑了都不知道。

　　甲：浅阅读中，我们是不是失去了什么？

　　联合国教科文组织选择 4 月 23 日的灵感来自于一个美丽的传说。4 月 23 日是西班牙文豪塞万提斯的忌日，也是加泰罗尼亚地区大众节日"圣乔治节"。传说中勇士乔治屠龙救公主，并获得了公主回赠的礼物——一本书，象征着知识与力量。每到这一天，加泰罗尼亚的妇女们就给丈夫或男朋友赠送一本书，男人们则会回赠一枝玫瑰花。实际上，同一天也是莎士比亚出生和去世的纪念日，又是美国作家纳博科夫、法国作家莫里斯·德鲁昂、冰岛诺贝尔文学奖得主拉克斯内斯等多位文学家的生日，所以这一天成为全球性图书日看来"名正言顺"。

　　要求：选准角度，明确立意，自选文体，自拟标题，不要脱离材料内容及含意的范围作文，不要套作，不得抄袭。

　　三、浙江卷：《角色转换之间》

　　传说有的雏鸟长大后，会衔食喂养衰老的母鸟。人们把此现象称为"反哺"。

　　人类社会也存在类似现象。年轻一代对年长一代的文化影响被称之为"文化反哺"。千百年来，在以父辈对子辈施教为主流的正统传承方式下，文化反哺犹如潜流隐而不现，

但在迅疾变化的当今社会,年轻人获得了前所未有的反哺能力。他们在科学知识、价值观念、生活方式、审美情趣等各个方面,越来越明显地影响着年长一代,施教者与受教者之间,角色常常发生转换。

以"角色转换之间"为题,可以讲述故事,抒发情感,也可以发表见解。文体除诗歌外不限,字数在 800 字以上。

四、山东卷

人生的一切变化,一切都有魅力,一切都是由光明和阴影构成的,要求根据以上的材料来写一篇 800 字以上的文字。

五、宁夏卷

有一种热带观赏鱼,在小鱼缸里不管养多长时间只能长到三寸来长,然而把它放在大水池里,不到两个月就能长到一尺长。

狼是一种好奇心很强的动物,它们对周围环境总是充满好奇,从而不断体验,发现食物,躲避危险,顽强地生存下来。

心理学家罗森塔尔随机挑出一批学生作为"最有前途者",然后将名单交给班主任,由于老师对这些学生寄予更大期望,八个月后,学生的成绩有明显提高。

以上现象启示人们认识到,人才成长是有一定规律的。

根据以上材料撰写一篇文章。

六、天津卷

世界是画家笔下缤纷的色彩,世界是琴弦上跳动的音符;世界因创新而进步,世界缘和谐而温馨;世界可以存在于神奇虚拟的网络,世界更演绎着平凡真实的人生;世界说起来很大,世界其实又很小……

每个人都有自己的世界,每个人又都生活在世界之中。请你结合自己的体会和感悟,以"我生活的世界"为话题写一篇文章。不少于 800 字。

七、北京卷:《仰望星空与脚踏实地》

以"仰望星空与脚踏实地"为题。写一篇不少于 800 字的文章,除诗歌外,不限文体。

八、江西卷

为什么要找回童年?因为现在社会太功利了,小朋友们压力过大,童年早已离开。现在的社会需要纯真,需要找回童年。重点关注"找回"这个动词。记叙议论都可以,文体要明确。

九、辽宁卷

阅读下面的材料,自拟主题作文,最少 800 字,除了诗歌文体不限。

托尼 3 岁的时候把手伸进糖罐去抓糖,结果抓的糖太多,手没法从糖罐里拔出来,托尼哭了。

托尼 20 岁的时候,到一家农场打工,农场主承诺完工后除了拿到工钱,每个人还可以领到一筐水果。分水果的时候地上摆了大小不同的几筐,托尼尝试拿最大的一筐结果没有拿动,后来他去拿较小的一筐,拿动了,于是就搬走了这一筐。

托尼 58 岁的时候,到一家公司工作,老板让员工们去收一笔 30 万元的贷款,老板告诉员工只要保证给他拿回 20 万元就行,多要回的钱将作为这名员工的奖励。之前的几个员工都没收回贷款,轮到托尼去收贷款时,他对欠款的人说:"只要你给我们 21 万,债务就算两清了。"欠款的人真的给了他 21 万,托尼的老板很高兴,托尼也得到了 1 万元奖金。

要求:选准角度,明确立意,自选文体,不要脱离材料内容及含义的范围作文,不要套作,不得抄袭。

十、四川卷

一个点可以构成一条线,可以构成一个平面,最后构成立体。人生就像不规则的几个点,这些点又可以连成无数条线,这些线又可以组成不同的平面,不同的平面又可以组成不同的几何体。

请从人生的角度写作。据此自拟题目,写一篇不少于 800 字的文章。

十一、湖南卷:《早》

请以"早"为题,写一篇不少于 800 字的议论文或记叙文。

十二、陕西卷

① 把一条热带鱼放在一个小鱼缸里,它只能长到 3 寸大小;把它放进大鱼池里,它才有可能长得很大。

② 狼之所以勇猛矫健,是因为它长期生活在野外环境里。

③ 一位心理学家挑选了 10 个人,并告知他们都是有天赋的人,后来这 10 个人都获得了成功,但心理学家最后坦言,他们当初其实只是普通人。

题目要求考生结合以上三段材料,自主命题,撰写 800 字作文。

十三、广东卷:《与你为邻》

你我为邻,相互依存。你可以是有形的,也可以是无形的。邻,无法回避,却可有所选择。请你联系自己的生活体验和感受,以《与你为邻》为标题写一篇文章。不少于 800 字。

十四、上海卷

根据以下材料,选取一个角度,自拟题目,写一篇不少于 800 字的文章(不要写成诗歌)。

丹麦人去钓鱼会随身带一把尺子,钓到鱼,常常用尺子量一量,将不够尺寸的小鱼放回河里。他们说:"让小鱼长大不更好吗?"两千多年前,我国孟子曾说过:"数罟不入洿池,鱼鳖不可胜食也。"意思是,不要用细密的渔网在池塘里捕捞小鱼,这样才会有更多的鱼。

实际上,其中的道理也贯穿在我们现实生活中的许多方面。

十五、重庆卷:《难题》

以"难题"为题目,写一篇文章。

十六、江苏卷:《倡导绿色生活》:

绿色,生机勃勃,赏心悦目。绿色,与生命、生态紧密相连。今天,绿色成为崭新的理念,与每个人的生活息息相关。

请以"倡导绿色生活"为题写一篇不少于 800 字的文章。

要求:①角度自选;②立意自定;③除诗歌外,文体自选。

十七、湖北卷

孙悟空的筋斗云,哪吒的风火轮,都是神奇想象的产物,寄寓了人类渴求飞速行进的美好愿望。谁能想到,晚清幻想小说《新中国》预言百余年后在上海陆家嘴一带举办万国博览

会,法国科幻小说家凡尔纳梦想"从地球到月球",在今天会成为现实? 幻想源自人类的求知本能,展现了人类非凡的想象力。幻想推动现实,幻想照亮生命,幻想是快乐的源泉……

请根据你对以上材料的理解和体会,选准角度,写一篇作文。

要求:自选文体,自拟标题(请把标题写在答题卡上),不少于 800 字。

十八、安徽卷

"交流四水抱城斜,散作千溪遍万家。深处种菱浅种稻,不深不浅种荷花。"由此哲理诗引发的思考和联想写一文,诗歌体除外。

十九、福建卷

格林兄弟认为民间传说与人文历史有关,但是当他们收集很多传说后又找不到确切的关系而作罢,后来一个朋友偶然发现他们整理的东西,并联系出版社出版,这就是最后的《格林童话》。

请根据以上材料作文。

二十、海南卷

阅读下面材料,根据要求写一篇不少于 800 字的文章。

有一种热带观赏鱼,在小鱼缸里不管养多长的时间,也只能长到三寸来长。然而,将这种鱼放到大水池中,两个月就可以长到一尺长。

狼是一种有极强好奇心的动物,它们对周围的环境总是充满兴趣,不断体验,从而躲避危险,发现食物,顽强地生存下来。

心理学家罗森塔尔曾随机挑选出一些学生作为"最有前途者",然后将名单交给班主任。由于老师对这些学生寄予了更大的期望,八个月后他们的成绩明显提高。

以上现象启发人们认识到人才成长是有一定规律的。

要求:选准角度,明确立意,自选文体,自拟标题,不要脱离材料内容及含意的范围作文,不要套作,不得抄袭。

2011 年:

一、全国卷 I:关于期待长大

二、全国卷 II:关于诚信

阅读下面材料,根据要求写一篇不少于 800 字的文章。

2010 年 9 月 12 日,北京一家体育彩票专卖店的业主为某彩民垫资购买了一张 1024 元的复式足球彩票,第二天他得知这张彩票中了 533 万元大奖,在第一时间给购买者打电话,并把中奖彩票交给买主。他成为又一位彩票销售"最诚信的业主"。

有人据此在互联网上设计了一项调查:"假如你垫资代买的中了 500 万元大奖的彩票在你手里,你怎么做?"调查引来 16 万人次的点击,结果显示,有 29.9% 的人选择"通过协商协议两家对半分";有 28.1% 的人选择"把 500 万元留给自己";有 22.1% 的人选择"把 500 万元给对方";还有 19.9% 的人没做选择。

要求:选好角度,确定立意,明确文体,自拟标题,不要脱离材料内容及含义的范围作文,不要套作,不得抄袭。

三、新课标卷(河南、山西、吉林、黑龙江、宁夏、新疆、海南):关于中国崛起

据美国全球语言研究所公布的全球 21 世纪十大新闻,其中有关中国作为经济和政治

大国崛起的新闻名列首位,成为全球最大的新闻。该所跟踪了全球 75 万家纸媒体、电子媒体及互联网信息,发现其中报道中国崛起的信息有 3 亿多条。那么,中国的崛起主要有什么值得称道和关注的特点呢?《中国青年报》和新浪网在中国网民中进行了调查,结果排在前六名的分别是:经济发展、国际影响、民生改善、科技水平、城市新进程和开放程度。

请根据以上材料,谈自己的所思、所想。选择一个恰当的角度,题目自拟,文体不限(除诗歌外);不要脱离材料的含义,不要套作,不得抄袭。

四、北京卷:如何看待乒乓球赛中国夺冠

世乒赛中国队包揽全部金牌,学生们看法不一:靠实力说话;一个国家垄断项目不利于项目的发展;中国应让出几块金牌,但这不符合奥林匹克公平竞赛精神……老师说都有道理,可延伸到社会其他领域,请选择一个角度自拟题目写篇作文。

五、福建卷

根据以下文字,写一篇不少于 800 字的记叙文或议论文。

袁隆平说,我的工作让我常晒太阳、呼吸新鲜的空气,这使我有了个好身体……我梦见我种的水稻长得像高粱那么高,穗子像扫把那么长,颗粒像花生米那么大,我和我的朋友,就坐在稻穗下乘凉。

六、湖南卷

某歌手第一句话由“大家好,我来了”变为“谢谢大家,你们来了”,以此为意自拟题目写一篇作文。

七、辽宁卷

阅读下面一段材料,根据要求写不少于 800 字的文章。

有位哲学家举着一个苹果对他的学生说:“这个苹果是我刚从果园摘来的,你们闻到它的香味了吗?”有一个学生看到苹果红红的就抢着说:闻到了。

哲学家又走到学生面前让他们闻,有的说闻到了,有的闻也不闻就说闻到了,只有三个学生默不作声。哲学家说:“你们怎么了?”其中一个学生又闻了闻,说:“什么味也没闻到”还有一个学生上来摸了摸说:“这是什么苹果?”

还有一个学生讷讷地说:“老师,今天我感冒了。”哲学家把这个苹果拿给学生们传看,竟然是蜡做的假苹果。

要求:选好角度,明确立意,确定文体,不要脱离所给材料的范围,不要套作,不要抄袭。

八、天津卷:关于镜子

请从哈哈镜、望远镜、显微镜、三棱镜、反光镜中任选两种,以此为话题,写一篇不少于 800 字的作文。题目自拟,体裁不限,诗歌除外。

九、四川卷:《总有一种期待》

十、湖北卷:《旧书》

十一、重庆卷

以“情有独钟”为话题写一篇作文,自选体裁,诗歌除外,自拟标题,不少于 800 字。

十二、江西卷

大作文要求以“孟子三乐”为主题写一篇记叙文或议论文,字数 700 字左右;小作文要求根据印象对鲁迅进行评价,要用自己的观点进行表达,字数 200 字左右。

附：孟子三乐——"君子有三乐，而王天下者不与存焉。父母俱在，兄弟无故，一乐也；仰不愧于天，俯不怍于人，二乐也；得天下英才而教育之，三乐也。君子有三乐，而王天下者不与存焉。"

十三、安徽卷：《时间在流逝》

以"时间在流逝"为题，写一篇作文。题材不限，不少于800字。

注意：①立意自定，题目自拟，除诗歌外，文体不限；②不得套作，不得抄袭；③不得透露个人信息；④书写规范，正确使用标点符号。

十四、山东卷：《这世界需要你》

十五、江苏卷：《拒绝平庸》

以"拒绝平庸"为题，不避平凡，不可平庸，为人不可平庸，平庸便无创造，无发展，无上进。处世不可平庸，因此，要有原则，有鉴识，有坚守。不少于800字，除诗歌外文体不限。

十六、广东卷：《回到原点》

大千世界，"原点"无所不在。"原点"可以是道路的起点，可以是长河的源头，可以是坐标的中心，可以是事物的根本。请以"回到原点"为题，联系生活体验与认识，写一篇认识，自定文体，不少于800字（含标点符号）。

十七、浙江卷：《我的时间》

季羡林等文化名人的成功是不可复制的，他们以及他们的成就在消失不见，我们每个人都有自己的时间。请以"我的时间"为题，写一篇作文，字数不少于800字，文体不限。

十八、山东卷：《这世界需要你》

十九、上海卷

① 犹太王大卫在戒指上刻有一句铭文：一切都会过去。

② 契诃夫小说中的一个人物在戒指上也有一句铭文：一切都不会过去。

这两句寓有深意的铭文，引起了你怎样的思考？自选角度，自拟题目，写一篇文章。

要求：①不少于800字；②不要写成诗歌；③不得透露相关个人信息。

2012年：

一、全国新课标卷

漆工涂好船后，顺便将漏洞补好了。过了不久，船主给漆工送了一大笔钱。漆工说："工钱已给过了。"船主说："这是感谢补漏洞的钱。"漆工说："那是顺便补的。"船主说："当得知我的孩子们驾船出海，我就知道他们回不来了。现在他们却平安归来，所以我感谢你！"

考生根据材料自拟题目，写800字作文。

二、全国大纲卷

阅读下面的材料，根据要求写一篇不少于800字的文章。

周末，我从学校回家帮着干农活。今春雨多，道路泥泞，我挑着一担秧苗，在溜滑的田埂上走了没几步，就心跳加速，双腿发抖，担子直晃，只好放下，不知所措地站在那里。妈妈在田里插秧，看到我的窘态，大声地喊："孩子，外衣脱了，鞋子脱了，再试试！"我脱了外衣和鞋袜，卷起裤脚，重新挑起担子。咦，一下子就觉得脚底下稳当了，担子轻了，很快就把秧苗挑到妈妈跟前。妈妈说："你不是没能力挑这个担子，你是担心摔倒，弄脏衣服，注意力不集中。脱掉外衣和鞋袜,就甩掉了多余的顾虑。

要求:选好角度,确定立意,明确文体,自拟标题,不要脱离材料内容及含意的范围作文,不要套作,不得抄袭。

三、北京卷

阅读下面的材料,按要求作文。

老计一个人工作在大山深处,负责巡视铁路,防止落石、滑坡、倒树危及行车安全,每天要独自行走二十多公里,每当列车经过,老计都会庄重地向疾驰而过的列车举手致敬。此时,列车也鸣响汽笛,汽笛声在深山中久久回响……

大山深处的独自巡视,庄重的巡礼,久久回响的汽笛……这一个个场景带给你怎样的感受和思考?请在材料含义范围之内,自定角度,自拟题目,自选文体(诗歌除外),写一篇不少于 800 字的文章。

五、上海卷

根据以下材料,选取一个角度,自拟题目,写一篇不少于 800 字的文章(不要写成诗歌)。

人们对自己心灵中闪过的微光,往往会将它舍弃,只因为这是自己的东西。而从天才的作品中,人们却认出了曾被自己舍弃的微光。

六、四川卷

一滴水里有阳光的谱系图

有雪的过去和未来式

有沙漠干渴的大陆架

有人的生命……

我手握一滴水

就是握着一个重大的世界

但一个小小的意外

比如一个趔趄

足以丢失这一切

这是一则关于水的诗歌材料,从象征意义、人生意义对一滴水进行了阐释,要求考生围绕“水”为话题展开作文。

七、江苏卷:《忧与爱》

阅读下面的材料,按照要求作文。

慈母手中线,游子身上衣。临行密密缝,意恐迟迟归。(孟郊)

为什么我的眼里常含泪水?因为我对这土地爱得深沉。(艾青)

在这些神圣的心灵中,有一股清明的力量和强烈的爱,像激流一般飞涌出来。甚至无须倾听他们的声音,在他们的眼里,他们的事迹里,就可看到生命从没像处于忧患时的那么伟大,那么丰满,那么幸福。(罗曼·罗兰)

请以“忧与爱”为题,写一篇不少于 800 字的文章。

八、福建卷

冯骥才说:“运动中的赛跑,是在有限的路程内看你使用了多少时间;人生中的赛跑,是在有限的时间内看你跑了多少路程。”根据以上材料写一篇 800 字的作文。

九、湖南卷

一幅图画加四句话:图画的内容为一只伸出的手;四句话分别是:伸出是温暖的服务,摊开是放飞的想象,张开是创造的力量,捧起是收获的希望。根据图画和四句话写一篇作文。

十、辽宁卷

阅读材料,写不少于 800 字的文章。

台后一帘深色的幕布,台上一架钢琴,柔和的灯光洒在黑白键上,人们屏息等待,女钢琴家悄然出现,衣着简朴。演奏家上台,谁不身着华美的演出服,光彩夺目?人们就此问她,她的回答:"人,要隐于音乐背后。"女钢琴家的话耐人寻味。有人感佩不已,有人不以为然,有人感到了缺憾,有人联想到人生诸多方面……

要求选好角度主题,明确文体,自拟标题,不要脱离材料内容及含义的范围作文。

十、浙江卷

阅读下面的文字,根据要求作文。

台湾女作家刘继荣在博文上说,她上中学的女儿成绩一直中等,但是却被全班学生全票推选为"最欣赏的同学",理由是乐观、幽默、善良、好相处、守信用等。她开玩笑地对女儿说:"你快要成为英雄了。"女儿却认真地说:"我不想成为英雄,我想成为坐在路边鼓掌的人。"博文引起了广大网民的热议。网民甲:坐在路边鼓掌其实也挺好。网民乙:人人都在路边鼓掌,谁在路上跑呢?网民丙:路边鼓掌与路上奔跑,都应该肯定。

从上述网民的议论中,选取一种看法,写一篇文章,你可以讲述故事,抒发情感,也可以发表议论。

十一、天津卷

阅读下面的材料,按照要求作文。

两条小鱼一起游泳,遇到一条老鱼从另一方向游来,老鱼向他们点点头,说:"早上好,孩子们,水怎么样?"两条小鱼一怔,接着往前游。游了一会儿,其中一条小鱼看了另一条小鱼一眼,忍不住说:"水到底是什么东西?"看来,有些最常见而又不可或缺的东西,恰恰最容易被我们忽视;有些看似简单的事情,却能够引发我们深入思考……

请根据以上材料,自选角度,自拟题目,自选文体(诗歌除外),写一篇不少于 800 字的文章。不得套作,不得抄袭。

十二、广东卷

醉心于古文化研究的英国历史学家汤因比曾经说过,如果可以选择出生的时代与地点,他愿意出生在公元一世纪的中国新疆,因为当时那里处于佛教文化、印度文化、希腊文化、波斯文化和中国文化等多种文化的交汇地带。居里夫人在写给外甥女涵娜的信上说:"你写信对我说,你愿意生在一世纪以前……伊雷娜则对我肯定地说过,她宁可生得晚些,生在未来的世纪里。我以为,人们在每一个时期都可以过有趣而有用的生活。"

上面的材料引发了你怎样的思考?请结合自己的体验与感悟,写一篇文章。

十三、山东卷

阅读下面的材料,根据自己的感悟和联想,写一篇不少于 800 字的文章。

"惟我辈既以担当中国改革发展为己任,虽石烂海枯,而此身尚存,此心不死。既不可以失败而灰心,亦不能以困难而缩步。精神贯注,猛力向前,应付世界进步之潮流,合乎擅长恶消之天理,则终有最后成功之一日。 ——孙中山

要求:①选准角度,自定立意;②自拟题目;③除诗歌外,文体不限;④文体特征鲜明。

十四、江西卷

阅读下面的文字,按要求作文。

有人说,不要老想着你没有什么,要想到你拥有什么;也有人说,不要老想着你拥有什么,要想到你没有什么。

对上述说法,你有何感悟和思考?请自选角度,自拟题目,写一篇文章。

要求:①必须写议论文;②不少于700字;③不得透露个人相关信息;④ 不得抄袭,不得套作。

十五、重庆卷

这是一个发生在肉类加工厂的真实故事。下班前,一名工人进入冷库检查,冷库门突然关上,他被困在了里面,并在死亡边缘挣扎了5个小时。突然,门打开了,工厂保安走进来救了他。事后有人问保安:"你为什么会想起打开这扇门,这不是你日常工作的一部分啊!"保安说:"我在这家企业工作了35年,每天数以百计的工人从我面前进进出出,他是唯一一个每天早上向我问好并下午跟我道别的人。""今天,他进门时跟我说过'你好'但一直没有听到他说'明天见'。""我每天都在等待他的'你好'和'明天见',我知道他还没有跟我道别,我想他应该还在这栋建筑的某个地方,所以我开始寻找并找到了他。"

根据材料写一篇文章。

十六、安徽卷

某公司车间角落放置了一架工作使用的梯子。为了防止梯子倒下伤着人,工作人员特意在旁边写了条幅"注意安全"。这事谁也没有放在心上,几年过去了,也没发生梯子倒下伤人的事件。有一次,一位客户来洽谈合作事宜,他留意到条幅并驻足很久,最后建议将条幅改成"不用时请将梯子横放"。

要求:选好角度,确定立意,明确文体(诗歌除外),自拟标题;不要脱离材料内容及含意的范围作文;不要套作,不得抄袭,不得透露个人相关信息;书写规范,正确使用标点符号。

十七、湖北卷

阅读下面的材料,根据要求作文。

语文课堂上,老师在讲到杜甫的"烽火连三月,家书抵万金"时,不无感慨地说:"可惜啊,我们现在已经很难见到家书了,书信这种形式恐怕要消失了。"学生甲:"没有啊,我上大学的表哥就经常给我写信,我觉得这种交流方式是不可代替的。"学生乙:"信息技术这么发达,打电话、发短信、写邮件更便捷,谁还用笔写信啊?"学生丙:"即便不用笔写信,也不能说明书信消失了,只不过是书信的形式变了。"学生丁:"要这样说的话,改变的又何止书信?社会发展了,科技进步了,很多东西都在悄然改变。"……

请根据你对材料的理解,任选一个角度,写一篇不少于800字的文章。

要求:明确立意,自定问题,自拟标题;不要套作,不得抄袭。

2013 年：

一、全国卷

高中学习阶段，你一定在班集体里度过了美好的时光，收获了深厚的情谊，同窗共读，互相帮助，彼此激励，即便是一次不愉快的争执，都给你留下难忘的记忆，伴你走向成熟。

某机构就"同学关系"问题在几所学校作了一次调查。结果显示，60％的人表示满意，36％的人认为一般，4％的人觉得不满意。

如果同学关系紧张，原因是什么？有人认为是我自我意识过强，有人认为是志趣、性格不合，也有人认为缘于竞争激烈，等等。

对于增进同学间的友好关系，营造和谐氛围，72％的人表示非常有信心，他们认为互相尊重，理解和包容，遇事多为他人着想，关系就会更加融洽。

根据材料写一篇文章。

二、新课标卷

一位商人得到一块价值不菲的宝石，但却发现宝石上有一条裂缝，如果能从裂缝处切开，就能得到两块完美的宝石。

当地许多富有经验的老工匠都不敢去切割这样一块昂贵的宝石，这时，一位年轻工匠勇敢地站了出来，并且完美地切割出了两块宝石。

年轻工匠的师傅感叹地说，有些时候不仅需要足够的经验，更需要抛却许多顾虑的勇气。

要求结合上述材料写作。

三、北京卷

材料为两个科学家对话，爱迪生来到 21 世纪对手机怎么看，不少于 800 字，题目自拟。

科学家：假如爱迪生来 21 世纪生活一星期，最让他感到新奇的是什么？

文学家：我想手机会不会让他感到不可思议呢？

科学家：我同意，手机是信息时代的一个标志物，简直称得上是一部掌中电脑，丰富的功能一定会让这个大发明家感到新奇。

文学家：手机的广泛应用深刻影响了人们的交往方式、思想情感和观念意识，这或许也是爱迪生意想不到的吧。

科学家和文学家关于手机的不同看法引发你怎么样的想法和思考？

四、上海卷

生活中，大家往往努力做自己认为重要的事情，但世界上似乎还有更重要的事。

这种现象普遍存在，人们对此的思考不尽相同。请选取一个角度，写一篇文章，谈谈你的思考。

要求：①题目自拟；②全文不少于 800 字；③不要写成诗歌。

五、四川卷

有人说：过一种平衡的生活——学些东西，想些问题，做些事情，打打球。

针对这种说法，同学们展开了热烈讨论。

请根据以上材料，结合自己的体验与感悟，写一篇不少于 800 字的文章，题目自拟。

六、江苏卷

一群人来到光线暗淡、人迹罕至的洞穴里探险,洞穴里很神秘,他们就点了几只蜡烛,发现里面竟然有一群色彩斑斓的蝴蝶,他们欣赏了一会儿,不想惊动打扰蝴蝶就离开了。几天后,他们回到原地,想看看蝴蝶在不在,却发现蝴蝶已经栖居到更深更黑的地方去了。他们在想,是不是几只蜡烛的光亮影响了蝴蝶的生活习惯呢?

要求:阅读材料、自选角度、题材不限,诗歌除外,完成作文。

七、福建卷

根据一首诗写一篇不少于800字的作文。

我仰望着夜空,感到一阵惊恐;如果地球失去引力,我就会变成流星,无依无附在天宇飘行。哦,不能!为了拒绝这种"自由",我愿变成一段树根,深深地扎进地层。

八、湖南卷

材料作文,二选一:①"它"往上飞,有一个声音问它累不累,它说我不累。②父亲在剪报纸,孩子在旁边抱着他,说:我愿意就这样陪着你。

考生根据理解来选择。

九、辽宁卷

一位年轻人事业无成非常郁闷,一天他在海滩上遇到一位老人。老人抓起一把沙子扔在沙滩上,问:"你能找到吗?"年轻人说不能。老人又抓起一颗珍珠扔在沙滩上,问:"这回呢?"年轻人说能。年轻人恍然大悟想:非得成为珍珠才会被人承认和尊重吗?

根据材料写一篇作文。

十、广东卷:《捐助》

有一个人白手起家,成了富翁。他为人慷慨,热心于慈善事业。一天,他了解到有三个贫困家庭,生活难以为继。他同情这几个家庭的处境,决定向他们提供捐助。

一家十分感激,高兴地接受了他的帮助。

一家犹豫着接受了,但声明一定会偿还。

一家谢谢他的好意,但认为这是一种施舍,拒绝了。

十一、山东卷

有一段"读者给莫言的文字纠错,莫言坦诚相对,勇于承认错误"的材料。要求考生根据材料,自拟作文题目进行写作。

十二、江西卷

在中学时代学生对奥数、英文、周树人有三怕,请你对此阐述自己的看法,写一篇议论文。

十三、安徽卷

围绕哲人萧伯纳的一句话"为什么要做这个事,为什么不做这件事"写作,体裁不限。

十四、重庆卷

大豆是蛋白质含量极其丰富而又十分廉价的食物。可它的境遇曾一度尴尬,煮熟的大豆难以引起人们的食欲,并且会使肠胃胀气。人们需要更好的大豆食用方式,后来,用盐卤点制豆浆而发明了豆腐。

豆腐的诞生彻底改变了大豆的命运。豆腐让人体对大豆蛋白的吸收和利用,变得更

加容易；豆腐柔软变通的个性给擅长烹饪的中国人留有极大的创造空间，豆腐也因此被制作出品类繁多的菜肴，以适应不同地区人们的口味和喜好。所有这些，让普通的大豆得到了升华。

根据材料写一篇文章。

十五、湖北卷

你注意到了吗？装鲜牛奶的容器一般是方盒子，装矿泉水的容器一般是圆瓶子，装酒的圆瓶子又一般放在方盒子里，方圆之间，各得其妙，古诗云：方圆虽异器，功用信具呈。人生也是如此，所谓：上善若水任方圆。

以方圆为话题，根据此材料，题目自拟写作文。

十六、天津卷：《____而知之》

以"____而知之"（填入一个字，学字除外）为题，写一篇文章。

十七、广西卷

尚先生在出租车上丢了一部手机，然后他打了该手机号码，通了之后被挂掉。于是尚先生给该手机发了一条短信，说愿意用2000元酬金换回这部手机，一个多小时后，捡到手机的人表示愿意归还。后来捡到手机者把手机还给了失主，没有拿酬金就离开了。记者事后联系上捡到手机的人，他说，他本来不想归还手机，但看到手机里的照片和短信，得知这个失主最近给芦山地震灾区的人捐了款，所以他才决定把手机归还失主，他说，不能用贪心来对待爱心，我们要多一些真诚和友善。

要求根据上述材料写一篇不低于800字的作文，题目自拟，不能脱离材料的内容和意义。

十八、浙江卷

中国作家丰子恺：孩子的眼光是直线的，不会转弯。

英国作家赫胥黎：为什么人的年龄在延长，而少男少女的心灵却在提前硬化？

美国作家菲尔丁：世界在失去伟大的孩提王国，一旦失去这一王国，那就是真正的沉沦。

综合上述材料，你有什么所思所感？写一篇不少于800字的文章。

2014年：

一、全国卷

（一）新课标全国卷I

阅读下面的材料，根据要求写一篇不少于800字的文章。

"山羊过独木桥"是为民学校传统的团体比赛项目。规则是，双方队员两两对决，同时相向而行，走上仅容一人通行的低矮独木桥，能突破对方阻拦成功过桥者获胜，最后以全队通过的人数多少决定胜负。因此习惯上，双方相遇时，会像山羊抵触一样，尽力使对方落下桥，自己通过。不过，今年预赛中出现了新情况：有一组比赛，双方选手相遇时，互相抱住，转身换位，全都顺利地过了桥。这种做法当场引发了观众、运动员和裁判员的激烈争论。事后，相关的争论还在继续。

要求：选好角度，确定立意，明确文体，自拟标题；不要脱离材料内容及含意范围作文，不要套作，不得抄袭。

（二）新课标全国卷 II

阅读下面的材料,根据要求写一篇不少于 800 字的文章。

不少人因为喜欢动物而给它们喂食,某自然保护区的公路边却有如下警示:给野生动物喂食,易使他们丧失觅食能力,不听警告执意喂食者,将依法惩处。

要求:选好角度,确定立意,明确文体,自拟标题,不要脱离材料内容及含意的范围作文,不要套作,不得抄袭。

二、北京卷

北京过去有许多老规矩,如出门回家都要跟长辈打招呼、吃菜不许满盘子乱挑、不许管闲事、笑不露齿话不高声、站有站相坐有坐相、作客时不许随便动主人家的东西、忠厚传世勤俭持家等,这些从小就被要求遵守的准则,点点滴滴,影响了一辈辈北京人。

世易时移,这些老规矩渐渐被人们淡忘了。不久前,有网友陆续把一些老规矩重新整理出来贴到网上,引发了一片热议。

老规矩被重新提起并受到关注,这种现象引发了你哪些思考?请自选角度,自拟题目写一篇文章,文体不限,不少于 700 字。

三、上海卷

根据以下材料,自选角度,自拟题目,写一篇不少于 800 字的文章(不要写成诗歌)。

你可以选择穿越沙漠的道路和方式,所以你是自由的;你必须穿越这片沙漠,所以你又是不自由的。

四、四川卷

阅读下面的文字,根据要求作文。

人,只有在自己站起来之后,这个世界才能属于他。

这句话引发了你那些思考?请自选角度写一篇不少于 800 字的文章。

要求:①标题自定,文体自选;②不得抄袭,不得套作;③用规范汉字书写。

五、江苏卷

有人说,没有什么是不朽的,只有青春是不朽的;也有人说,年轻人不相信有朝一日会老去。这种想法是天真的,我们自欺欺人地认为会有像自然一样不朽的信念。

阅读材料,自选角度,题目自拟,体裁不限,诗歌除外,写一篇不少于 800 字的文章。

六、福建卷

“提到空谷,有人想到的是悬崖,有人想到的是栈道桥梁。”根据这句话,写一篇话题作文,不少于 800 字。

七、湖南卷

被誉为“最美乡镇干部”的某乡党委书记,在一个其他人不肯去,去了也待不到两年的地方,一干就是八年,以坚定的信念和顽强的意志,率领村民发奋图强,将穷乡僻壤建设成了美丽的乡村。面对洒满心血与汗水的山山水水,他深有感触地说:“心在哪里,风景就在哪里。”

根据上面的材料,自选角度,自拟题目,写一篇不少于 800 字的记叙文或议论文。

八、辽宁卷

夜晚,祖孙二人倚窗远眺,瞧万家灯火,大街通明,霓虹闪耀,真美。男孩说,要是没有

电,没有现代科技,没有高楼林立,上哪儿看去？老人颔首,又沉思摇头:"可惜漫天繁星没有了,沧海桑田转眼之间啊！当年那些祖先山洞边点燃篝火,看月亮初升星汉灿烂,他们欣赏的也许才是美景。"

请根据材料写一篇作文,题材不限。

九、广东卷

黑白胶片的时代,照片很少,只记录下人生的几个瞬间,在家人一次次的翻看中,它能唤起许多永不褪色的记忆。但照片渐渐泛黄,日益模糊。数码科技的时代,照片很多,记录着日常生活的点点滴滴,可以随时上传到网络与人分享。它从不泛黄,永不模糊,但在快速浏览与频繁更新中,值得珍惜的"点滴"也可能被稀释。

要求:①自选角度,确定立意,自拟标题,文体不限;②不要脱离材料内容及含义的范围;③不少于800字;④不得套作,不得抄袭

十、山东卷

窗口下一个画框,通过它可以看到不同的画面,有的人看到的是雅,有的人看到的是俗;有的人看到的是静,有的人看到的是闹。自拟题目作文。

十一、江西卷:课内外学习探究

探究作为我国现行课程标准倡导的学习方式之一,常常出现在课堂、实验以及课外学习过程中。有的同学觉得,探究给自己留下了一段难忘的学习经历;有的同学认为,探究是一种重要的学习方式;有的同学则抱怨,探究在教学活动中往往流于形式。

对课内外学习中的探究,你有何体验、见闻或思考？请自选角度,自拟题目,写一篇文章。

要求:①写记叙文或议论文;②不得透露个人信息;③不得抄袭,不得套作;④字数不少于700字。

十二、安徽卷

阅读下面的材料,根据要求写一篇不少于800字的文章。

一位表演艺术家和一位剧作家就演员改动剧本台词一事,发表了不同的意见。表演艺术家说:演员是在演戏,不是念剧本,可以根据表演的需要改动台词。剧作家说:剧本是一剧之本,体现了作者的艺术追求。如果演员随意改动台词,就可能违背创作的原意。

要求:选好角度,确定立意,明确文体(诗歌除外),自拟标题,不要脱离材料内容及含意的范围作文;不要套作,不得抄袭,不得透露个人相关信息;书写规范,正确使用标点符号。

十三、重庆卷

一个游客去波罗的海海滨度假,找到一处房屋,打算同房东——一位和蔼可亲的老人签下租房合同。老人劝他不妨先试住几天,看究竟合适不合适,再作决定。

游客住下后感到很满意。到第5天,将要签合同时,却发生了一点意外:一个精美的玻璃杯被他不小心打碎了。他有些忐忑不安地打电话告诉了老人,老人说:"不要紧,你又不是故意的,我过来签合同时再拿一个来。"游客把碎玻璃和屋里的其他垃圾打扫了。不久,老人来了,进屋后就问:"玻璃杯碎片呢？"游客回答说,已装进垃圾袋,放到门外了。老人赶紧出门,打开垃圾袋看过后,脸色凝重地对游客说:"对不起,我不再把房子租给

你了。"

然后,老人仔细地将玻璃碎片一一捡了出来,放入另一个垃圾袋,写上:"玻璃碎片,危险!"

要求:①结合材料的内容和含意,选准角度,明确立意;②自拟标题,自选文体(诗歌除外),不少于800字;③不得套作,不得抄袭。

十四、湖北卷

阅读下面材料,按要求作文。

游客们来到山脚下,这里流水潺潺,鸟语花香,游客问下山的人:上面有好看的吗?有人答没有,有人答有。

于是有人留在山脚赏景,有人继续爬山,来到山腰,这里古木参天,林静山幽。问下山的人:上面有好看的吗?有人答没啥好看的,有人答好看。

于是有人在山腰流连,有人继续攀登。来到山顶,只见云海茫茫,群山隐约。

请根据你对材料的理解和感悟,自选一个角度,写一篇不少于800字的文章,文体自选,标题自拟。要求:立意明确,不要套作,不得抄袭。

十五、天津卷

阅读下面的文字,按要求作文。

也许将来有这么一天,我们发明了一种智慧芯片,有了它,任何人都能古今中外无一不知,天文地理无所不晓。比如说,你在心里默念一声"物理",人类有史以来有关物理的一切公式、定律便纷纷浮现出来,比老师讲的还多,比书本印的还全。你逛秦淮河时,脱口一句"旧时王谢堂前燕",旁边卖雪糕的老大娘就接着说"飞入寻常百姓家",还慈祥地告诉你,这首诗的作者是刘禹锡,这时一个金发碧眼的外国小女孩抢着说,诗名《乌衣巷》,出自《全唐诗》365卷4117页……这将是怎样的情形啊!

读了上面的材料,你有怎样的联想或思考?请就此写一篇文章。

十六、广西卷

阅读下面的文字,根据要求写一篇不少于800字的文章。

农民工老王突发胃穿孔,被送进医院。为救治这名贫困患者,医院开通"绿色通道"给他做手术,又进行了十天治疗。虽然老板主动送来5000元,老王仍欠下4000多元医疗费,而医院默许他出了院。老王刚一康复就回到了工地:"哪怕打工还钱再难,我也得努力。是医院和老板救了我。"可欠款还是像石头一样压在他心上,最终,老王鼓足勇气找到医院,说出了想在医院打工抵债的心思。院方深受感动,聘他为陪检员,老王也特别敬业,作为曾经的患者,他格外懂得怎样帮助病人。

要求:选好角度,确定立意,明确文体,自拟标题;不要脱离材料内容及含义的范围,不要套作,不得抄袭。

十七、浙江卷

门与路永远相连,门是路的终点,也是路的起点,它可以挡住你的脚步,也可以让你走向世界。大学的门,一边连接已知,一边通向未知。学习、探索、创造是它的通行证。大学的路,从过去到未来,无数脚印在此交集,有的很浅,有的很深。

综合上述材料,结合你的所思所感,写一篇不少于 800 字的作文。

2015 年：

一、全国卷

（一）新课标全国卷 I（河南、河北、山西、江西、陕西）

一位父亲在高速公路开车打电话,旁边的孩子一再提醒,父亲不要拨打电话,可是父亲不听劝阻,最终孩子选择报警。警察前来后对父亲进行批评教育,此事引起社会争议。

以此为内容,写一封信 800 字的信。可选择给违章当事人、女儿、警察写。

（二）新课标全国卷 II（青海、西藏、甘肃、贵州、内蒙古、新疆、宁夏、吉林、黑龙江、云南、广西、辽宁、海南）

阅读下面的材料,根据要求写一篇不少于 800 字的文章。

当代风采人物评选活动已产生最后三名候选人。小李,笃学敏思,矢志创新,为破解生命科学之谜做出重大贡献,率领团队一举跻身为国际学术最前沿。老王,爱岗敬业,练就一手绝活,变普通技术为完美艺术,走出一条从职高生到焊接大师的“大国工匠”之路。小刘,酷爱摄影,跋山涉水捕捉时间美景,他的博客赢得网友一片赞叹：“你带我们品位大千世界”“你帮我们留住美丽乡愁”。

这三个人中,你认为谁更具风采？请综合材料内容及含义作文,体现你的思考、权衡与选择。要求选好角度,确定立意,明确文体,自拟标题,不要套作,不得抄袭。

二、北京卷：《假如我与心中的英雄生活一天》《深入灵魂的热爱》（二选一）

从下面两个题目中任选一题,按照要求作答。不少于 700 字。

① 在中华民族发展的历史长河中,从古至今有无数英雄人物：岳飞、林则徐、邓世昌、赵一曼、张自忠、黄继光、邓稼先……他们为了祖国,为了正义,不畏艰险,不怕牺牲；他们也不乏儿女情长,有普通人一样的对美好生活的眷恋。中华英雄令人钦敬,是一代又一代华夏儿女的榜样。

请以“假如我与心中的英雄生活一天”为题,写一篇记叙文。

要求：自选一位中华英雄,展开想象,叙述你和他（她）在一起的故事,写出英雄人物的风貌和你的情感。将题目抄写在答题卡上。

②《说起梅花》表达了作者对梅花“深入灵魂的热爱”。在你的生活中,哪一种物使你产生了“深入灵魂的热爱”,这样的热爱为什么能深入你的灵魂？

请以“深入灵魂的热爱”为题作文。

要求：自选一物（植物、动物或器物,梅花除外）,可议论,可叙述,可抒情,文体不限。将题目抄写在答题卡上。

三、上海卷

根据以下材料,自选角度,自拟题目,写一篇不少于 800 字的文章（不要写成诗歌）。

人的心中总有一些坚硬的东西,也有一些柔软的东西,如何对待它们,将关系到能否造就和谐的自我。

四、天津卷

阅读下面的文字,按要求作文。

近年来社会上流行一个词——“范儿”,并派生出“中国范儿”“文艺范儿”“潮范儿”“有范儿”等一系列词语。“范儿”多指好的“风格”“做派”,近似于“有气质”“有情调”“有品位”

的意思。一个民族有一个民族的"范儿",一个时代有一个时代的"范儿",不同职业有不同职业的"范儿",一个人也可能有一个人的"范儿"……

请根据上面的材料,结合你的生活体验与思考写一篇文章。

五、四川卷

以"老实的聪明,聪明的未必真聪明"为话题,自选角度写一篇不少于 800 字的文章,标题自定,文体自选,不得抄袭,不得套作,用规范汉字书写。

六、广东卷

阅读下面的文字,根据要求作文。

看天光云影,能测阴晴雨雪,但难逾目力所及;打开电视,可知全球天气,缺少了静观云卷云舒的乐趣。

漫步林间,常看草长莺飞、枝叶枯荣,但未必能细说花鸟之名、树木之性;轻点鼠标,可知生物的纲目属种、迁徙演化,却无法嗅到花果清香、丛林气息。

从不同的途径去感知自然,自然似乎很"近",又似乎很"远"。

要求:①自选角度,确定立意,自拟标题,文体不限;②不要脱离材料内容及含义的范围;③不少于 800 字;④不得套作,不得抄袭。

六、安徽卷

阅读下面的材料,根据要求写一篇不少于 800 字的文章。

为了丰富中小学生的课余生活,让同学们领略科技的魅力,过一把尖端科技的瘾,中科院某研究所推出了公众开放日系列科普活动。活动期间,科研人员特地设计了一个有趣的实验,让同学们亲手操作扫描式电子显微镜,观察蝴蝶的翅膀。

通过这台可以看清纳米尺度物体三维结构的显微镜,同学们惊奇地发现:原本色彩斑斓的蝴蝶翅膀竟然失去了色彩,显现出奇妙的凹凸不平的结构。

原来,蝴蝶的翅膀本是无色的,只是因为具有特殊的微观结构,才会在光线的照射下呈现出缤纷的色彩……

要求:①自选角度,确定立意,明确文体(诗歌除外),自拟标题;②不要脱离材料内容及含意的范围作文;③不要套作,不得抄袭,不得透露个人相关信息;④书写规范,正确使用标点符号。

七、湖南卷

有一棵大树,枝繁叶茂,浓荫匝地,是飞禽、走兽们喜爱的休息场所。飞禽、走兽们谈论着自己去各地旅行的经历。大树也想去旅行,于是请飞禽、走兽们帮忙。飞禽瞧不起大树没有翅膀,拒绝了。大树于是想请走兽帮忙。走兽说,你没有腿,也拒绝了。于是,大树决定自己想办法。它结出甜美的果实,果实里包含着种子。果实被走兽们吃了后,大树的种子传播到了世界各地。

根据此材料写一篇作文。

八、江苏卷:《智慧》

九、重庆卷

一个刚上车的小男孩让公交车等下他妈妈,过几分钟,妈妈还没到,车上乘客埋怨,这时残疾妈妈拖着腿上车了,所有人都沉默了。

考生按照这个材料进行发挥。

十、湖北卷

泉水在地下蓄积。一旦有机会,它便骄傲地涌出地面,成为众人瞩目的喷泉,继而汇成溪流,奔向远方。但人们对地下的泉水鲜有关注,其实,正是因为有地下那些默默不语的泉水的不断聚集,才有地上那一股股清泉的不停奔涌。

根据材料写一篇作文。

十一、山东卷

乡间有谚语:"丝瓜藤,肉豆须,分不清。"意思是丝瓜的藤蔓与肉豆的藤须一旦纠缠在一起,是很难分开的。

有个小孩想分辨两者的不同,结果把自家庭院里丝瓜、肉豆的那些纠结错综的茎叶都扯断了。

父亲看了好笑,就说:"种它们是挑来吃的,不是用来分辨的呀!"你只要照顾他们长大,摘下瓜和豆来吃就好了。"

要求:①选准角度,确定立意;②自拟题目;③除诗歌外,文体不限;④问题特征鲜明。

十二、福建卷

世上本没有路,走的人多了,也就成了路。有时,走错路也是有意思的。如果没有走错路,就不会发现新的路;世上没有走不通的路,只有不敢走的人。

以"路"为话题,根据材料写一篇作文。

十三、浙江卷

古人说:"言为心声,文如其人。"性情偏急则为文急促,品性澄淡则下笔悠远,这意味着作品的格调趣味与作者的人品应该是一致的。金代元问好却认为"心画心声总失真,文章宁复见为人",艺术家笔下的文雅不能证明其为人的脱俗。

根据材料写一篇文章。

2016年:

一、全国卷Ⅰ(河南、河北、山西、江西、湖南、湖北、广东、安徽、福建)

阅读下面的漫画材料,如附图6所示,根据要求写一篇不少于800字的文章。

附图4 得分

要求:结合材料的内容和寓意,选好角度,确定立意,明确文体,自拟标题;不要套作,不要抄袭。

二、全国卷 II(青海、西藏、甘肃、贵州、内蒙古、新疆、宁夏、吉林、黑龙江、辽宁、重庆、陕西、海南)

语文学习关系到一个人的终身发展,社会整体的语文素养关系到国家的软实力和文化自信。对于我们中学生来说,语文素养的提升主要有三条途径:课堂有效教学、课外大量阅读、社会生活实践。

请根据材料,从自己语文学习的体会出发,比较上述三条途径,阐述你的看法和理由。

要求:选好角度,确定立意,明确问题,自拟标题,不少于 800 字。

三、全国卷 III(广西、云南、四川)

历经几年试验,小羽在传统工艺的基础上推陈出新,研发出一种新式花茶并获得专利。可是批量生产不久,大量假冒伪劣产品就充斥市场。小羽意识到,与其眼看着刚兴起的产业这么快走向衰败,不如带领大家一起先把市场做规范。于是,她将工艺流程公之于众,还牵头拟定了地方标准,由当地政府部门发布推行。这些努力逐渐见效,新式花茶产业规模越来越大,小羽则集中精力率领团队不断创新,最终成为众望所归的致富带头人。

要求:综合材料内容及含义,选好角度,确定立意,明确文体,自拟标题,不少于 800 字。

四、北京卷:《"老腔"何以令人震撼》《神奇的书签》(二选一)

① 《白鹿原上奏响一支老腔》记述老腔的演出每每"感人肺腑",令人有一种"酣畅淋漓"的感觉。某种意义上,老腔已超越了其艺术形式本身,成了一种象征。请以"'老腔'何以令人震撼"为题,写一篇议论文。

从老腔的魅力说开去,不局限于陈忠实散文的内容,观点明确,论据充分,论证合理。

② 请展开想象,以"神奇的书签"为题,写一篇记叙文。要求:表现爱读书、读好书的主题;有细节,有描写。

微作文题三个:①给即将进入高中学习的学生建议;②不少班级家长自己组了微信、QQ 等班级群,谈谈看法;③请以"荷"为题,写一首诗或一段抒情文字。(以上不超过 150 字)

五、上海卷

随着现代社会的发展,人们的生活更容易进入大众视野,评价他人生活变得越来越常见,这些评价对个人和社会的影响也越来越大。人们对"评价他人的生活"这种现象的看法不尽相同,请写一篇文章,谈谈你对这种现象的思考。

要求:①自拟题目;②不少于 800 字。

六、浙江卷

网上购物,视频聊天,线上娱乐,已成为当下很多人生活中不可或缺的一部分。业内人士指出,不远的将来,我们只需在家里安装 VR(虚拟现实)设备,便可以足不出户地穿梭于各个虚拟场景:时而在商店的衣帽间里试穿新衣,时而在足球场上观看比赛,时而化身为新闻事件的"现场目击者"……当虚拟世界中的"虚拟"越来越成为现实世界中的"现实"时,是选择拥抱这个新世界,还是刻意远离,或者与它保持适当距离?

对材料提出的问题,你有怎样的思考?写一篇不少于 800 字的论述类文章。

七、江苏卷

俗话说"有话则长,无话则短",也有人说"有话则短,无话则长",无话的时候也要说出

自己的见解。在这个时代,是彰显个性还是提倡创新?以此为题材,写 800 字作文。

八、山东卷

行囊已经备好,开始一段新的旅程。路途漫漫,翻检行囊会发现,有的东西很快用到了,有的暂时用不上,有的想用而未曾准备,有的会一直伴随我们走向远方……

要求:选准角度,自定立意,自拟标题,不少于 800 字。

九、天津卷

请根据下面的材料,写一篇文章。

在阅读方式多元化的今天,你可以通过手机、电脑等电子设备,在宽广无垠的网络空间中汲取知识;你可以借助多媒体技术,"悦读"有形有色、有声有像的中外名著;你也可以继续手捧传统的纸质书本,享受在墨海书香中与古圣今贤对话的乐趣…… 当代青年渴求新知,眼界开阔,个性鲜明,在阅读方式的选择上不拘一格。

请围绕自己的阅读方式,结合个人的体验和思考,谈谈"我的青春阅读"。

要求:①自选角度,自拟标题;②文体不限(诗歌除外),文体特征鲜明;③不少于 800 字;④不得抄袭,不得套作。

2017 年:

一、全国卷 I(河南、河北、山西、江西、湖北、湖南、广东、安徽、福建)

阅读下面的材料,根据要求写作。

据近期一项对来华留学生的调查,他们较为关注的"中国关键词"有:一带一路、大熊猫、广场舞、中华美食、长城、共享单车、京剧、空气污染、美丽乡村、食品安全、高铁、移动支付。

请从中选择两三个关键词来呈现你所认识的中国,写一篇文章帮助外国青年读懂中国。要求选好关键词,使之形成有机的关联;选好角度,明确文体,自拟标题;不要套作,不得抄袭;不少于 800 字。

二、全国卷 II(甘肃、青海、西藏、黑龙江、吉林、辽宁、宁夏、新疆、内蒙古、陕西、重庆、海南)

阅读下面的材料,根据要求写作。

① 天行健,君子以自强不息。(《周易》)

② 露从今夜白,月是故乡明。(杜甫)

③ 何须浅碧深红色,自是花中第一流。(李清照)

④ 受光于庭户见一堂,受光于天下照四方。(魏源)

⑤ 必须敢于正视,这才可望敢想,敢说,敢作,敢当。(鲁迅)

⑥ 数风流人物,还看今朝。(毛泽东)

中国文化博大精深,无数名句化育后世。读了上面六句,你有怎样的感触与思考?请以其中两三句为基础确定立意,并合理引用,写一篇文章。要求自选角度,明确文体,自拟标题;不要套作,不得抄袭;不少于 800 字。

三、全国卷 III(四川、广西、贵州、云南)

阅读下面的材料,根据要求写作。

今年是我国恢复高考 40 周年。40 年来,高考为国选材,推动了教育改革与社会进步,取得了举世瞩目的成就。40 年来,高考激扬梦想,凝聚着几代青年的集体记忆与个人情感,饱含着无数家庭的泪珠汗水与笑语欢声。想当年,1977 的高考标志着一个时代的拐点;看今天,你正与全国千万考生一起,奋战在 2017 的高考考场上……

请以"我看高考"或"我的高考"为副标题,写一篇文章。要求选好角度,确定立意;明确文体,自拟标题;不要套作,不得抄袭;不少于 800 字。

四、北京卷:《说纽带》《共和国,我为你拍照》(二选一)

从两个题目中任选一题,按要求作答。不少于 700 字。将题目抄在答题卡上。

① 纽带是能够起联系作用的人或事物。人心需要纽带凝聚,力量需要纽带汇集。当今时代,经济全球化的发展、文化的交流、历史的传承、社会的安宁、校园的和谐等都需要纽带。

请以"说纽带"为题,写一篇议论文。

要求:观点明确,论据充分,论证合理。

② 2049 年,我们的共和国将迎来百年华诞。届时假如请你拍摄一幅或几幅照片来展现中华民族伟大复兴的辉煌成就,你将选择怎样的画面?

请展开想象,以"共和国,我为你拍照"为题,写一篇记叙文。

要求:想象合理,有叙述,有描写。可以写宏大的画面,也可以写小的场景,以小见大。

五、天津卷

请根据下面的材料,写一篇文章。

我们在长辈的环绕下成长,自以为了解他们,其实每一位长辈都是一部厚书,一旦重新打开,就会读到人生的事理,读到传统的积淀,读到时代的印记,还可以读出我们自己,读出我们成长时他们的成长与成熟,读出我们和他们之间认知上的共识或分歧……

十八岁的我们已经长大,今天的重读,是成年个体之间平等的心灵对话、灵魂触摸,是通往理性认知的幽径。请结合自己的生活阅历深入思考,围绕"重读长辈这部书"写一篇作文。

要求:①自选角度,自拟标题;②文体不限(诗歌除外),文体特征鲜明;③不少于 800 字;④不得抄袭,不得套作。

六、上海卷

预测,是指预先推测。生活充满变数,有的人乐于接受对生活的预测,有的人则不以为然。请写一篇文章,谈谈你的思考。

要求:①自拟题目;②不少于 800 字。

八、江苏卷

根据以下材料,选取角度,自拟题目,写一篇不少于 800 字的文章;文体不限,诗歌除外。

生活中离不开车。车,种类繁多,形态各异。车来车往,见证着时代的发展,承载了世间的真情;车来车往,折射出观念的变迁,蕴含着人生的哲理。

九、浙江卷

阅读下面文字,根据要求作文。

有位作家说,人要读三本大书:一本是"有字之书",一本是"无字之书",一本是"心灵

之书"。

对此你有什么思考？写一篇文章，对作家的看法加以评说。

注意：①题目自拟；②不得少于800字；③不得抄袭、套作。

十、山东卷

阅读下面的材料，根据自己的感悟和联想，写一篇不少于800字的文章。

某书店开启24小时经营模式。两年来，每到深夜，当大部分顾客离去，有一些人却走进书店。他们中有喜欢夜读的市民，有自习的大学生，有外来务工人员，也有流浪者和拾荒者。书店从来不驱赶任何人，工作人员说："有些人经常看着看着就睡着了，但他们只要来看书，哪怕只看一页、只看一行，都是我们的读者；甚至有的人只是进来休息，我们也觉得自己的工作是有意义的。"

要求：①选准角度，自定立意；②自拟题目；③除诗歌外，文体不限；④文体特征鲜明。

后　记

　　由我主持的国家社会科学基金(教育学)项目"新课程改革背景下的写作教学模式研究"(BAA110009)于 2011 年申报成功,课题组主要成员有蔡伟、周健、林陈微、郑可菜、刘亭玉、韩利平、刘碧燕等 10 余人。课题申报成功后,我们在前期研究成果的基础上迅速开展了访谈调查、文献综述、理论研究与实践实验,建立了实验学校 20 余个,立项子课题 50 余项。该课题研究与实验时间长达 5 年,200 余人参加了课题的研究与实践,可谓轰轰烈烈。该课题研究成绩斐然,出版专著 3 本,发表学术论文 24 篇,在研究期间成功申报浙江省唯一的"写作理论与实践"硕士点,组织召开浙江省写作学年会 1 次,组织浙江省教师专业发展培训 10 余次、讲座 50 余场,受惠教师1000 余人、学生 10000 余人。

　　《写作教学论——三段九级写作教学模式研究》一书是国家社会科学基金(教育学)项目"新课程改革背景下的写作教学模式研究"(BAA110009)的研究成果之一,与已经出版的《写作学习论》和《写作教学模式论》形成完整的写作学习和教学理论与实践体系。

　　《写作学习论》于 2013 年由语文出版社出版。该书研究角度与其他写作教学研究的专著不同,不是从教师角度谈写作教学,而是从学生角度出发讨论写作学习。我们结合写作学、学习科学、语文课程与教学论等有关学科的基本理论及其最新研究成果,对写作学习进行了深入的探讨。《写作学习论》全面分析和阐述了写作学习的概念、特点、本质、类型、理念、目标、内容、规律、原则、要求、过程、模式、评价等方面内容,是一本写作学习的百科全书。

　　《写作教学模式论》于 2015 年由浙江大学出版社出版。该书整体上分析和阐述了写作教学模式建构的理论与实践。我们详细、系统地论述了写作教学模式建构的理念、目标、原则、过程、方法、重点、策略和意义,并具体、全面地阐述与评析了 16 种(如新概念作文、绿色作文、生态作文、文化作文、话题作文、快乐作文等）写作教学模式的类型、特点、理念、写作以及教学基本策略。《写作模式教学论》在研究视角、研究内容、研究方法和研究成果等方面都有不同程度的创新。

《写作教学论——三段九级写作教学模式研究》今年有幸由科学出版社出版。该书具体分析和阐述"三段九级写作教学模式"建构的概念、特点、体系、操作策略与实施意义，并重点介绍该模式的实施步骤：写虚作文（看图作文、虚境作文、想象作文）—写实作文（生存作文、生活作文、生命作文）—创新作文（开放性作文、个性化作文、研究性作文）。我们以最新的写作教学理念为引导，以写作训练模式建构的理论为核心，以写作教学的实践为重点，突出理论性与实践性相结合，旨在构建新型和有效的写作训练与作文教学模式的理论和实践体系。

由于参与研究的专家、教授、老师与学生较多，所以三本论著也由多人参与写成，当然三本书都由我牵头，由我列出提纲后进行讨论，再分头写作，最后由我通稿。《写作教学论——三段九级写作教学模式研究》主要由我与我的研究生韩利平写作，我的研究生马雪颖，本科生祝园园、张琦、季丹、顾静静、朱晓佩、黄慧珍、陈飞凡等也参与了写作。所以书的封面标为彭小明、韩利平等著。在此对以上同学表示衷心的感谢！

也要感谢我在书中引用过的专家与为我做写作教学实验的老师！

由于课题研究粗浅、写作时间仓促、自己水平有限，书中还有许多不足的地方，敬请各位专家批评指正。

彭小明
于温州大学教师教育学院
2017 年 8 月 8 日